本书是国家民委民族问题研究项目2012年度课题“武陵山片区区域发展和扶贫攻坚相关问题研究”的成果。

课题负责人：
黄承伟（中国国际扶贫中心副主任，研究员）

参加调研及报告编写人员：
陈　琦（华中师范大学副教授）
马久杰（中国人民大学教授）
曹建明（上海财经大学教授）
张　琦（北京师范大学教授）
沈　洋（华中师范大学博士研究生）
覃志敏（华中师范大学博士研究生）
向家宇（华中师范大学博士研究生）
刘　豪（华中师范大学硕士研究生）
刘　欣（华中师范大学硕士研究生）
李利玲（华中师范大学硕士研究生）

连片特困地区扶贫战略研究丛书

连片特困地区区域发展与扶贫攻坚若干问题

——基于武陵山片区建始县的调查与思考

黄承伟　陈琦　张琦　等著

经济日报出版社

开展连片特困地区扶贫战略系列研究的几点考虑

（代序言）

开展连片特困地区扶贫战略研究是扶贫新实践的需要

改革开放以来，在高速经济增长和大规模扶贫开发的共同作用下，我国的减贫事业取得了举世瞩目的成就，贫困人口规模大幅减少，贫困群体的人均收入水平显著提高，贫困区域的基础设施建设和公共服务体系得到明显改善。但是，我国是世界上最大发展中国家，发展的不平衡性还没有得到根本好转，贫困面广、贫困程度深、贫困问题解决难度大的局面仍然没有得到根本改变。贫困地区发展和贫困人口脱贫致富成为全面建成小康社会的短板。2011 年年底，中共中央、国务院颁布《中国农村扶贫开发纲要（2011—2020 年）》，明确把连片特困地区作为未来扶贫攻坚的主战场，强调通过特殊手段、特殊政策实施连片特困地区扶贫攻坚，确保新十年扶贫开发目标如期实现。新扶贫纲要确定的连片特困地区包括西藏、四省（青海、甘肃、云南和四川省）藏区和南疆三地州（喀什地区、和田地区和克孜勒苏柯尔克孜自治州）、六盘山、秦巴山、武陵山、乌蒙山、滇黔桂石漠化片区、滇西边境、大兴安岭南麓、燕山—太行山、吕梁山、大别山、罗霄山等连片特困地区。

由此，连片特困地区扶贫攻坚是未来国家层面的区域发展与扶贫开发战略。连片特困地区扶贫攻坚的基本宗旨是“区域发展带动扶贫攻坚，扶贫攻坚促进区域发展”。从全国而言，这种战略关系着中国区域协调平衡发展，关系到全面建成小康社会目标的实现，关系到中国特色社会主义事业的顺利推进，关系到“中国梦”的实现。于贫困地区而言，这种战略事关贫困区域的城乡统筹发展，事关边疆地区、少数民族地区的和谐稳定和贫困人群生活质量的提高。

作为一种新的扶贫理念指导下的减贫战略，连片特困地区扶贫攻坚是一种有别于传统扶贫方式的综合性扶贫方案。该方案的实施需要政府自上而下的统一部署，需要各相关部门的统筹协调。另一方面，14 个连片特困地区的致贫机理和减贫条件各不相同，政府主导的减贫战略需要根据各片区的实际需求进行灵活调整。因此，如何更好地制定规划、执行战略，如何更好地整合资源、调整社会政策等方面的时间问题亟需理论指导。这就需要各有关方面根据片区的实际情况，加大连片特困地区扶贫攻坚的研究力度，以便形成共识性的扶贫理念，用于指导扶贫实践，以提高减贫工作的科学性。

开展连片特困地区扶贫战略研究需要坚持的原则

“连片特困地区扶贫战略系列研究”由背景研究、基线调查研究、战略研究、规划研究、片区扶贫相关问题研究、不同片区扶贫战略研究等内容组成，这些内容相互关联、互为一体。

本系列研究需要体现出以下五个方面的特点：

1. 整体性。以连片特困地区扶贫战略规划为主题，首先，从贫困特征、减贫需求调查开始；以此为基础，从不同视角，开展片区扶贫战略研究。其次，以基线调查、战略研究成果为指导，开展县、村级扶贫规划编制研究。第三，以一个片区县为例，就片区扶贫攻坚相关问题开展研究。第四，选择高原地区、石漠化地区这两个连片特困地区的扶贫战略规划及实践进行研究。这六个分项研究，相互独立，但又相互形成一个整体。

2. 综合性。贫困是多维的，贫困的成因也是多元的，由此决定连片特困地区的减贫战略必然是综合性的。因此，本系列研究按照区域发展带动扶贫开发，扶贫开发带动区域发展的思路，组织经济学、社会学、环境生态学、发展学、人类学等多学科、跨领域的专家组，从多个视角开展研究。其成果更充分反映了连片特困地区扶贫开发的根本规律，提高了研究成果指导实践的针对性。

3. 理论性。本系列研究着力于对已有实践的总结。但是由于连片特困地区区域发展与扶贫攻坚是国家今年才提出的战略概念，急需理论指导。因此，本系列研究既注重对相关理论的梳理，更重视从实践中总结、提炼相关理论及方法，以其用于指导新的实践。

4. 应用性。本系列研究是在国家扶贫主管部门——国务院扶贫办的指导下开展的，其中一项是国家民委的民族问题研究项目的年度课题、一项是应广西自治区扶贫办提出的研究需求。这就决定了研究必须与实际紧密结合，也决定了其成果必须应用于指导实践。

5. 国际性。由于连片特困地区扶贫攻坚是国家新的扶贫战略，缺乏现成的经验，因此，本系列研究注重国际经验的研究、借鉴。为此，其中的4个专题研究邀请了国际专家的参与。国际专家从国际经验的角度，提供了很好的研究报告，丰富了研究内容，提高了成果的先进性和实用性。

开展连片特困地区扶贫战略研究具有多重意义

总体上看，该系列研究的价值及其重要性主要体现在以下三个层面：

第一，在实践层面。该系列研究基于几个片区扶贫攻坚实践的实地调研而展开，这种研究对于指导片区扶贫攻坚战略的具体执行、落实扶贫规划、评估扶贫成效具有极大的实践意义。本系列研究分别基于青海玉树州的灾后重建实践讨论高原地区的扶贫攻坚战略规划、基于武陵山片区的贫困调查讨论该片区的贫困特征、贫困需求及扶贫战略规划、基于广西基础设施大规模建设讨论大扶贫战略。这些研究对于扶贫系统及相关政府部门了解新阶段扶贫攻坚的背景和基础，认识不同片区扶贫攻坚的重点难点，落实新阶段的扶贫攻坚战略及其规划具有重要的指导意义。同时，该系列研究对于有关方面根据当地的实际基础和需求评估新阶段的扶贫攻坚成效也具有不可或缺的参考价值。

第二，在社会政策层面。该系列研究的实践指向性将促使政府有针对性地调整相关的社会政策，创新社会政策设置，从而确保连片特困地区扶贫攻坚具有长期稳定的减贫效益。连片特困地区扶贫攻坚既需要切合实际需求的实施计划和方案，也需要确保扶贫攻坚益贫性的社会政策。前者主要作用于战略执行期间，后者是确保战略减贫效应的长期性和稳定性。本系列研究由于具有强烈的实践导向，因此，在研究过程中，研究人员将始终保持与减贫相关的社会政策的敏感性，关注现有社会政策对贫困人群的包容性，并尝试进行理论结合实际的政策整合与政策创新。从这个意义上说，该项目具有极大的社会政策价值。

第三，在减贫理论层面。本系列研究以连片特困地区为调查单位、以扶贫战略为着眼点、理论结合实际的研究方法将有助于形成关于中国贫困研究的中层理论，丰富和拓展现有贫困研究的研究视野。“连片特困地区扶贫攻坚”是最近几年兴起的减贫概念，以此为主题的研究尚处于建构之中。近几年围绕此主题的研究正在从理论、概念层面走向实践、政策层面。本系列研究作为以此为主题的研究课题之一，以连片特困地区为调查单位，坚持理论联系实际的研究方法，研究成果很好回应了当前阶段减贫实践的实际需要，对于丰富中国减贫研究的中层理论、拓展贫困研究的视野具有十分重要的意义。

开展连片特困地区扶贫战略研究预期产生的社会影响

本系列研究以连片特困地区为研究对象，通过对有代表性的连片特困地区的实地调查研究，分别从贫困特征、减贫需求、战略构建、规划编制、政策建议等方面对连片特困地区减贫问题进行研究，是对连片特困地区扶贫战略的经验总结、政策研究与学术思考。本系列研究的成果形成了以下著作：《连片特困地区贫困特征与减贫需求分析——基于武陵山片区8县149个村的调查》，《连片特困地区扶贫战略研究——以武陵山片区为例》，《连片特困地区区域发展与扶贫攻坚县/村级实施规划的编制方法》，《连片特困地区区域发展与扶贫攻坚若干问题——基于建始县的调查与思考》，《高原地区减贫战略规划研究——青海省玉树州的灾后重建与可持续发展》，《石漠化地区大扶贫攻坚——广西特困地区基础设施建设大会战的实践》。

上述研究成果的预期社会效益将体现在以下三个方面：

一是构建连片特困地区扶贫理论与方法体系，帮助贫困领域的研究者和实践者深化对连片特困地区扶贫攻坚的科学、理性认识，为进一步深入研究打下基础。

二是研究成果将直接推动相应片区的扶贫攻坚战略规划的实施，推进片区扶贫开发科学性、规范性、有效性的不断提高。具体而言，系列研究产出的武陵山片区的贫困特征与减贫需求研究、武陵山片区扶贫战略研究、武陵山片区县村级扶贫规划编制方法研究、武陵山片区区域发展和扶贫攻坚相关问题研究、高原地区减贫战略规划研究、广西特困地区基础设施建设大会战研究等六个方面的研究成果，对于全国扶贫系统、参与片区区域发展和扶贫攻坚的有关部门、社会组织等理解、执行片区的扶贫攻坚战略具有重要参考价值。同时，本系列研究对于全国的区域扶贫开发研究将发挥积极促进作用，并为其他相关研究提供富有价值的对比性研究成果，进而推动中国的贫困研究。

三是在个专题研究的基础上，尝试形成从整体上理解和分析连片特困地区扶贫攻坚的一般性研究框架，构建中国连片特困地区区域发展和扶贫攻坚理论、战略、规划体系，支持中国扶贫经验的国际交流与分享。

基于上述考虑和共识，从2010年开始，历时数年时间，在国务院扶贫办的支持、指导下，中国国际扶贫中心和德国发展机构等国际组织合作，根据不同主题，邀请国内、国际知名专家，组成相关专家队伍，围绕“连片特困地区扶贫战略”这一主题开展了一系列研究，取得了系列研究成果。这些成果集中体现在“连片特困地区扶贫战略研究丛书”的6本著作中。相信本套丛书的出版发行，在推进我国区域减贫理论战略规划研究、提高连片特困地区扶贫攻坚战略规划的编制与实施效果、开展国际减贫相关交流等方面都会做出积极贡献。

2015.7

目　录

概论：连片特困地区区域发展与扶贫攻坚相关问题研究的思路与方法

黄承伟　陈琦

一、关于连片特困地区扶贫攻坚的十个认识问题

2011年，中央召开了高规格的扶贫开发工作会议、颁布实施了《中国农村扶贫开发纲要（2011－2020年）、宣布了新的扶贫标准，我国农村扶贫开发进入了新的阶段。其中的重要特征之一，就是以集中连片特困地区为主战场，把区域发展与扶贫攻坚结合起来，按照“区域发展带动扶贫开发、扶贫开发推动区域发展”的思路，推进新阶段扶贫开发工作。因此，新阶段扶贫攻坚首先需要解决的是理念问题。从中央层面看，采用逐个片区启动规划、动员相关部委参与、建立部委联系机制等做法，取得了比较明显的效果。各相关部门把片区扶贫攻坚纳入行业发展规划，作为行业发展的重要部分。实践证明，如何促使各层级的相关部门在片区扶贫攻坚过程中形成共识、按照确定的工作思路开展工作，这将是新阶段片区扶贫攻坚成败的决定性因素。片区扶贫攻坚是我国扶贫开发方式的重大创新，是我国扶贫工作发展到一定阶段的重要战略转变，是国家总体发展战略的必然要求。

如何更加有效、有力有序地推进片区区域发展与扶贫攻坚以及新阶段扶贫开发工作，首先需要各有关方面统一认识，特别是在以下十个基本问题上形成基本共识。

（一）关于形势判断

解决贫困问题是一个长期的过程。一个国家、一个区域，无论发展处于哪个阶段都存在贫困问题，只是不同的发展阶段对贫困的理解不同，以此制定的贫困

标准有所差异。发达国家同样需要扶贫，发展中国家更是将扶贫作为发展过程中最重要的一项任务。尽管我国在扶贫工作上取得了很大的成就，但是扶贫依然任重道远。一个地方，如湖北省恩施州建始县，对贫困问题的发展阶段及其特征的判断，是该地贯彻落实中央扶贫开发政策具体措施制定的基础。

建始县的贫困问题显然与西部地区贫困县的贫困问题处于不同的发展阶段。从新扶贫纲要、中央领导的讲话中可以看出，国家对我国扶贫形势和扶贫工作做出了一系列新的判断，其中，有两个方面是基础性的：一是丰富和拓展了贫困的内涵。我们对贫困的认识和判断是一个发展的过程，从八十年代的收入贫困，到九十年代的收入贫困，加上教育及卫生的贫困；到 21 世纪前十年，对贫困的定义又增加了一些衡量指标。新的扶贫纲要比较完整地将扶贫的内涵更清晰地表现为多维贫困，即包括收入、教育、卫生、基础设施、文化、发展权利等各方面的贫困。二是确定了多元奋斗目标。就是要实现扶贫对象“两不愁、三保障”，即不愁吃、不愁穿，保障基本教育、医疗和住房。

如何结合本地实际分析判断扶贫工作形势、确定贫困内涵及扶贫目标是最基础的两个方面。由于国家确定的目标是针对全国大部分贫困人口的，因此，各地的贫困内涵及扶贫目标确定需要与实际结合。比如在建始县，贫困的含义与全国平均水平比较是有差异的，其层次应该比平均水平更高。这就需要从建始县的实际出发，思考其贫困的内涵。有了对贫困内涵的正确理解、符合实际的扶贫目标体系的构建，才会带来工作方法、思路方面的创新。如建始县整村推进建设“六型村庄”，即一个村庄 6 个方面的综合发展，实际上就是对扶贫形势判断的表现结果。不同的地方对扶贫形势的不同判断，会带来不同的扶贫政策及政策执行方式，最终会得到不同的扶贫效果。

国家正在努力地转变政策制定及执行全国一刀切的理念，努力实施有特色的区别化的扶贫政策。理念的转变、差异化政策的形成需要上下互动。

（二）关于扶贫战略体系

现在的扶贫开发已经不是传统意义上的专项扶贫开发，而已经成为国家经济社会发展中的一个重要组成部分。认真分析新的十年扶贫纲要，可以发现，新阶段的扶贫开发战略体系包含了四个方面的主要内容：

一是如何实施更有包容性的经济增长，使经济发展更有利于落后地区、贫困人口。

二是各种社会发展政策，特别是强农、惠农、富农政策，更能体现对落后地区、贫困人口的作用。政策隐含了各种各样的支持。如果政策只考虑了一般性的要求，而忽略了贫困地区的特殊要求，那么，贫困地区的发展必然落在后头。如果政策只有普惠性效应而没有特惠性效应，贫困地区与其他地区的发展差距只能越来越大。所以，新扶贫纲要要求对重大项目和政策的实施进行贫困影响评估。如果能将贫困影响评估的体系纳入法律体系，就为从根本上解决扶贫对象的发展提供了可能。

三是专项扶贫如何更加有效。专项扶贫是我国扶贫工作中成功的做法，在未来的工作中还会继续坚持并加大力度。相对于每年财政支出总量，用于专项的财政扶贫资金比例很小。不过，由此带动的大口径扶贫资金达到2996亿元，已经占到一定比例。如何处理好专项扶贫、大扶贫二者间的关系，形成合力？需要针对在大扶贫格局中更有效发挥专项扶贫的作用，在体制机制上进行新的设计。

四是不断完善社会保障体系和救助体系。从国际上看，大部分国家主要从经济社会发展的体制机制进行扶贫路径设计。减缓和解决贫困问题一般依靠解决就业、完善社会保障和福利体系、及时有效的社会救助制度。我国由于人口众多，对于就业问题的解决主要局限在城市，对于流动人口的就业问题还没有系统的、高针对性的措施。然而解决流动人口的就业问题是解决贫困问题中最基本的环节。就社会保障体系而言，我国对其的投入占财政收入的比例相对于其他国家位于最低之列。尽管经济需要加快发展，但是，发展的速度、发展的方式是值得反思的。如果发展太过超前，其受益人越来越少，这并不是人民需要的发展。比如中国高铁，建设规模很大、速度也很快。但是，与大多数老百姓的收入水平并不相适应，对于大多数老百姓而言，基本没有分享到高铁快速发展的好处。而与老百姓切身利益密切相关的中国养老基金，则存在很大的缺口。这就说明我们的发展理念需要很好反思。任何社会，如果没有完善的保障、救助制度，是不可能彻底解决贫困问题的。再比如，解决老百姓通过上访表达诉求的问题，也需要通过建立完善的公平制度、及时有效的救助制度进行治本，同时问题的解决也需要突出被管理者的主体地位。

（三）关于总体思路

未来十年把集中连片特困地区作为主战场的总体思路，就是区域发展带动扶贫开发，扶贫开发促进区域发展。对于这一总体思路的认识，也是经历了一个过程。对此讨论主要集中体现在两个方面：第一种观点是，新阶段扶贫主要是用好专项资金。因此，在编制规划时，先着力规划好专项扶贫资金的使用，然后再整合其他行业和社会的资金，对于扶贫系统而言，这样规划是比较可控的；第二种观点，新阶段扶贫应该按照大扶贫的格局编制实施规划，将专项扶贫、行业扶贫、社会扶贫整合形成一个规划。尽管这样协调难度很大，但是，只有这样才更符合未来扶贫开发的需要。随着讨论的深入，在讨论武陵山区的扶贫规划如何编制时，各相关方一致认为，仅仅从大扶贫的角度来解决贫困问题还是不够充分，需要从区域发展的角度考虑贫困问题的解决。

我们认为，区域发展应该是对扶贫开发的支撑，主要是重大基础设施项目、公共服务的投入。把区域发展支撑项目纳入扶贫开发规划，必然要求对现行的扶贫开发体制机制进行完善与创新，否则，现有的工作体系难以支撑新的区域发展与扶贫攻坚结合的新体系。从现有体制看，省级能够决定县级扶贫实施规划的项目，但是真正落实到基础设施建设的大项目，其决定权在国家发改委及各相关部委。因此，就需要把各个片区的大扶贫规划及其实施规划合并起来，也就是体现区域发展带动扶贫开发，扶贫开发促进区域发展的总体思路。在实际过程中，实施规划要有项目、有资金，这样区域发展和扶贫开发的结合就面临体制上的挑战，这是机制层面解决不了的。也就需要明确：哪些问题可以通过项目本身来推动？哪些问题可以通过政策创新来推动？哪些可以通过社会融资来实现？等等。

国务院领导同志对武陵山片区的扶贫工作曾提出明确要求：一是要贫困群体优先。这就隐含着针对贫困群体的项目需要优先的要求；二是发展特色产业。对于武陵山区首先是特色高效的农业，其次是旅游业。建始县在这些产业上发展的潜力都很大。然后是产业的转移。这又涉及产业的选择问题。武陵山区加快工业的发展应该更强调绿色。另外，再有与产业有关的问题就是劳动力的转移问题。建始县要围绕生态做文章，争取国家产业政策的支持，这应该是争取先行先试的重点领域。如果不强调生态，那么经过一、两代人发展之后，就会出现新的问题。

（四）关于片区规划

对连片特困地区区域发展与扶贫攻坚规划（简称：片区规划）认识上的不清晰，会带来编制上的不统一。片区规划的认识问题主要是以下方面：

首先，片区规划的定位。与扶贫攻坚结合的区域发展与区域整体社会经济发展是有区别的。区域发展与扶贫攻坚规划是具有综合性特征的专项扶贫规划。列入规划的项目必然是需要优先解决区域发展与扶贫开发结合时所产生的瓶颈性问题，即制约贫困群体的根本性问题。片区规划归根结底是一个扶贫开发的规划，最基本的目的是解决贫困问题。从国家的发展布局看，就是片区发展问题的解决。

其次，片区规划是一个体系。从纵向上来说，国家管总体规划，省管本省片区的实施规划，县管本县片区具体的实施规划，县以下是贫困村的规划、专项扶贫项目的规划。从横向来看，各个部门也都需要有片区的规划，将这些规划相互衔接才能构建出好的总体规划。省级实施规划也要考虑县级规划的实施和片区规划之间的协调。所有的政策能不能落实，关键在县级的实施规划。目前各片区县在编制县级实施规划时，都是依照总体规划的思路，将能加入规划的项目全都列入规划。显然，考虑到未来十年内规划的可操作性、项目的优先性、资金的可能性，并不是所有的项目都是可以实现的。因此，对于县级实施规划，应该有项目优先序的区别。只有这样，在资源有限的条件下，才能够有利于争取到更大的支持。

第三，片区规划的落脚点在于县级实施规划。县级实施规划的编制，一定要充分考虑新扶贫纲要的要求、县里的实际情况以及县级具体落实区域发展和扶贫攻坚思路的措施等。在省级的实施规划还没有很清晰指导意见的背景下，需要对项目进行优先性的排序，以提高实施规划的可操作性。

（五）关于大扶贫格局

片区规划的落实取决于我们对大扶贫格局的认识和贯彻。到目前，大扶贫格局已经取得了很大的进展，各相关部门的积极性得到了比较充分的调动。下一步需要做的就是动员各种社会力量参与到扶贫工作中来，这方面的工作潜力特别巨大。

大扶贫格局最终的落实关键在县。县一级落实、协调、衔接的空间很大。在大扶贫格局下，如何推动每个县的特色发展值得深入思考、科学实践。

（六）关于比较优势

如何突出每个片区的比较优势，是片区扶贫最大的问题。没有比较优势，片区就体现不出其差异。对于武陵山片区的建始县来说，有两个方面的比较优势：一是生态，二是民族文化。如何坚持自身的特色、发挥比较优势潜力，将减贫、生态发展结合起来，形成独一无二、具有比较优势的扶贫发展道路，这是需要重点考虑的。

另外，如何从生态补偿的角度，提出推动国家政策向特困地区倾斜和开展先行先试的建议，也需要认真研究、积极争取。

（七）关于特殊贫困群体的扶持

片区区域发展与扶贫攻坚的结合能够整体性地推进区域发展，但是容易忽略贫困群体，特别是其中的特殊贫困人群，如农村老年人、留守妇女儿童、残疾人、边远地区的少数民族等。如果这部分群体被忽略，就意味着扶贫工作和社会治理存在漏洞，甚至会成为社会不稳定的因素。特殊贫困群体已经得到怎样的扶持，还有什么需求？政策需要如何调整？等等，需要加强研究，探索出对这部分群体扶助好的方式方法，更好地体现执政党为全体人民服务的宗旨。

（八）关于先行先试

笔者在2010年写了一个系列文章，主题是：片区扶贫战略体系研究，一共7篇文章。其中一篇主要是讨论在片区中开展一个类似于特区的改革试验，就是将各种政策、模式集中进行试点，为政策制定提供参考。但是这样的试点涉及面太广、难度太大，难以实现。好在现在中央已经在推动各个部委针对片区来出台特殊的支持政策。先行先试需要上下互动，在缺乏顶层设计的背景下，县里在允许的情况下，应多争取、多创新、多实验。

中国国际扶贫中心有两个主要工作：一是服务于国家外交大局，开展扶贫外交。扶贫是一个普世的话语权，各个国家有许多很好的经验学习。中国国际扶贫中心的工作就是研究怎样围绕国家的扶贫外交战略、国家软实力的建设，发挥扶贫领域交流合作的特殊作用。二是服务于国内的扶贫大局。通过引进国际上先进的理念和做法，推动国内扶贫政策的不断完善。同时建立一个平台，加强经验交流。中国国际扶贫中心愿意和县里合作做一些先行先试的探索与实验。

（九）关于能力建设

这是未来十年扶贫攻坚能否实现如期目标最关键的因素。国家的扶贫能力应该至少包含以下四个层面：

一是扶贫决策能力。即国家决策层对扶贫在国家战略中定位的认识。如果仅仅把扶贫作为一项专项工作，那么从理念上就与解决贫困问题的需要有差距。国家扶贫决策能力在国务院扶贫开发领导小组，其决策决定了对贫困人口、贫困地区减贫与发展的支持力度。

二是扶贫管理能力。指各级扶贫领导小组和扶贫办的能力。如何管理扶贫，把扶贫问题放在区域经济社会均衡发展的大局考虑。这肯定不是一个部门能解决的问题，需要有效政策的执行和管理。

三是扶贫执行能力。各级扶贫部门、扶贫队伍、扶贫项目实施单位的能力决定了扶贫实施规划的编制与执行，其能力通过国家、省、市（地、州）县、乡镇的分管领导和扶贫系统干部的工作水平所决定。。

四是扶贫对象的自我发展能力。扶贫对象或扶贫目标群体包含贫困区域、扶贫对象个体（农户）及其形成的各种组织。自我发展能力的建设是解决其问题的根本。

由此可见，国家的扶贫能力建设是一个体系，需要配套相应政策支持。县一级也需要重视自我发展能力的建设，通过干部的能力建设、思想转变、观念解放促进新阶段扶贫开发和经济社会发展。

（十）关于主体作用

能不能发挥扶贫的主体作用、激发片区扶贫工作主体的活力，决定了解决贫困问题的根本性程度。在片区扶贫工作中，如何形成更加互动、灵活的机制，更加创新的氛围等对发挥主体作用十分关键。对于一个县，在未来推进扶贫攻坚工作实施的过程中，如何发挥目标群体、扶贫对象的主动性、积极性、主体性，如何通过基层组织建设来提高其主体意识与主体地位也是片区扶贫进程中不可忽略的重要问题。

二、武陵山片区区域发展与扶贫攻坚相关问题研究的内容与方法

（一）选题的理论意义和实际意义

经过几十年的扶贫开发，我国扶贫开发取得了举世瞩目的成就，贫困人口规模大幅度下降，贫困地区基本生产生活条件明显改善，公共服务水平明显提高。目前剩下的绝对贫困人口主要集中在以武陵山区、六盘山区、秦巴山区等为代表的14个连片特困地区。这些地区由于自然、民族、历史、政治等多种复杂因素的共同作用，一般经济增长已无法有效带动，常规的扶贫手段也难以奏效。因此，国家将这些连片特困地区作为新十年扶贫开发的主战场。2011年11月15日，国家启动了武陵山片区区域发展和扶贫攻坚的试点工作，先行先试，积累经验，为全国扶贫攻坚发挥示范引领作用。但同时应该看到，武陵山片区的扶贫开

发仍然面临着许多不容回避的挑战，需要寻求新的突破，需要从学术支撑及其试点实验中寻找突破口，因此，对这一课题加强研究十分必要。

1. 理论意义：一方面，为连片特困地区扶贫开发的理论研究及实践总结做出贡献。对武陵山片区扶贫开发进行深入研究，正是对连片特困地区扶贫开发事业的有益尝试，探寻武陵山片区区域发展与扶贫攻坚的理论架构和可行操作模式，梳理并建构适合我国国情的连片特困地区扶贫开发的一般理论，可以为连片特困地区扶贫开发的理论研究及实践总结做出贡献。另一方面，为促进国际减贫领域的知识交流与分享提供支持。解决贫困问题，不仅是一国自身的事情，也是全球共同的话题。给每个人以温饱，是政府的责任，也是全社会的责任。在国际减贫事业中，中国扮演了越来越重要的角色，本研究也可以为促进国际减贫领域的知识交流与分享提供支持。

2. 实际意义：武陵山片区作为连片特困地区扶贫攻坚的试点已经先行启动，但是武陵山片区的扶贫攻坚没有现行可供借鉴的模式，需要在不断的实践中总结完善。分析武陵山片区贫困的主要特征、减贫与发展面临的主要问题、经验教训、未来政策等，可为各级政府推进武陵山片区区域发展和扶贫攻坚提供政策依据。同时也可为武陵山片区贯彻落实新十年扶贫开发纲要的具体政策措施体系设计提供依据，为武陵山片区创新扶贫开发模式，提高扶贫开发效果提供经验借鉴。

（二）本课题研究的主要观点、主要内容和研究方法

1. 主要观点：

①武陵山片区具有强烈的区域个性，不同于一般的贫困地区。其自然环境、社会环境、民族发展、战略地位和减贫方式均体现了其作为连片特困地区重要代表的特殊性。特殊性问题将是武陵山片区区域发展和扶贫攻坚必须重点考虑的问题。

②中国的反贫困理论滞后于反贫困实践的问题还十分突出，对贫困问题的理论探讨和研究仍难尽如人意。尤其是对连片特困地区减贫理论的探索尚处于起步阶段。在新十年扶贫开发时期，武陵山片区作为扶贫开发的主战场之一，对其区域发展和扶贫攻坚理论的研究对于连片特困地区的扶贫攻坚和反贫困战略实施具有重要的借鉴意义。

③武陵山片区区域发展与扶贫攻坚模式需要不断创新和完善，在模式创新过

程中必须考虑三个方面的问题：一是扶贫资金的来源问题，需要创新资金的来源渠道。二是扶贫对象的瞄准问题。必须要兼顾减贫与发展，让更多的贫困人群受益。三是扶贫模式的效率问题。需要更好地运用扶贫资金，达到资源配置的最优状态。

④武陵山片区减贫与区域发展具有内在统一性。减贫是发展的有机组成。武陵山片区的发展首先要通过减贫来实现，减贫是发展的有机组成部分，应该融入到发展之中。发展对于减贫而言具有重要的带动作用，处理武陵山片区减贫与发展关系时要强调增长的带动效应。同时要强调益贫式增长与开发式扶贫的结合。益贫式增长主要是解决减贫的问题，开发式扶贫主要解决发展的问题，但是两者必须实现有机结合，才能处理好减贫与发展的关系。

⑤武陵山片区区域发展和扶贫攻坚必须重视区域协调问题。区域协调发展可以有效提高减贫效率。必须从整体上和宏观上来考虑减贫人力、物力、财力的投放，考虑整个连片区域的协调发展问题，避免为争夺资源和发展机会形成恶性竞争。只有生产各要素在整个集中连片区域的合理配置才能带来减贫效率的提升。

2. 主要内容：

①武陵山片区区域发展和扶贫攻坚的理论探索。对于连片特困地区而言，什么样的理论能够更好地指导这些地区的减贫与发展，这是一个非常值得探讨的问题。对于连片特困地区减贫理论的探索要充分考虑其特殊性问题。在理论的探索中要注意几个方面的问题：一是理论的适用性问题。指导连片特困地区的减贫实践的理论必须充分体现这些地区的特殊性。二是理论的普遍性问题。通过对武陵山片区区域发展和扶贫攻坚理论的探索，为连片特困地区扶贫开发的理论研究及实践总结做出贡献。

②武陵山片区区域发展与扶贫攻坚模式创新研究。中国扶贫开发的各种模式在几十年的扶贫开发工作中取得了巨大的成绩，也获得了国际社会的认可，尤其是得到了非洲等第三世界国家的认可。在连片特困地区减贫中各种模式也得到了较好的运用，但是也同时存在着需要进一步改善的地方，如现有扶贫模式在瞄准机制上的缺陷，现有扶贫模式在减贫效果上的降低等，如何创新扶贫模式，是连片特困地区扶贫开发需要进一步解决的问题。连片特困地区是扶贫工作任务最艰巨的地方，必须寻求扶贫理念、扶贫战略、扶贫规划等方面的突破，寻找更加有效的措施，进一步加强和改善扶贫开发工作。

③武陵山片区区域发展与扶贫攻坚的关系研究。中国减贫成就来自于经济社

会的全面发展，同时也得益于有针对性的减贫措施。过去几十年的扶贫攻坚实践证明，区域发展与减贫之间具有高关联度，这一点已经形成了共识，减贫是发展的有机组成，增长对减贫具有带动效用。本研究将会进一步探讨二者之间的关系，揭示减贫为什么要有机地融入发展之中，怎样克服某些情况下出现的“有增长无减贫”的问题，如何处理好二者之间的关系等问题。

④武陵山片区扶贫攻坚与区域协调发展研究。中国的贫困人口大部分分布在中西部落后地区，反贫困工作与区域经济平衡发展是交织在一起的，因此，中国政府促进区域经济平衡发展与反贫困工作也是紧密结合在一起的。减贫应立足于区域之间的协调发展。本研究将就武陵山片区如何协调区域内部人口、资源、环境和社会经济之间的关系，进行制度创新，增强自我发展能力等问题进行深入分析，使区域内各要素充分协调，以形成新的生产力，从而带动区域实现可持续发展。

3. 研究方法：

①文献分析。在前期准备阶段和实地调研工作过程中，注重收集、整理与分析与本研究有关的国家法律、法规和政策，渝、鄂、湘、黔出台的规范性文件，相关统计资料和档案文献，以及国内外相关研究成果。

②问卷调查。根据研究需要和研究条件，设计结构式问卷，运用随机抽样方法抽取一定数量的农户，分别进行入户问卷调查，获取系统全面的定量资料并开展描述性分析和相关性分析。

③深度访谈。以各级党委、政府及发改委、扶贫办、财政、规划、国土资源、民政、交通、水利、农业、林业等部门以及村民为座谈对象，在省—市—县—乡—村不同层次中组织座谈会，听取相关人员的工作汇报，了解武陵山片区扶贫开发的基本情况，发掘成功经验及相关问题和教训，获取定性资料。

④参与观察。选取不同类型的多个具有代表性的村庄，派研究人员进驻村庄长期参与，跟踪观察，剖析扶贫开发的实施过程、主要问题、影响因素、执行情况、过程评估、修正过失等，检验扶贫规划的可行性和实用性。

（三）重点和难点分析

（1）研究重点：在于如何创新武陵山片区区域发展与扶贫攻坚的模式，同时处理好扶贫攻坚与区域发展和区域协调两组关系。传统扶贫攻坚在空间上大多是以区县为单位，各自为政，不同行政区域之间的协调不够。武陵山片区作为连片特困地区的试点之一，强调的是不同行政区域之间的连片发展，整个片区的区域发展和区域协调将成为整个扶贫攻坚中的重点内容。同时，武陵山片区以整个片区的区域发展与扶贫攻坚作为宏观框架，就是一种模式创新，此外在具体的扶贫攻坚手段、措施、对策等方面也必然会不同于传统模式。因此，本研究将重点探讨在处理好扶贫攻坚与区域发展和区域协调两组关系的基础上，如何创新武陵山片区区域发展与扶贫攻坚的模式。

（2）研究难点：在于如何把握研究对象的特殊性与一般性的关系。一方面，武陵山片区作为连片特困地区之一，由于其所处自然环境与社会环境的特殊性而具有特殊性，既不完全同于一般类型贫困地区的特征，也不完全同于其他连片特困地区的特征。另一方面，武陵山片区又具有一般贫困的特征，与其他连片特困地区也在某些方面具有相似性。因此，如何在研究中既充分体现武陵山片区的特殊性，为武陵山片区的扶贫攻坚提供战略支持，又能将武陵山片区扶贫开发的理论、经验、模式推而广之，为其他连片特困地区提供经验借鉴是本研究必须面对的挑战。只有充分把握这些特殊性和一般性的关系问题，才能探索出更好的减贫理论和方法来指导武陵山片区的减贫工作，同时也服务于其他连片特困地区。

总报告：连片特困地区区域发展和扶贫攻坚的若干理论与实践问题

黄承伟　陈　琦

引　言

1978年，我国农村贫困人口有2.5亿人，贫困发生率为30.7%。1980年初，农村家庭联产承包责任制和农产品流通体制改革极大地激发了农民生产的积极性和创造性，农村生产效率大幅度提高，农村经济快速发展，贫困人口迅速减少。到1985年底，农村贫困人口降至1.25亿，贫困发生率下降到15%。[①] 从20世纪80年代中期开始，农村改革减贫的边际效应呈现出递减趋势，在这一时期，尽管国家总体经济发展水平在快速上升，但一般经济增长带动贫困地区、贫困农户发展的效应不明显，东中西发展差距逐步扩大，农民内部收入不平等程度逐步加剧。为进一步有针对性地减少绝对贫困人口数量，1986年，中国政府成立了专门的扶贫工作领导机构——国务院贫困地区经济开发领导小组（1993年改名为国务院扶贫开发领导小组），随后我国开始步入有计划、有组织、大规模的开发式扶贫阶段。

我国30多年的扶贫开发工作，成就举世瞩目。特别是《八七扶贫攻坚计划》和《中国农村扶贫开发纲要（2001－2010年）》两个纲领性文件分别于1994年、2001年颁布实施，标志着中国农村反贫困行动体系基本构建完成。在此期间，国家不断加大扶贫投入和工作力度，逐步完善解决农村温饱问题的保障制度，创新激发贫困地区发展的内生活力，多渠道凝聚社会力量参与减贫事业，这些举措

---

① 资料来源：国家统计局农村社会经济调查司编：《2005中国农村贫困监测报告》，中国统计出版社2006年版。

极大改善了贫困地区农户生活水平，提升了广大贫困人群和贫困地区发展能力。2010年底，与改革开放前2.5亿相对应的农村贫困人口已经稳定减少到1000万以下，贫困农户温饱问题基本解决，农村居民最低生活保障制度全面建立，扶贫开发事业取得举世公认的辉煌成绩。[①] 2011年，根据我国农村贫困的新形势和国家新的宏观经济社会环境，国家颁布了《中国农村扶贫开发纲要（2011—2020年）》（以下简称新纲要），指出我国扶贫开发已经从解决温饱为主要任务的阶段转入巩固温饱成果、加快脱贫致富、改善生态环境、提高发展能力、缩小发展差距的新阶段，同时明确未来十年将以贫困人口比较集中的连片特困地区（以下简称：片区）为扶贫攻坚主战场。

选择以片区为单位开展新时期扶贫开发，是有其特殊的现实需求和理论依据的。从现实层面来看，近年来，我国农村贫困人口在分布上表现出大分散、小集中的态势，一些特殊地区因受发展环境制约，其贫困发生率显著高于其他地区，区域整体经济社会发展水平远远落后于全国平均水平。要降低这些地区贫困人口规模，实现全国区域经济协调发展，必须将这些片区作为新阶段国家重点的发展对象。从理论层面来看，地区是一个按照一定标准来划分的并具有连续性的有限空间范围，是具有自然、经济或社会特征的某一方面或几个方面同质性的地域单位。由此，地区贫困作为从空间角度划分的贫困类型，是地区内部社会经济文化系统多种因素综合作用导致的结果，这和某个因素导致的贫困有本质差异。[②] 因此，要彻底解决这类地方的贫困问题，必须要以片区为单位，使用综合治理的方法，方能有大突破。

我国贫困分布存在明显的区域性特点由来已久，在步入新的历史发展阶段，国家决定实施片区扶贫的另一主要原因在于我国经济实力、财政实力和综合实力已经取得很大增长，国家已经具备能力实施这一规模宏大的工程。

一、片区扶贫战略提出的背景

新纲要明确未来十年扶贫开发将以国家确定的十四个片区为主战场以后，关于片区扶贫引起了学者们越来越多的关注。在深入了解片区扶贫战略基本含义、

---

① 范小建：《中国特色的扶贫开发——在全国集中连片特殊困难地区扶贫攻坚高级研修班上的讲话》，2011年5月24日。

② 邹德秀：《地区贫困与贫困地区开发》，科学出版社，第20页，2000年。

重要意义、主要内容等几个关键问题之前，首先系统梳理片区扶贫战略提出的背景，厘清制定片区扶贫战略的现实依据和理论依据。

（一）我国 2001－2010 年贫困变化及特征

改革开放以来，中国农村减贫大致经历了三个阶段。从 1978 年到 1985 年，那一时期的反贫困模式主要是体制改革推动减贫，尤其是以农村土地制度为核心的农村经营方式的改革和农产品价格的提高两项制度，极大地促进了农村经济社会的发展，我国贫困人口总量迅速下降；从 1986 年开始，我国步入了政府主导下的以开发式扶贫为主的减贫阶段，这一时期国家成立了专门的扶贫机构，制定了针对贫困地区和贫困农户发展的专项扶贫政策，有效缓解了中国大面积贫困的问题。到 2000 年底，中国农村贫困人口数量由 1978 年的 2.5 亿减少到 3200 万，农村贫困发生率由 30.2% 下降为 3%，中国农村扶贫开发取得阶段性伟大胜利。

进入新世纪以后，随着农村贫困人口的减少，中国农村贫困地区和贫困人口的特征也发生了较大变化。一方面贫困群体的分布呈现出日益分散的趋势，到 2002 年，全国 592 个扶贫开发工作重点县覆盖的农村贫困对象仅占全国农村贫困人口的 52%，以区域为单位开展扶贫开发，扶贫项目和扶贫资金瞄准目标的程度大大降低；另一方面，那些暂时摆脱贫困的群体脆弱性十分突出，因各种风险导致的返贫现象极为频繁。据国家贫困监测调查结果显示，2003 年新增返贫人口占当年贫困人口的 53.3%。根据农村贫困群体的上述变化，国家把扶贫开发政策调整、完善的重点放在开发式扶贫政策和完善惠农政策两个方面。

扶贫开发政策的调整主要集中于两个方面：第一，扶贫开发由以往的瞄准贫困县转变为瞄准贫困村，将扶贫资源直接落实到村到户，实行“整村推进”的扶贫开发，分批治理贫困村内部的各种突出问题。第二，国家开始逐步重视贫困人群的能力建设，连续出台各种提升贫困对象劳动技能和农业实用技术水平的扶贫政策，增强贫困农户的可持续发展能力。

与此同时，国家也制定实施了一系列减轻农民发展负担和增强农村发展活力的政策，比如农村税费减免政策、农村义务教育“两免一补”政策、新型农村合作医疗政策与贫困人口医疗救助政策和农村最低生活保障政策，这些利民政策的纷纷出台，极大地改善了农民家庭生活水平，提高了农户尤其是贫困户抗风险能力。特别是农村最低生活保障政策的实施，为从根本上消除农村生存性贫困问题，解决那些没有劳动能力或丧失劳动能力群体的基本温饱问题提供了可能。

在新的开发式扶贫政策和惠民政策的综合作用下，2007 年底农村绝对贫困人口数量降到了1479万，贫困发生率仅为1.6%。农村低收入群体在这一过程中也受益匪浅，数量从2000年的6213万人减少到2007年2841万人，占农村人口比重从6.7%下降到3.1%。[①] 2007年农村最低生活保障制度的全面建立也将中国的扶贫开发推向一个新的历史阶段。2009年，国务院扶贫办正式在全国11个省（区、市）实施扶贫和低保两项制度衔接试点，与此项制度改革相适应，中国农村扶贫开发面向的对象由主要以农村绝对贫困群体转向了主要以农村低收入人口，扶贫对象覆盖的人数又重新上升到了4007万人。

总的来说，在21世纪的前十年，我国的扶贫开发取得的成就十分巨大。在这十年间，逐步形成了专项扶贫、行业扶贫和社会扶贫相结合的大扶贫格局，国家扶贫标准以下的贫困人口从9422万减少到2688万，减少了6734万，贫困发生率下降了71.5%，农村贫困人口的温饱问题基本得以解决。[②] 但在这一时期，我国贫困形势和经济社会发展形势也面临了一些新问题：农村贫困人口分布开始呈现出大分散、小集中态势，解决剩余贫困人群的可持续脱贫问题难度更大；城乡之间、东中西部地区之间以及中心城市和边远地区之间发展差距逐步扩大，区域经济发展不平衡性矛盾更加突出；全球性金融危机引发的负面影响更加彻底，对进一步扩大内需，增强我国内部经济活力和抗风险能力提出了更高要求；我国当前落后地区主要是少数民族地区、革命老区和生态脆弱区，促进这些地区经济社会全面发展意义特殊而重大。这些因素促使国家在新的历史阶段，必须重新定位扶贫工作的重大意义，强化体制机制创新，将贫困人口比较集中的区域作为扶贫攻坚主战场，采取非常规手段解决贫困人口脱贫致富和落后地区区域经济社会发展的双重问题。

（二）片区的划分

贫困地区既不是一个行政区域，也不是一个地理或自然区域，它是一个以地区人民生活水平和经济社会发展程度为衡量标准的区域性概念。连片特困地区的划分是在充分认识贫困人口及贫困地区分布规律的基础上，系统分析不同区域自然地理特征、战略地位，按照“集中连片、突出重点、全国统筹、区划完整”的原则实施开展的。“片区划分使用了2007—2009年县域农民人均纯收入、县域

---

① 刘坚：《中国农村减贫研究》，中国财政经济出版社，第37页，2008年。

② 范小建：《中国特色的扶贫开发——在全国集中连片特殊困难地区扶贫攻坚高级研修班上的讲话》，2011年5月24日。

人均财政一般预算收入和县域人均国内生产总值三项指标的三年平均值作为基础依据，同时又充分考虑了革命老区、少数民族地区和边境地区的特殊因素。片区划分的基本方法是以西部三项指标的平均值作为基本标准，三项指标均低于西部地区平均值的县进入片区初选县名单，再排除不集中连片的县，最终确定进入片区县的名单。”① 按照这一方法，除已明确实施特殊政策的西藏、四省藏区、新疆南疆三地州以外，国家又划分出了11个片区，即六盘山片区、秦巴山片区、武陵山片区、乌蒙山片区、滇贵黔石漠化片区、滇西边境山片区、大兴安岭南麓山片区、燕山—太行山片区、吕梁山片区、大别山片区、罗霄山片区等连片特困的地区，并在《中国扶贫开发纲要（2011—2020年）》和2011年11月的中央扶贫开发工作会议上明确，新阶段扶贫开发将以这十四个片区为主战场。

（三）片区的基本概况

全国十四个集中连片特困地区包括680个县及县级单位，国土面积392万平方公里，总人口2.36亿，其中乡村人口2.3亿。2009年，按照2100元标准衡量十四个片区共有贫困人口9553.6万，占地区总人口的47%，占全国贫困人口的73.8%。按2007到2009年三年平均计算，这些县县域人均国内生产总值为6761元；县域人均财政一般预算收入为272元；县域农民人均纯收入为2677元。680个县及县级单位中，有431个县属于扶贫开发工作重点县；有183个县属于革命老区县；有370个县属于少数民族县、有54个县属于边境县、有448个县属于地质灾害高发区县、有661个县属于地方病病区县；有269个县属于国家主体功能区规划中的限制开发区和禁止开发区县。从以上数据和片区类型可以看出，十四个片区基本覆盖了国家经济社会发展相对落后的县和贫困人口比较集中的地区。新时期扶贫攻坚以这些片区为主战场，在很大程度上等同于抓住了推进我国经济社会全面发展和到2020年全面建成小康社会的核心，为实现区域经济和谐发展和缩小区域之间发展差距这一长远目标奠定了十分重要的基础。

国家划定的片区表明，我国的贫困地区具有分布面广，相对集中于山区、边远地区、少数民族地区和革命老区等特点，大多数贫困人口居住在自然资源贫乏、可耕用土地缺少、农业生产条件较差、自然灾害频繁、生态环境脆弱的地区。贫困地区分布面广一方面说明这些地区在我国经济社会发展中占据了不可忽

---

① 范小建：《中国特色的扶贫开发——在全国集中连片特殊困难地区扶贫攻坚高级研修班上的讲话》，2011年5月24日。

视的重要地位，另一方面也说明要改变这些片区落后面貌的任务十分艰巨。贫困地区集中于山区和边远地区，一方面，反映了这些地区道路等基础设施很薄弱，建立健全其公共服务设施难度很大，区域封闭性特点比较突出；另一方面，也反映出新阶段的扶贫开发需要重点保护这些地区生态环境，提高这些地区调节气候的能力，降低其脆弱性水平，减少灾害风险对贫困地区农户生产生活所造成的损失。贫困地区集中于少数民族地区和革命老区，表明改善这些地区的经济社会条件不仅仅具有重要的经济意义、社会意义，同时也具有非常重要的政治意义。除此之外，贫困人口多分布在少数民族地区，还说明少数民族地区的文化特征及发展进程对制约地区经济社会发展作用显著，对少数民族地区开展区域发展与扶贫攻坚计划，必须要充分考虑少数民族地区特殊的发展瓶颈和多元化的需求。

二、片区扶贫的基本理论

厘清片区扶贫的基本理论，有助于为制定片区扶贫战略和编制片区扶贫规划提供科学的认知框架。片区扶贫不仅仅涉及一般性的贫困问题，同时还包含区域经济发展的相关问题。因此，必须从与贫困相关理论和区域发展理论两个方面综合论述相关理论，才能全面深入认识片区扶贫的内在逻辑。

（一）多维贫困理论

贫困的对策来源于对贫困的认识，对贫困内涵的界定直接影响到国家的扶贫目标和减贫战略举措的制定。从我国 1986 年开始有组织、有计划、大规模的扶贫开发以来，我们对贫困的认识一直在不断发展和演进，贫困内涵也在不断丰富和变化。发展至今，全面深入地理解贫困内涵，需要从贫困多元性、社会性和相对性三个维度进行综合认识。

早期我们国家对贫困的判定主要以经济指标为衡量标准，即收入水平在一定数量以下的人便被界定为贫困人口，后来，随着多维贫困概念的产生与深化，人们逐步认识到贫困不只是一个经济学概念，而是经济、社会和文化落后的总称。贫困不只包含由低收入造成的基本物质的绝对或相对缺乏，还应该包含教育和知识的贫困，健康的贫困，个人价值及社会地位的低阶性，以及面临风险时的脆弱性和缺少话语表达机会等。从这个角度出发，贫困的概念已经被放大扩展了，贫困的表现形态已趋向多元化。贫困除具有多元性特征以外，还包含社会性和相对性两个属性。贫困的社会性指贫困实际上是一种社会认知。在某一区域或历史时期，某一个体贫困与否同社会共同体的认知结构有关。贫困的社会性表明界定贫困的标准带有鲜明的区域性和历史性特点。进入新世纪以后，一些专家建议从消费的角度而不是从收入的角度来衡量贫困，把诸如能否负担得起基本教育和医疗服务，是否有一定风险保护机制，避免个体因遭遇风险陷入贫困等作为衡量贫困的标准，这种认识在某种程度与贫困的社会性有关。贫困的相对性也是贫困的一个重要属性。相对贫困是一种抽象状态。人类可以消除生存性贫困，但却永远不可能消除相对贫困；从广义层面上讲，在某一社会中只要存在阶层划分，就存在相对贫困；从狭义层面上讲，相对贫困是指与社会平均水平相比，其收入水平少到一定程度时维持的那种生活状况。

2011年国家出台的新纲要明确到2020年，“稳定实现扶贫对象不愁吃、不愁穿，保障其义务教育、基本医疗和住房权利；贫困地区农民人均纯收入增长幅度高于全国平均水平，基本公共服务主要领域指标接近全国平均水平，扭转发展差距扩大趋势。”如果对新纲要所确定的目标做一番考察，不难发现，在新的历史时期，我们国家扶贫目标在贫困的三个属性方面都有所体现。“两不愁、三保障”的目标，一方面，说明那些吃不饱、穿不暖，甚至难以享受义务教育、基本医疗和住房权利的农村人口都应该被归为贫困对象。这是我国在新的历史发展阶段，充分考虑基本国情及建设小康社会伟大目标的基础上做出的决定，这一决定体现了贫困的社会性特点；另一方面，这一目标的提出也意味着新时期的扶贫不只停留在巩固贫困对象温饱层面，还应关注贫困对象的能力发展和身体素质提升等内容，贫困的概念较之以往被放大扩展了。在总体目标中，国家指出要扭转发展差距扩大趋势，缩小不同阶层经济发展差距，实际上就是逐步提高相对贫困群体生产生活水平，增强相对贫困人群发展能力。

总的来说，无论是实现农村贫困人口“两不愁、三保障”，还是要实现农村贫困地区基本公共服务主要领域指标接近全国平均水平，扭转发展差距扩大趋势，都反映了国家的扶贫开发已经进入了从多个维度来理解和认识贫困内涵、扶贫目标已不再拘泥于一种形式的新阶段。

（二）贫困成因理论

不同的国家或同一国家的不同地区，由于自然条件和社会文化上的差异，人们对贫困的认识以及由此形成的对贫困本质的看法就存有很大不同。结合我国目前的贫困形势和社会特点，以下概述几种较为流行的关于贫困的学说。

1. 素质论

素质论者认为，形成贫困的根本原因在于那些穷人没有好的素质。人的素质包含个人素质和群体素质。通常情况下，个人素质主要指个人的知识水平、技术水平和健康状况等。个人素质论者认为，自由市场的体制对每个人追求发展都是均等的，个人素质的高低决定着个人的就业、社会地位和经济收入等，素质低的人很难在社会中获得发展机会，因此也就很难取得较高的社会地位。与个人素质论不同，群体素质论者看到了贫困不只是单个孤立的现象，贫困更容易在某一地区或某一阶层中出现。他们认为聚居在一定空间范围内的穷人如果长期挣扎于贫困陷阱之中，会形成有强烈宿命感、无助感和自卑感的价值观念，而代表贫困的价值观和态度是形成贫困现象持续加强和再生的动力机制。①

素质论的观点对于认识我国贫困人群的形成有很大帮助，在新的历史时期，缺少发展能力是很多贫困对象难以脱离贫穷陷阱的主要原因之一。随着我国总体经济实力的增强，国家用于实施公平性社会政策的资源会越来越丰富，但政策的实施效果与贫困对象的能力密切相关，能力强的贫困人群可以很好的借助政策摆脱贫困，能力弱的贫困人群能够把握的发展机会通常也要小很多。

尽管人的素质也包括人的先天禀赋，但毋庸置疑的是后天的教育水平和人所处的社会环境对人的素质形成往往起到决定性的作用，素质论的观点为通过改善贫困地区教育设施，提高贫困对象发展能力来消除贫困奠定了理论依据。

2. 分配论

分配论者认为，贫困是财产和收入不平等分配的结果，某一类型群体陷入贫困的主要原因是社会的不平等分配制度。对于这一观点，分配论者分别从市场关系、社会分工机制、历史遗传和权力主导四个方面做出了解释。

市场关系因素：在分配论者看来，市场关系决定了人的收入水平和社会地位，市场可以提供多少就业岗位保障大家就业不为个人所控，一个在市场中缺少工作机会的人，自然会陷入贫困。

社会分工机制：持这种观点的人认为，劳动力市场由无数个不同类型的职位组成，这是现代社会的社会分工机制逐步完善和健全的重要体现。社会为了维持正常运转，必须激励那些有较高人力资本的人在能对社会发挥更大作用的位置上

① 文森特等：《当代社会问题》［M］，北京：华夏出版社，2002 年版第 211 页。

就业。从这个角度而言，收入不平等和贫困就成为社会实现良性运转的一个必然构成。

历史遗传：历史因素的观点主要面向的是区域性贫困。一些国家或地区由于历史上长年战乱，人们的财产在战争的摧残下几乎殆尽，特殊的历史过程使得这些地区在发展初期底子很薄，发展速度及效果因此受到很大影响。除此之外，他们还认为在工业化和现代化发展初期和中期，不同类型产业的收益是不平等的，尤其是农业，收益水平要远远落后于工业和服务业，这导致那些生活在乡村里的人更容易陷入贫困。

权力主导：这一观点认为贫困是权力错误分配的结果。贫困也即意味着没有权力，那些掌握权力的人能够对国家政治系统产生影响，促使国家制定出有利于该利益集团的政策，而穷人因为缺少表达政治话语的机会，因此在资源分配方面就会处于弱势的一方，进而产生了贫困。

分配论的观点主要是从宏观制度结构的角度来解释贫困的，这一理论显然遗漏了个人因素在产生贫困方面的作用。但同时也需要认识到，分配论在解释区域贫困和特殊群体贫困方面存在的价值，尤其采用历史因素和权力因素的视角分析贫困成因，对认识我国贫困形势和寻找消除贫困的突破口很有意义。从 1978 年开始我国步入了“渐进式”改革的发展阶段，30 多年的改革在取得经济社会快速发展的同时，也出现了一些明显的发展问题。比如国家的资源分配偏向于城市而不是农村，偏向于精英阶层而不是弱势群体。多年的不平衡的经济发展方式，导致区域与区域之间、城市与乡村之间、中心城市和边远地区之间的发展差距越来越大。在新的历史时期，我国要实现全面建成小康社会的目标，消灭贫困地区普遍贫困的现象，必须改变以往的资源分配方式，加大对农村和弱势群体的扶持方能有效。

3. 生存空间论

生存空间论是从地理和人口的角度来分析贫困的成因的。在地理方面，主要有自然环境决定论和经济发展梯度转移论。在人口方面，比较著名的是马尔萨斯的人口压力论。

自然环境决定论认为贫困主要由区域资源贫瘠、生态环境脆弱、地质结构复杂等因素造成的，这种贫困具有明显的历史遗传的特点。经济发展梯度转移论认为，不同区域的经济差异呈现出一种有规律性的过渡性质，一些地区已经步入现代社会，而另外一些地区还停留在传统社会。决定不同区域发展进程的是区域自身是否存在发展优势及有何种发展优势。例如我国一些经济学家将中国的经济发展分为东中西三个经济地带，这种划分在某种程度上就是以经济梯度转移理论作为其基本的理论依据。

人口压力论：马尔萨斯的人口压力论为反思发展中国家经济社会发展与人口之间的关系提供了理论参考。这一观点认为任何一种类型的生存空间的承载力都是有临界值的，当人口数量增长到一定极限时，人类需要从自然中摄取的生产生活资料就会与有限的生存空间产生难以协调的矛盾，这一矛盾导致区域经济难以摆脱低水平均衡陷阱，人们的生活水平因此而长期处于落后状态。生存空间论的三个理论视角虽然都不能完全解释贫困的形成原因，甚至有些理论观点在世界范围内受到了批判，但却不能忽视这些理论对全面认识我国贫困所能发挥的作用。比如，目前我国贫困人口的分布呈现出大分散、小集中的态势，区域性贫困的问题更加突出，从生存空间论的视角来认识这种现象，有助于我们更深入地把握贫困人口分布形态的演进规律及其形成机制。

（三）片区扶贫攻坚理论

片区扶贫攻坚的基本理论可以从微观和宏观两个维度来全景把握。微观层面的理论主要从微观视角研究个体或家庭贫困发生的原因以及如何摆脱这种贫困状况的理论；宏观层面的理论主要从宏观视角考察一个国家（或一个区域）整体贫困发生机理以及如何打破贫困陷阱，实现国家的工业化、城市化和现代化的理论。

1. 微观层面的理论

微观层面的理论包括人力资本贫困理论、贫困代际传递理论、贫困农户的脆弱性理论等。人力资本贫困理论和贫困代际传递理论同素质论的认知过程并无二致。1960 年美国经济学家舒尔茨首次提出人力资本理论，认为劳动者获得的知识、技能、健康具有重要的经济价值①。人力资本贫困理论所表达的基本观点是，由于现代化的社会是市场经济体制支配下的自由社会，它给每一个有发展意愿的人提供的发展机会都是均等的，因此那些不能进入市场分享社会发展成果的人必定是因为一些特殊因素限制，比如缺少知识技术或健康体魄。就贫困而言，人力资本理论认为改善穷人福利的决定性因素不是空间、能源和耕地，而是人口

① 林南：《社会资本——关于社会结构与行动的理论》［M］，上海人民出版社，2005 年版，第 8 -9 页。

质量和知识的进步。后期的大量实证研究表明，人力资本匮乏确实是弱势人群陷入持久贫困的根本原因之一。倘若个体患病，不仅仅会导致个体劳动生产力的丧失，同时也会增加其家庭经济负担，对个体和家庭其他发展因素造成巨大负面影响。

贫困代际传递理论是人们在观察地区和家庭持久贫困时所发现和总结的观点。促使贫困在代际间传递的因素主要包含文化贫困和贫困文化两个方面。一些家庭由于缺少投资于教育的能力，在代际间很容易形成“低水平教育——贫困——低水平教育”的恶性循环关系。一旦这种循环关系形成，贫困就会在几代人之间延续。除此以外，大量实证研究还表明居住在一起的穷人如果长期挣扎于贫困陷阱之中，会不自觉地形成有强烈宿命感、无助感和自卑感的价值观念，这种观念像风俗习惯一样传递给子女，继而与文化贫困一起共同造就了贫困家庭的持久贫困。

与能力贫困理论和贫困代际传递理论把个体素质作为分析起点不同，贫困农户的脆弱性理论主要从物质和经济的角度来分析贫困形成机制和减贫路径。不同学科对脆弱性的定义不同，世界银行环境部将脆弱性分解为风险暴露和应对能力两个主要维度，并认为高脆弱性的家庭是指那些高风险暴露和较低灾害应对能力的家庭。就目前我国贫困人群的分布形态及其特点而言，其脆弱性是生态脆弱、经济脆弱和社会脆弱的高度叠加与累积。在这种情况下，一旦贫困人口遭遇自然灾害的打击，在不同时段都将表现出相当不利的局面。在灾害发生以前，由于贫困对象的房屋抵御灾害的能力偏低，贫困人口更容易居住在自然灾害发生频率高和建筑规划空间格局不合理的区域；贫困人群所从事的产业类型对自然依赖性强、技术含量低、保护措施不健全等，穷人遭受灾害打击的可能性更大。在灾害发生时，由于穷人的房屋一般是其主要财产，同时农业收入又在其总收入中占据较高份额，因此穷人在风险打击下将面临仅有的财产和生产资料被完全剥夺的风险。在灾害发生以后，贫困群体由于居住偏远及获取普惠性政策能力偏低，其恢复到正常生活水平所需要的时间也会更长，付出的代价也会更高。[①] 根据灾害风险理论的观点，在风险因素既定的条件下，加强主体的防灾减灾能力建设将是有效应对灾害风险导致贫困最有效的途径和手段。

---

① 黄承伟：《汶川地震灾后贫困村恢复重建规划设计与实施展望》，《扶贫开发》，2009 年第 11 期，第 30－37 页。

2. 宏观层面的理论

宏观层面的理论主要从发展战略的角度对发展中国家的贫困成因及减贫路径展开分析。1953 年美国经济学家纳科斯在《不发达国家的资本形成问题》一书中提出了“贫困恶性循环”理论。他认为从资本供给角度，发展中国家存在“低收入水平——低储蓄水平——低资本形成——低生产率——低产出——低收入”的恶性循环。而从需求的角度，存在“低收入水平——投资引诱不足——低资本形成——低水平生产率——低收入水平”的恶性循环。发展中国家的经济之所以长期处于落后状态，正是由于经济发展这一特殊规律作用的结果。1956 年美国另一位经济学家纳尔逊提出了与“贫困恶性循环”理论相类似的“低水平均衡陷阱”理论，他把贫困看成是一种自我维系、自我构建的循环过程。这一理论认为，在发展中国家内部，任何超过最低水平的人均国民收入的增长最终都将被人口增长所抵消，从而国民收入又被逼回到维持基本生产的水平上，并保持一种长期稳定状态。从纳科斯和纳尔逊的理论中可以看出，他们都把一个国家的持久贫困看成是经济欠发达的结果，而资本积累和投入的缺乏是贫困地区难以脱离贫困陷阱最为直接原因。上述两个理论说明，发展中国家要想跳出低水平均衡陷阱实现持续的经济增长，除了依靠国家采取强制性手段积累大量资本外，别无选择。

“贫困恶性循环”理论和“低水平均衡陷阱”理论为解读新中国成立以后到改革开放以前这段时期的制度及经济体制设置提供了新的认识视角。资本的积累和投入的增加，对拉动一个国家经济摆脱低水平陷阱的重要意义毋庸置疑。但就资本投入方式上，法国经济学家佩鲁认为，一个国家不可能实现平衡性发展，在他看来，经济增长通常是从一个或数个“增长中心”逐渐向其他地区或部门传导。因此，发展中国家的经济要想实现快速腾飞，应该选择特定的增长空间或主导产业作为经济发展的增长点，通过增长点的辐射效应带动落后地区发展，进而实现一国经济社会可持续长久进步。

改革开放以来，我国在东部沿海地区选择一批优先发展的城市或地区，走外向型非均衡的经济发展道路，就符合“增长极”理论的基本思路。1957 年，瑞典著名经济学家缪尔达尔提出了“循环累积因果”理论，对经济不发达国家和地区经济的长期滞后提出了新的理论观点。他认为市场的力量一般趋向于强化而不是弱化区域间的不平衡，一个地区因为具有初始发展优势而在以后的发展中仍会居于绝对领先地位。在欠发达国家和地区经济发展起飞阶段，发达地区的资金、劳动力等生产要素对落后地区的扩散效应远远小于回流效应，发达国家或地区会不断积累有利因素继续超前发展。因此，缪尔达尔认为，要促进区域经济协调发展，推动滞后地区实现经济社会的快速进步，必须要有政府强有力的干预。

经过30多年不均衡发展，我国经济社会和综合实力取得很大进步，目前区域之间和城乡之间的发展差距问题逐步上升为我国社会的主要矛盾之一，在这种形势下，该理论观点对认识新阶段片区扶贫攻坚有重要启发意义。

三、片区扶贫战略

在中国，战略的概念历史久远，“战”指“战争”，“略”指“谋略”。现代社会里的战略一词被引申到政治和经济领域，其涵义演变为泛指统领性、全局性、长远性、主导性问题的谋划和对策。

扶贫战略是指根据对贫困形势和制约贫困对象发展的多种因素的分析，从全局出发制定的一个较长时间内解决贫困问题所要达到的目标，以及为实现这一目标而选择的根本性途径和方法。片区扶贫战略是我国新阶段国家整体扶贫战略的核心，指扶贫开发以片区为主战场，通过对推进片区扶贫产生决定性影响的一系列前瞻性重大问题及重要关系进行深入、系统分析，提出片区扶贫的指导思想、基本原则、重点内容、主要途径和保障措施等方面的建议。片区扶贫战略对指导片区扶贫规划的编制和实施以及相关政策的完善和创新有重要作用。

1. 片区扶贫战略的工作格局

在21世纪前十年的后期，我国逐步形成了专项扶贫、行业扶贫和社会扶贫相结合的大扶贫格局。2011年5月，新纲要明确新阶段扶贫开发要发挥专项扶贫、行业扶贫、社会扶贫的综合效益，全面深入构建三位一体的国家扶贫战略工作格局。专项扶贫包括异地扶贫搬迁、整村推进、以工代赈、产业扶贫、就业促进、扶贫试点和革命老区建设；行业扶贫包括发展特色产业、开展科技扶贫、完善基础设施、发展教育文化事业、改善公共卫生和人口服务管理、完善社会保障制度、重视能源和生态环境建设等；社会扶贫包括加强定点扶贫、推进东西部扶贫协作、发挥军队和武警部队的作用、动员企业和社会各界参与扶贫以及开展国际交流合作。构建三位一体的工作格局是完善片区扶贫战略的关键，而片区扶贫是实现三位一体大扶贫格局的重要载体。一方面，以片区为单位开展扶贫开发与以往以县、村、户为单位不同，片区扶贫所需要投入的物力、财力和人力将是历史空前的，因此，搞好片区扶贫必须要搭建平台，整合资源，集中力量发挥国家、市场及社会的综合效益。另一方面，在新的经济社会发展环境和贫困形势下，在减贫路径的选择上，必须将区域发展和扶贫攻坚有机结合起来，通过内联外引发挥地区资源比较优势，促进片区发展和贫困人群生活水平提升。在这一过程中，充分发挥东西协作和鼓励社会资源参与落后地区建设，就具有十分重要的意义。

2. 片区扶贫战略内容

片区扶贫战略内容主要包括战略指导思想、战略目标、战略重点、战略途径等。片区扶贫的指导思想是：提高扶贫标准，加大投入力度，把连片特困地区作为主战场，把稳定解决扶贫对象温饱、尽快实现脱贫致富作为首要任务。片区扶贫战略指导思想是明确片区扶贫战略目标、重点和途径的核心。

战略目标是战略主体在一定时期内谋求实现的奋斗目标，也是一定战略期内的总任务。片区扶贫战略涉及两个层次的目标：第一个层次是基本层次，即稳定实现扶贫对象不愁吃不愁穿，保障其义务教育、基本医疗和住房；第二个层次属于更高的层次，就是要实现贫困地区农民人均纯收入增长幅度高于全国平均水平，基本公共服务主要领域接近全国平均水平，扭转发展差距扩大趋势。片区扶贫战略重点是指对于实现片区扶贫战略目标具有支柱、撬动、示范等关键意义的行动要素。新阶段确定的十四个连片特困地区具体情况虽然存在差异，但它们的发展瓶颈和减贫路径并非无规律可循。总的来说，这些片区的减贫与发展应该重点关注培育壮大一批特色优势产业、加快区域性重要基础设施建设步伐、加强生态建设和环境保护、提升扶贫对象自我发展能力、推进社会事业全面发展、进一步完善扶贫开发与农村最低生活保障制度有效衔接等。战略途径指实现片区扶贫目标和战略重点的主要措施和手段。片区扶贫的战略途径主要是战略研究的成果。一般而言，一项战略研究至少包含研究区域减贫与发展理论、区域经济社会形态和贫困形势、国家有益于区域减贫与发展方面的政策等三个方面。通过开展一系列研究，找出实现片区扶贫战略目标和战略重点的最佳路径。

3. 片区扶贫战略的保障体系

片区扶贫战略保障体系主要涉及体制机制改革创新、政策支持和组织保障三个方面。第一，改革创新。如推进行政体制改革、经济体制改革、社会管理方式改革、土地利用制度改革；探索扶贫攻坚与跨省合作的协同机制、片区扶贫攻坚与生态建设的共赢机制、构建大扶贫格局的工作机制、扶贫资源投入增长机制、扶贫攻坚瞄准机制；完善区域和省会城市、区域与周边城市的合作机制、开展国际交流合作等。第二，政策支持。如财税支持、投资倾斜、金融服务、产业扶持、土地使用、生态建设、人才保障、扶持重点群体、重大政策和项目贫困影响评估等。第三，组织保障。包括组织协调方面，如构建跨省协调机制、明确行业部门分工、制定扶贫开发工作考核激励机制、加强基层组织建设等；投入保障方面，如专项扶贫资金投入、行业部门投入、社会帮扶投入、加强扶贫资金使用管理等；人才与制度保障方面，如提高扶贫机构队伍能力、加强扶贫统计与贫困监测、推进扶贫工作步入法制化轨道等。

四、片区区域发展与扶贫攻坚规划

片区区域发展与扶贫攻坚规划，是对未来片区扶贫攻坚的整体性、长期性、基本性问题所进行的一次系统思考与设计，是具有较强宏观性、前瞻性、指导性和约束性的跨区域综合性规划。坚持规划先行的原则编制好片区规划，既是新纲要和中央扶贫工作会议的明确要求，也是科学谋划，做好片区区域发展与扶贫攻坚的迫切需要。

1. 规划的基本特征

全面理解片区扶贫规划的特征，对于编制好片区扶贫规划具有重要的指导意义。首先，片区扶贫攻坚不只是国家扶贫战略的重大部署，同时也是国家发展的战略布局。这决定了我们在编制规划时，不能把视野仅仅局限在减贫这一较小的领域内，而应该从国家发展战略布局的高度去认识片区扶贫攻坚。其次，片区扶贫规划是体现和落实未来扶贫战略与政策体系的重要载体。新阶段扶贫有三个方面的内容需要片区扶贫规划来支撑：第一，新纲要明确提出要发挥专项扶贫、行业扶贫、社会扶贫的综合效益，全面深入构建三位一体大工作格局。三种扶贫机制在资源来源、行动方式等方面存在很大差别。从早期的规划层面统筹协调三种扶贫机制的关系，明确各自任务，有益于确保大扶贫格局的成功构建；第二，片区区域发展与扶贫攻坚的一个突出特点是其具有跨行政区域性。通过编制规划，能起到统一认识，统筹协调各行政区之间关系、行动的重要作用；第三，未来十年扶贫战略和政策体系包含的内容极其广泛，尤其是在新纲要中还特别强调要把少数民族、妇女儿童和残疾人的扶贫开发纳入总体规划。扶贫战略体系的复杂性和创新性也需要依赖规划设计，实现不同主题和内容的有机衔接。最后，上下互动是编制片区扶贫规划的重要特点。片区扶贫规划的主要目标是统筹解决片区内与贫困村和贫困人口脱贫致富直接相关的问题，这说明，片区规划不是简单的行业规划和区域规划，而是国民经济和社会发展的专项规划。由此也决定了编制片区规划，需要采取自下而上、自上而下相结合的方式。上下互动编制片区规划有两个方面的过程：一是中央和地方的互动，即编制片区规划要发挥中央和地方两个积极性，这有益于地方更加明确发展的目标方向和中央部门履行监督规划实施的责任义务；二是以省为单位、县为基础制定实施规划，要坚持发挥人民群众的能动性和创造性，尊重人民群众的主体地位，引导人民群众参与编制规划。这有利于瞄准扶贫目标及其需要，并实现扶贫对象的可持续脱贫。

2. 规划的基本框架

根据新纲要和中央扶贫工作会议的要求，结合“十二五”规划和重点行业规划，片区扶贫规划的基本框架可由三个部分构成。第一部分是总体思路和总体布局。主要阐述规划编制的依据、目的、定位及期限，介绍规划区基本情况和规划总体思路、布局。主要内容包括规划区范围、自然条件、经济社会发展情况、贫困状况与特殊困难、发展机遇与战略地位；片区扶贫规划指导思想、基本原则、发展目标和片区功能分区、空间结构，重大项目布局、交通网络布局等。第二部分是主要的建设任务。涉及基础设施建设，包括交通、水利、能源、通信和信息化、城市基础设施建设安排；产业发展，包括特色农业、加工制造业、旅游业、现代服务业、民族文化产业以及产业结构调整与产业协作发展、产业化扶贫等；农村基本生产生活条件改善，包括小城镇与村庄规划建设、土地整治和农田改造、小型农田水利建设、人畜饮水及人居环境改善等；农村人力资本开发，包括就业促进与农村劳动力转移、提高农村劳动力素质、增强农村社区组织能力等；社会事业发展与公共服务，包括教育、医疗卫生、文化体育、科技服务、社会保障、社会管理等；生态建设和环境保护，包括重要生态功能区、生态建设、环境保护、防灾减灾等。第三部分是规划实施的保障体系。包括体制机制改革创新、一系列的支持性政策和片区规划落实的组织领导与协调监督机制、监测评估机制等。

3. 规划编制要处理的重大关系

规划编制主要有以下几个方面的重大关系要处理：第一，片区扶贫规划与国家整体战略之间的关系。规划目标决定了规划性质和定位，片区区域发展与扶贫攻坚规划的任务是根本上改变特困地区的面貌，解决片区综合性和复杂性发展瓶颈，这决定了片区规划不能是简单的区域规划或行业规划，而应该是国民经济和社会发展的专项规划。同时片区扶贫规划只有立足于国家整体战略进行编制和审批，也才能增强规划权威性，在实施时得到国家政策的全面性支持。第二，片区扶贫规划需要处理片区内区域之间协调合作的关系问题。新时期扶贫攻坚划定的片区很多都横跨了几个省。在目前地方政府仍然是地区经济发展的主导性力量的情况下，片区规划编制至少会处理两个方面的问题。一是需要协调处理涉及各省区发展的公共性、综合性发展瓶颈，二是需要强化区域与区域之间的经济联动与协作，发挥区域的比较优势。目前，已经完成的《武陵山片区区域发展与扶贫攻坚规划》，是由国务院扶贫办和国家发展改革委共同组织编制的，这有助于片区的协调发展。第三，片区扶贫规划需要处理好“外部支持”和“内生发展”两个方面的关系问题。落后区域摆脱贫困既无法单独依靠自身的积累完成，也不能单纯依赖外部的力量实现，而是需要将二者进行有机结合。一方面通过国家直接性支持和发达地区资金、技术、信息及先进管理方式的植入，为落后区域经济社会发展创造好的基础环境，另一方面也要依靠制度创新发挥当地区域比较优势，通过提升扶贫对象的人力资本水平和赋予扶贫对象主体地位，提升扶贫攻坚效果和增强贫困地区经济社会可持续发展的内生动力。最后，片区扶贫规划还需要处理好专项扶贫、行业扶贫和社会扶贫关系，实现三种扶贫方式的有机衔接。这也是片区扶贫规划的核心和关键。

五、片区扶贫体制机制模式创新

从根本而言，创新片区扶贫体制机制的目的在于提高新时期扶贫开发的效率。新时期扶贫开发与过去一个时期的扶贫工作有很多本质上的差别。如新时期扶贫开发是在经济社会发展带动减贫的效果逐步减弱，传统扶贫开发手段的减贫效应逐步降低的背景下计划实施的，这对创新扶贫体制机制提出根本性要求；又如以片区为单位的扶贫开发，需要创新资源整合机制、需要制定统筹协调区域间关系的方案，同时也需要研究新的瞄准扶贫对象及需求的途径。总的来说，创新扶贫机制是基于新时期片区扶贫具有综合性、跨区域和跨领域等特点下做出的必然选择。

1. 工作体制

农村扶贫开发工作体制是指农村扶贫工作的组织形式，是划分管理农村扶贫工作职责权限关系的制度。过去十年我国农村扶贫开发明确了“责任到省、任务到省、资金到省、权力到省”四个到省的工作原则，在新扶贫纲要中，国家提出了“中央统筹、省负总责、县抓落实”的新管理体制和“片为重点、工作到村、扶贫到户”的新工作机制。新旧十年扶贫开发工作体制发生转变主要是为了适应新时期扶贫工作格局的变化。首先，新阶段农村扶贫是以十四个片区为主战场，有些片区横跨了几个省，在这种形势下，如果还继续沿用传统的管理体制，不强调中央统筹的作用，势必会影响片区扶贫效果，不利于解决限制片区发展的共性矛盾。其次，新时期扶贫开发是国家国民经济与社会整体发展的重要组成部分，是减缓区域与区域之间、城市与农村之间发展差距，消除社会矛盾的重要战略举措。新时期扶贫开发的这一特性决定，强化在片区扶贫中的责任，加大对落后地区经济社会发展投入力度，提升中西部地区经济社会发展竞争力，进一步宏观统筹全国经济社会均衡发展是中央应该履行的工作职责。

2. 片区协调机制

解决制约片区发展的共性瓶颈、发挥不同区域比较优势、促进区域资源共享是以片区为单位实施扶贫开发的主要目的。要实现这些目的，显然需要设计有效的片区扶贫协调机制。目前，国务院决定由 1 个中央单位联系 1 个片区，负责与有关省（区、市）和中央部委的联系沟通，协调解决该片区发展面临的重大问题，督促指导片区区域发展与扶贫攻坚规划的实施。由于中央单位都是权威性较高的上级机构，因此，制定这一机制不仅能有效统筹协调跨省利益关系等方面的问题，同时还能从中央层面为片区经济社会发展争取更多的支持性政策。除此之外，对于那些跨省的片区，建立省与省之间的联席会议制度，定期研究相关问题，协调解决片区发展中遇到的问题，也作为重要的机制被纳入片区协调机制体系当中。

3. 片区优惠政策

关于片区扶贫攻坚特殊优惠政策主要集中在以下几个方面：一是财政方面，建议加大财政扶贫资金的投入力度，增加均衡性财政转移支付额度，强化对基础设施建设项目贷款的贴息扶持，提高扶贫项目的财政补贴标准等。二是税收方面，建议对国家和省市扶贫龙头企业适当减免税收，提高地方矿产、水电等特殊资源权价款的分成比例。三是金融方面，建议大力发展农村金融，安排专项金融扶贫贷款指标，并实行优惠利率；探索设立产业投资基金和创业投资企业，扩大企业债券发行规模；探索培育小额贷款公司、农村资金互助社等新型农村金融机构，大力发展扶贫小额信贷；建立生态补偿基金；探索建立扶贫开发投融资担保平台，鼓励保险机构设立基层服务网点，创新险种和服务机制，拓展农产品保险范围。四是投资方面，建议增加中央财政投入向农业产业、扶贫开发、民生工程、基础设施和生态环境等领域倾斜；明确各行业部门投入扶贫攻坚的资金渠道、范围和具体任务；对公益性和以公益性为主的国家投资项目，全面取消资金配套政策。五是土地方面，建立土地利用年度计划指标向片区倾斜；新增建设用地指标要优先满足异地扶贫搬迁和生态移民建房需求；鼓励、促进和规范土地流转，深化制度改革；六是社会帮助方面，建议进一步强化定点扶贫和东西协作；鼓励各类企业和社会组织积极支持片区发展。

4. 片区新型扶贫模式

扶贫模式是反贫困理论的实践基础，是在扶贫战略范畴下形成的扶贫机制、方式和方法。目前我国现有的扶贫模式主要包含整村推进、雨露计划、产业化扶贫、连片开发、移民搬迁、特困地区综合治理等六种模式。这些扶贫模式在以往的农村扶贫开发中发挥了重要的作用。经过修整完善以后，它们仍将是新阶段扶贫攻坚主要的扶贫机制。但面对新时期新的贫困形态、新的经济社会生态环境和新的减贫目标，也需要与时俱进地创新扶贫模式。

（1）创新扶贫资金的来源渠道，解决片区扶贫资金投入不足的问题。2011年中央扶贫工作会议宣布中国农村扶贫标准上调至2300元，与这一标准相对应的扶贫对象规模在2011年底上升为1.28亿。扶贫对象规模总量大幅度上升和以片区为单位开展扶贫开发，意味着新时期的扶贫攻坚需要以更大的资金量为支撑。在这种形势下，创新扶贫资金来源渠道就有了非常重要的意义。前面阐述的片区优惠政策集中论述了片区扶贫可能争取到的资源，但在具体层面，还需要进一步探索细化相关机制、渠道和方式。比如就如何建立生态补偿基金的问题，可以探索通过建立碳汇市场交易平台来实现。目前，我国大多数贫困地区既是生态脆弱区，同时又是自然生态保护区，这些地区因灾返贫的现象很突出，但这些地区同时又蕴藏着十分丰富的植被、林木，具有很强的固碳能力。针对这些地区的特殊状况，可以探索引进清洁能源发展机制（PCDM），给予那些贫困家庭应得的经济补偿。同时，引进这一机制还能起到鼓励贫困地区植树造林的作用。通过植树造林来调整这些地区生态环境的脆弱性水平，减少当地灾害发生频率和强度，进而又起到了减少因灾返贫的作用。

（2）创新扶贫对象瞄准机制。新十年片区扶贫攻坚，从扶贫部门的角度来讲，如何避免把针对贫困人口的政策措施变成一项普惠性的政策措施是这项工作的核心。由于片区扶贫需要解决的问题很多，如果操作不当，扶贫资金很有可能会流失到其他领域。解决这一问题需要从两个方面寻求突破：首先，需要规范财政扶贫资金用途。必须要明确财政扶贫资金核心目的在于帮助贫困家庭和贫困个人脱贫发展，依靠逐步增加扶持到户的资金规模等，确保扶贫对象优先受益；其次，必须要做好农村最低生活保障制度和农村扶贫开发两项制度的有效衔接，完善动态扶贫统计监测体系，及时发现和识别贫困对象。

（3）提升扶贫模式的效率。提高扶贫开发项目的科学性、项目管理的规范性等是创新扶贫模式的关键主题之一。目前我国的扶贫开发模式虽然日趋成熟，但一些扶贫模式仍然存在扶贫成效不明显、扶贫成果不稳定的现象。例如关于产业化减贫，目前一些地方多集中于通过扶持龙头企业或引导组建农村经营合作组织的方式来实现，这两种方式符合经济发展的一般规律，起到一定的扶贫作用。但一些实践也证明，由于农民和龙头企业之间缺乏稳定和有约束力的风险共担机制，遇到市场和自然风险时，作为弱势一方的农民，利益得不到有效保护；而农业经济合作组织，通常因组织管理人员经营能力和技术水平有限，所能够发挥的作用以及发展的空间也较为有限。1998 年，法国经济学家蒂埃里·让泰提出了社会企业的组织形式，这种组织形式的产生为解决该类问题创造了机会。社会企业也是企业的一种类型，但其收益主要用于促进社区、弱势群体以及社会企业本身的发展和投资。鼓励和引导社会力量在贫困地区发展社会企业，并依靠这种方式开发贫困地区资源，带动农民发展农业经济和其他经济，应该是一种可以积极探索的扶贫模式。

六、片区扶贫与片区发展的关系

国务院明确新时期连片特困地区的扶贫开发要按照“区域发展带动减贫，扶贫开发促进区域发展”的思路，将区域发展和扶贫攻坚有机结合起来。在这种情况下，厘清片区扶贫与片区发展的关系，有助于更清晰地理解这种结合的必要性和意义所在，有助于更好地贯彻落实国家的相关战略部署。

片区扶贫与片区发展的基本关系概括起来有三个方面。第一，减贫是发展的有机组成部分，片区的发展需要通过减贫来实现。没有贫困户发展能力的提升和生活生产水平的改善，片区的发展就不是真正意义上完整的发展。目前，世界各国都在积极倡导包容性增长的发展方式，这种发展方式与单纯追求经济增长相对立，倡导一种机会均衡的增长，强调公平合理地分享经济发展成果。在我国，这种发展方式的核心就是要坚持社会公平正义，促进人人平等地获得发展机会，消除人民参与经济发展、分享经济发展成果方面的障碍，改善和保障社会弱势群体生活生产条件。而在片区层面，就是要发展片区经济社会的同时，着重关注贫困人群的生活改善和发展能力提升等问题。第二，减贫有助于片区更好地发展。减少贫困对于片区实现快速发展有很重要的意义。连片特困地区的贫困具有普遍性特点，贫困发生率很高，贫困人口规模很大，这就意味着，如果不提高这些贫困人口的发展能力，改善其生活生产条件，片区的发展就会缺少重要的人力资本支撑和拉动片区经济可持续发展的内部需求动力。从这个角度而言，减贫对于片区发展具有极为重要的支撑作用。第三，片区发展具有带动减贫的效应。通过推进区域经济社会整体发展，能够为扶贫攻坚创造一个相对优越的外部环境，为贫困人群创造更多的发展机会。比如通过建设连通片区内外的交通网络，改善区域水利、通信等公共设施等，可以消除贫困地区发展的共性矛盾，为扶贫攻坚提供了保障能力；又如通过推进公共服务均等化，可以解决贫困家庭子女上学难、看病难等问题；通过发展产业和培育增长极，可以为贫困人群提供就近转移就业机会，提高扶贫对象的生活质量和水平。

当然，国家明确提出将区域发展和片区扶贫结合起来，还因为单纯实施扶贫攻坚，或是单纯促进区域发展都不能实现国家经济社会全面可持续发展的战略目标。一方面，针对贫困人口开展扶贫攻坚是全面建设小康社会的重要组成部分，是体现社会主义制度优越性的重要方面。根据一般经济规律，经济增长可以带动一个区域经济的发展，但不会自动向贫困的弱势群体倾斜，这就意味着即使片区的经济社会取得了长足发展，但如果没有制定针对贫困人口的特殊政策，全面建设小康社会的宏伟目标就很难实现。另一方面，如果只有扶贫政策而没有片区发展方面的政策，不仅仅会让扶贫攻坚的成效大打折扣，而且还会影响到国家区域协调发展战略目标的实现。目前国家划定的十四个片区，大多数是国家战略资源的重要接续地、经济社会发展后发优势的最强之地，提高这些地区经济社会发展水平，对全国经济社会可持续发展将发挥无可替代的促进作用。

七、片区扶贫战略研究的方法

片区扶贫战略研究是指对推进片区扶贫产生决定性影响的一系列前瞻性重大问题及重要关系进行深入、系统的分析，提出片区扶贫的指导思想、基本原则、重点内容、主要途径和保障措施等方面的建议。由于基本片区和片区扶贫的特殊性，开展片区扶贫战略研究必须要将一系列的视角或方法进行有机结合。本部分以中国国际扶贫中心和德国国际发展机构合作开展的“集中连片特殊困难地区（武陵山区）扶贫开发战略研究项目”为例，对这些视角或方法的结合原因及过程做出简要述评。

1. 研究视角需要区域性与整体性结合

研究视角需要区域性与整体性结合的主要原因在于：第一，片区扶贫的对象是片区，而不是行政区划中某一独立的地区，片区扶贫战略是国家宏观经济社会发展战略的重要组成部分，这决定了研究片区扶贫战略必须要在国家宏观战略政策框架下开展。第二，片区扶贫需要立足于区域之间的协调发展来实现。连片特困地区摆脱贫困既无法单纯依靠自身内部的积累完成，也不能单纯依赖外部力量的支持来实现，而是需要二者的有机结合。① 在宏观经济发展一般规律的作用和国家经济社会发展政策的推动下，落后地区应该利用经济发展水平高的地区向其转移的资金、技术、信息、设备及先进经营管理理念、模式，将其与当地区域比较优势相结合，形成新的生产力和经济增长点，从而带动落后区域实现可持续发展。

2. 研究方法需要多学科与多方法相结合

片区的扶贫开发战略研究是一项要素众多、结构复杂、形式多样、涉及面广的系统工程，决定开展这项研究需要多学科、多领域的主体广泛参与。以武陵山片区扶贫战略研究为例，武陵山片区是国家西部大开发和中部崛起战略地带，是集少数民族地区、偏远山区和贫困地区于一身的特殊类型地区。长期以来，受自然条件、人口素质等方面因素的制约，这个地区工业化、城镇化进程十分缓慢，对外开放水平较低，社会事业发展滞后，贫困人口数量众多，扶贫开发难度十分

① 黄承伟：《片区扶贫战略研究的若干问题》，《中国扶贫》2011 年第 8 期，P41 - 42。

巨大。完成对武陵山片区战略研究，需要众多领域的专家学者共同参与，其中至少包括区域规划与区域发展、少数民族发展与社会性别、乡村治理与合作组织、经济发展与减贫、生态环境与生态治理、社会保障与社会政策、人口流动与社会发展等领域的专家。① 而开展这项研究，采用的方法也应该是多样的。“集中连片特殊困难地区（武陵山区）扶贫开发战略研究项目”主要使用了理论和实践、定量和定性相结合的方法，具体包括文献分析、深度访谈、小组座谈、参与观察等方法。②

3. 研究重点需要一般性与特殊性相结合

片区扶贫战略研究既要注意一般理论和方法的适用性，也要充分体现其自然、社会、民族、文化等的特殊性，扶贫需求的差异性，即研究的重点要抓住问题的一般性和特殊性两个特点。以需求为例，片区扶贫研究既要关注具有普遍性的公共需求，同时又要关注具有差异性的个体需求。武陵山片区基线调查报告反映，农民对基础设施完善、农业产业化发展、社会事业建设、教育培训、促进劳动力转移、民族文化遗产保护、自然环境保护项目和内容普遍关注，并认为在以上几个方面获得改善能有效促进地方经济社会实现可持续发展。但针对不同类型群体的调研发现，不同群体具体发展性需求又有显著的差异性。如针对少数民族群体脱贫致富，80.1%的村民认为国家应该给予更多“资金支持”；对于妇女，67.7%的村民认为国家应该从“技能培训”方面为妇女群体提供支持；对于儿童，72.1%的村民认为国家应该从“教育费用减免和补贴”方面为儿童群体提供保护和帮助；对于老人，77.0%村民认为国家应该从“医疗费用减免”方面为老人群体提供支持。③ 个体需求是个人在社会生活中各方面的物质和精神需求，满足个体需求能够快速解决特殊群体的贫困，有效弥补一般性发展不能自动向这类群体倾斜的问题。由此可见，在片区扶贫攻坚中，做好个体需求和公共需求的区分与把握是很重要的，通过这种区分与把握可以确保准确地使用多种扶贫方式，提高减贫成效。

---

① 黄承伟：《片区扶贫战略研究的方法与内容——以武陵山区为例》，《中国扶贫》2011年第12期，P74–75。

② 华中师范大学社会学院课题组：《集中连片特殊困难地区（武陵山区）减贫理论与战略研究总报告》。2011年6月。

③ 华中师范大学社会学院课题组：《集中连片特殊困难地区（武陵山区）扶贫开发研究基线调查报告》。2011年3月。

专题报告一：区域发展与扶贫攻坚结合的理论、实践与应用

向家宇

连片特困地区扶贫是当前阶段中国扶贫攻坚的基本战略模式，其根本理念立足于“区域发展带动扶贫攻坚，扶贫攻坚促进区域发展”。连片特困地区扶贫模式是区域发展与扶贫攻坚相结合的实践应用。梳理区域发展与扶贫攻坚之间的关系，寻找二者结合的理论依据、历史进程及实践应用，是深刻认识和理解连片特困地区扶贫开发模式的前提和基础，也是推进集中连片扶贫开发实践的内在需要。

一、区域发展与扶贫攻坚相结合的理论准备

1. 区域发展研究的演变历程

区域发展问题是整体意义上的发展问题在一定区域内的聚集和浓缩。起初的研究者们大多将区域作为一个空间概念，讨论在此空间范围内的增长问题。随着区域发展研究的演进，研究者们逐渐不满足于将区域单纯作为一个确定的空间，而更愿意将其作为一个能量交换与聚合的系统。作为系统的区域是“以人地关系为核心的地域系统，是社会经济系统与地理环境系统相互交织、相互作用而形成的复合系统”。“地理环境系统由环境要素（自然环境、人文环境和区域空间位置）、资源要素（自然资源、经济资源和社会资源）和基础设施三大系统复合而成。社会经济系统包括产业结构、科学技术和管理决策等”。当然，区域本身是一个弹性概念，区域大小取决于其观察点的大小。从国家的范围看，地方行政区域相似、相近的地理单元可以作为区域单位；从全球范围看，相邻或是发展水平

相近的国家可以组合成区域。

从区域发展理论的纵向发展和当代区域发展理论的横向比较来看，区域发展理论的核心焦点始终是一个确定的议题，即区域发展是如何实现的？不同时期、不同学派的研究者以区域发展的条件、布局、过程、状态和前景为切入点，利用多样化的研究路径对区域发展展开了深入的讨论。

区域研究初期阶段的研究焦点主要在于区域内产业及城市社区的分布。杜能在其著作《孤立国》中讨论了农业产业的分布及聚集状况与其市场距离的关系；韦伯考察了工业生产聚集与生产成本之间的关系；克利斯泰勒 1933 年出版了《德国南部的中心地》，通过分析中心地的规模等级、职能类型与人口的关系，提出了三角形聚落分布、六边形市场区的高效市场网区域发展理论。

二十世纪四十年代以后，区域发展研究进入了增长的黄金时期。在这一时期，经济学家展开了关于经济平衡增长与不平衡增长的争论，越来越多的研究者认为，由于各区域不同的区位因素及资源状况，地区乃至部门之间的经济增长并不是保持平衡的。新古典经济学在这场争论中面临着极大的挑战，它所依据的平衡增长假设在经济发展的不平衡状况面前受到质疑。同时，这场论争带动了区域发展理论的兴起，输出基础理论、发展阶段论、循环累计因果论、增长极理论及梯度转移论都是建立在区域发展不平衡的基础上而提出的。新古典经济学家从普遍意义上论证了分工、资本、管理和创新等因素在经济增长中的效果，而这一阶段的区域发展研究者则从区域角度讨论了区域经济增长的条件、机制和过程。与古典区位论相比，这一阶段的区域发展理论更主要是从中观、宏观层次对区域发展进行的讨论。

从中观或宏观层面而言，区域发展是分阶段进行的，同时也是不均衡的，这是战后的区域发展阶段论主要观点。1949 年，胡佛和费希尔发表了《区域经济成长研究》，认为区域经济的发展具有阶段性。1951 年，罗斯托发表了《经济成长过程》一书，奠定了区域经济阶段性发展的理论基础。1965 年，威廉姆森依据罗斯托的增长阶段论，利用 20 多个国家的有关统计资料，论证了随着经济增长和收入水平的提高，区域非均衡发展状态大体呈现为先扩大后缩小的“倒 U”形变化趋势。从某种意义上说，区域发展阶段论调和了均衡增长与不均衡增长的对立，从时间和空间上对区域发展进行了重新思考。

既然区域发展是分阶段同时又是不均衡的，那么区域发展失衡的机制是什么？如何才能促进区域的整体发展和区域间的协调？随后的区域发展理论从不同的切入点回应了这些主题。缪尔达尔（ Myrdal）和卡尔多（ Kaldor ）的循环因果积累原理比较系统地回应了区域之间的发展失衡问题。他们认为，市场本身就是一个区域发展不平衡的系统，区域发展过程中出现的二元结构是市场机制的作用。在市场经济条件下，生产要素是自由流动的，由于生产要素的地区差别，区域之间的发展必定是不平衡的。极化效应导致欠发达地区的要素如劳动力、资本、技术、资源向发达地区流动，从而进一步拉大区域差距。

区域如何才能实现发展？区域内存在哪些与发展相关的效用机制？这是输出基础理论和增长极理论主要考察的问题。道格拉斯·诺思（North，Douglass）在其论文《区位理论与区域经济增长》（1955）中提出了区域经济发展的输出基础理论。按照诺思的观点，自给性部门不具备自发增长的能力。输出基础部门则随着外部需求的扩大而扩张，当它为地方经济带来额外收入时，其他部门也会随之相应扩张；一个区域要求得发展，关键在于能否在该区域建立起输出基础产业（包括所有的区域外部需求导向的产业活动），而此产业又决定于它在生产和销售成本等方面对其他区域所拥有的比较优势。

以法国经济学家弗朗索瓦·佩鲁（Fransiors Perroux）的增长极理论为代表，多数区域发展研究者相信区域发展过程中必然有区域内部的部门、产业之间的极化作用和辐射效应相伴随。从更大的范围看，区域之间的发展也离不开发展程度不同的区域之间持续进行的梯度转移过程。正如发展经济学家艾伯特·赫希曼（Hirschman，Albert O）就在其代表作《经济发展战略》（1958）中说道：对于任何具有较高收入水平的经济来说，它“必定而且将会在一个或几个区域实力中心首先发展；而在发展过程中，增长点或增长极出现的必要性意味着增长在国际间与区际间的不平等是增长本身不可避免的伴生物和条件”。因此，在赫希曼看来，区域发展不平衡是区域发展过程中的必然显现，但通过他所提出的联系效应理论（主要包括极化效应和涓流效应），作为整体的区域最终能够得到发展。事实上，这种思想在弗里德曼的中心－外围理论以及弗农（Vernon，R）等学者提出的梯度转移论中也有所体现，他们认同区域发展不平衡最终能实现区域整体发展的思路。

战后的区域发展理论在讨论如何实现区域整体发展时，比较倾向于认可两种基本路径，一是区域发展过程中本身存在所谓“涓滴效应”或曰“辐射效应”，即通过发达地区带动、辐射，借助劳动力转移、资金流动、管理手段和价值观念的现代化等手段促进欠发达地区发展；二是通过政府的宏观调节，采用税收、投资、财政制定经济政策等手段帮扶欠发达地区快速发展。

二十世纪后二十年，全球经济与社会发展格局发生了显著变化。一方面，发达国家与发展中国家之间的差距越来越大，极大的富裕繁荣与极端的贫困落后继续伴随着经济的高速增长，贫困问题越来越成为一个突出的社会问题；另一方面，新的区域经济现象出现，以现代化通讯交通和尖端知识为基础的产业聚集区（如美国加利福利亚的硅谷）出现，传统的区域理论在面对新经济现象时失去了解释力。这种力量推动了区域发展理论向前发展，产生了区域可持续发展理论、产业集群理论和新经济地理学。

区域可持续发展理论是在反思传统经济发展理论的基础上提出来的。研究者们注意到经济增长与发展在根本内涵上的差别所在，认识到增长并不等于发展，也根本不能替代发展。真正的发展应该是人口、资源、环境的协调整合，应该在经济、社会、生态三个范畴内实现均衡。20 世纪 80 年代以来，一些国际性组织如世界银行等也开始建立起一套测量可持续发展的指标体系，用来对发展状况进行监测。可以说，区域可持续发展是对区域现代化过程进行理性反思的产物。它集中关注区域发展的质量以及未来。产业集群理论则从企业、企业网络、集群产业所属的文化以及企业发展的资源与便利性等方面研究了区域产业集群的来源及特征。也有研究者（波特，1990）将产业集群与国家竞争优势进行了关联性考察，指出了产业集群在提升作为大区域的国家在国际市场中的竞争力效应。以克鲁格曼为主要代表的新经济地理学派通过发展新的分析工具和分析模型，采用不完全竞争、报酬递增和多样化需求假设来分析产业集群现象，将区域经济发展问题纳入到主流经济学的研究中。通过分析报酬递增规律，新经济地理学增强了对区域集群现象的解释力，给出了从空间角度解释区域经济现象的有效路径。

2. 发展与减贫的关系研究简述

发展与减贫是一对紧密相连的概念范畴，国内外学者对两者之间的关系进行了广泛的研究，研究的焦点集中在发展到底能不能对减贫作出贡献。迄今为止，这方面的争论还在继续。

争论的一方认为经济增长有利于减少贫困。这种论点建立在经济增长带来的“涓滴效应”假定，即通过资本积累实现的经济增长将对穷人起到“涓滴”作用，增长过程中的经济活动会为贫困者创造更多的就业机会，从而增加贫困者收入，同时增长带来的财政税收为政府的财政转移支付提供更多的积累。持这种观点的研究者主要包括 Ahluwalia（1979），Fields（1980），Demery 和 Squire（1995），Roemer 和 Gugerty（1997），Ravallion 和 Chen（1997），Bhalla（2001），Dollar 和 Kraay（2002）等。世界银行（2006）通过对拉丁美洲和加勒比海地区国家的经济增长与贫困变动之间关系研究也表明，经济增长与贫困减少之间存在显著地正相关。

经济增长对减贫的正效应引起了许多研究者的质疑和批评。批评者主要从两个方面说明了经济增长与减贫的关系。一是经济增长论者所谓的“涓滴效应”不是能自动发生的，它受到一系列条件和环境的影响，包括经济环境、自然条件、文化风俗习惯、制度安排等①。正如 Adelman 和 Morris 在其研究中指出：“在低收入国家，没有自动的或者甚至可能的针对人口中最贫困的部分的经济增长所得利益的涓滴效应。相反，作为增长的结果，穷人的绝对状态趋于恶化。”二是经济增长过程中的分配不均衡抵消了增长对减贫的正向作用。Beck、Demirguc - Kunt 和 Levine（2004）进一步发现，如果经济增长的分配效应偏向穷人的话，增长的减贫效果将会更好。

西方国家关于增长与减贫的研究路径和研究结论对中国的贫困研究产生了较大的影响。通过对经济增长与贫困减少的研究，多数研究者认为改革开放以来的经济增长对中国减贫作出了较大的贡献，但经济增长过程中的不平等减低了增长对减贫的作用（魏众、B. 古斯塔夫森，1998；陈少华、王燕，2001；林伯强，2003）。与之不同的是，研究者在这个主题的研究中引入了更多的变量，同时加入了时间变量分析，例如陈少华、王燕认为人力资本的不均衡对减贫产生了显著的影响；张全红、张建华（2007）论证了乡—城人口流动是减少贫困的主要动力；胡鞍钢（2006）指出了20世纪80年代中期以来因收入分配不公导致了贫困人口受益比重下降，获取收入机会减少；陈立中、张建华（2007）论证了中国经济发展的不同阶段中增长与减贫能力之间关系的差异；张平和祁永安（2009）通过对少数民族地区经济增长、产业结构与贫困状况的研究指出少数民族地区的减贫不能完全依靠市场，国家应加强对少数民族地区贫困状态的干预；李石新（2010）通过对改革开放以来经济发展、经济结构变动及经济发展质量与贫困减少之间的分析指出，改革开放以来的经济增长极大地推动了农村贫困减少，经济发展结构（农业发展结构、就业结构、城乡人口结构及所有制结构）对农村贫困率下降有显著影响；同时，改革开放以来经济增长中的收入不公平现象也减少了经济增长对减贫的积极作用。

以上关于中西研究者对发展与贫困之间关系研究的梳理证明了经济增长对减贫确实具有积极影响，但我们应重视经济增长中的不公平分配。增长是减贫的必

---

① 李石新，《中国经济发展对农村贫困的影响研究》，中国经济出版社，2010年，第16页

要条件，但不是充分条件。关于中国经济增长与减贫的关系研究更是表明，政府应对经济增长进行适当干预，减少经济增长过程中的不公正分配现象，充分考虑到人力资本、经济结构、增长质量、性别、民族等要素在减贫过程中的作用。

二、发展、扶贫与中国的贫困减少

发展与贫困之间的关系研究已经到了一个非常成熟的阶段，关于二者之间关系的研究路径也基本定型。但我们认为，发展与减贫之间的关系不能局限于从结果上讨论二者的关系，对发展与减贫的关系研究可以是多维度、多面向的，尤其是要注重从过程上讨论二者之间的关联和影响效应。关于发展与减贫的经济学研究往往从经济发展总量、增长速度、贫困发生率、不平等程度等概念来寻找关联。而实际上，国家的发展是由该国的发展理念、发展政策和模式、起始条件等因素决定的，发展也是分阶段、有步骤的。在国家的减贫历程中，各个阶段的发展政策模式、发展战略及其发展阶段都会对减贫形成不同的影响。基于这种考虑，我们将中国的发展与减贫之间的关系进行历史变迁的制度性分析，可能会有助于我们深刻理解中国范围内发展与减贫之间的关联。

新中国成立以来的60年间，中国的经济社会建设取得了巨大的成就，经济总量和人均收入有了显著提高，各类社会保障和救助制度基本健全，城乡基础设施、公共服务水平和质量得到明显改善。在此期间，先后经历了几个不同的阶段，采取了不同的发展战略。在经济体制上，先后经历了计划经济体制和市场经济体制；在城乡、工农格局上，先后经历了农村支持城市、农业支持工业的阶段；在区域发展战略上，先后经历了改革开放以前的重点发展中西部，改革开放以后的优先发展东部沿海地区到区域协调发展战略；在经济社会关系上，经历了从强调经济增长到强调经济社会协调发展的转变。

中国真正意义上制度化、组织化的反贫困工作始于1986年，以国务院贫困地区经济开发领导小组的成立为标志性转折点。在此之前，政府也制定了一些针对贫困人群和贫困区域的保护、开发政策，采取了相应的措施，尤其是改革开放以后的“三西”建设和以工代赈项目。但迫于当时的整体发展水平和发展战略，之前的扶贫工作力度较小、范围也比较狭窄，基本不能应对中国贫困面大、贫困程度深的贫困现实。制度化、组织化的扶贫工作启动以来，扶贫工作有了开展大规模减贫工程的组织和制度保障，扶贫系统对贫困问题进行了系统全面的研究，通过争取国家政策、协调部门关系加大了反贫困资金的投入，丰富了反贫困的手段措施，中国的减贫事业取得了巨大的成就。

鉴于新中国成立60多年以来发展历程的复杂性和发展成果的显著性，以及中国反贫困道路的阶段性特征，我们将中国的发展历程、扶贫阶段与贫困状态演变进行一个简单的阶段性关联分析。在这个分析中，我们将新中国成立以来的减贫历程粗略分为三个阶段，即主要依靠经济增长减贫阶段，经济增长与扶贫工作共同作用减贫，经济社会和谐发展与扶贫工作一体化减贫。我们希望此种分析方法能够对本章的区域发展与扶贫开发的关系研究提供一些思考的基础。

1. 主要依靠经济增长减贫阶段（1978—1985）

新中国成立以来直至改革开放以前的三十年间，贫困是一种普遍现象，也是当时中国的基本国情。迫于当时贫穷落后的状况，中国政府选择了通过计划经济体制优先发展重工业的基本发展战略，缩小与先进国家的差距。由于新中国成立初期可利用的发展资源稀缺，甚至连基本的粮食供应都成问题，农村和农业成为了国家发展战略的牺牲品。农村支撑城市、农业支持工业的发展结构构成了改革开放以前的基本发展模式。国家通过粮食统购统销制度、限制人口流动的户籍管理制度以及农村合作社、人民公社制度保证了城市和工业尤其是重工业的发展。在这种发展模式下，普遍存在的农村贫困问题成为中国发展战略的一个附属品，并没有从制度上得到国家重视。

由于缺乏政策、制度上的供给，加之贫困面广、贫困程度深的严峻现实，以及随后经历了自然灾害、大跃进、文化大革命的冲击，中国农村的贫困问题没有得到大范围的解决。尽管这期间政府也采取了一些促进农村生产发展的措施诸如基础建设、建立农村科技服务网络、建立农村合作信用体系、改善农村的基础教育和医疗卫生条件、建立了以社区“五保”制度和农村特困人口救济为主的农村社会基本保障体系，但这些措施的效率在当时复杂的国内政治环境下并没有持续高效地发挥出来，加之人口多、底子薄的发展基础，中国经济尤其是农村经济并没有得到较大程度的改观。截至1978年，中国仍有2.5亿贫困人口。

1978年，中国启动了大规模的经济体制改革，市场经济体制取代计划经济体制成为主导中国经济增长的基本动力。中国政府认识到片面发展重工业对国民经济和农村的负面影响，对国民经济结构进行调整，确立了优先发展消费品工业的经济发展战略。逐步改革农村经济体制，包括解散人民公社、建立家庭联产承包责任制、取消统购统销、提高农产品价格等。同时实行对外开放，并将其作为一项基本国策。这种体制使得全国经济释放出了巨大的活力，1978年到1985年间，中国经济建设取得了巨大成就。人均国内生产总值由1979年的353元上升到1985年的584元，7年增长1.65倍，年增长速度保持在8.75%①。农村居民消费水平由1979年的158元增加到347元②。与此同时，为了推动农村教育的发展，国家出台了一系列的教育改革政策，包括1980年出台的《关于普及小学教育的若干决定》《关于中等教育结构改革的决定》，1983年出台的《关于加强和改革农村学校教育若干问题的通知》，1985年发布的《中共中央关于教育体制改革的决定》等。这些针对农村教育的决定和通知极大地促进了农村教育的快速发展，同时也为后来的教育体制改革打下了良好的基础。

在注重体制改革和经济发展的同时，国家对贫困问题的认识程度在这一阶段有了很大提高。1970年代末期以后，贫困问题开始进入政府的视野，扶贫成为中华人民共和国政府相对独立的一项事业，并且显示出越来越重要的社会意义与影响，成为国家退出过程中在局部加强介入的象征③。随着国家从农村的逐步退出，在十一届三中全会上通过的《中共中央关于加快农业发展若干问题的决定》中，第一次明确提出中国存在较大规模的贫困人口。1984年9月，国务院发布《关于帮助贫困地区尽快改变面貌的通知》，初步确定了扶持贫困地区加快发展的方针政策。在此期间，国家还开展了一些有计划的扶贫工程，包括以工代赈、“三西”建设，极大地改善了部分贫困地区的生产生活条件，为当地的经济发展奠定了基础。同时，针对贫困地区的实际状况，政府还组织了一些相关部门（包括水利部、卫生部、民委、民政部等）以及一些民主党派、工商联对贫困地区进行扶持。

在这一阶段，贫困人口数量大量减少，由1978年的2.5亿减少到1985年的1.25亿。减贫的主要动力来源于经济体制改革带来的经济快速增长，国家针对农村地区的经济社会政策及开展的扶贫项目对反贫困也起到了一定的作用。从后来的减贫历程来看，这一阶段是至关重要的承上启下期。中国政府在调整经济发展政策、把握经济发展方向的同时，首次将贫困问题作为一个重要问题提出来，出台了一系列相关政策，采取了一些有针对性的措施，为以后的扶贫工作做出了示范，积累了经验，指明了方向。

---

① 张磊，《中国扶贫开发政策演变》，中国财政经济出版社，2006年，第62页

② 张磊，《中国扶贫开发历程》，中国财政经济出版社，2006年，第30页

③ 陆汉文、岂晓宇，《当代中国农村的贫困问题与反贫困工作—— 基于城乡关系与制度变迁过程的分析》，《江汉论坛》，2006年第10期，第108－112页

2. 经济增长与扶贫共同作用减贫阶段（1986—2000）

随着市场经济体制和对外开放格局的逐渐稳定，中国经济在1986年至2000年期间迎来了发展的高峰期。1986—1993年间，人均GDP波动式上升，由626元增加到1075.8元，增加了72%，平均每年增长率超过了12%。1994—2000年平均每年人均GDP增长速度达到7.56%①。中国经济在1997年告别了“短缺经济”时期，市场供求关系发生了根本性变化。这一时期农村推行的经济政策也对农村贫困缓解起到了较大作用。劳动力流动政策允许农村剩余劳动力进城务工，获取非农收入；一系列鼓励乡镇企业的金融、税收政策带动了乡镇企业的大发展，对于农村剩余劳动力就地就业增收，提高本地资源利用效率，增加税收起到了积极作用。经济的高速增长提供了大量的就业机会，这一时期农村居民收入中非农业收入明显提高就是这方面的生动体现。同时，因经济高速增长带来的财政、税收增加也增强了国家财政转移的能力，为国家采取进一步的有利于减贫的经济社会政策打下了良好的基础。

1986年国务院贫困地区经济开发领导小组成立以后，中国政府开展的有计划、有组织的循序渐进的扶贫攻坚工程是这一时期中国减贫工作取得较好成绩的另一股重要力量。国家专门的扶贫领导小组成立以后，中国农村的反贫困工作有了组织保障。国家在继续实施1985年以前的针对贫困地区的扶贫工作（主要包括以工代赈和“三西建设”）的同时，进一步创新了扶贫机制，完善了扶贫政策，增强了扶贫力度，扩大了扶贫范围。这一阶段，扶贫工作通过以贫困县为单位聚焦贫困人群；扶贫资金的安排、投放、管理逐渐完善；同时，广泛动员和集中了党政机关、民间组织、国际机构等组织的力量参与到扶贫工作中来；随着调查研究工作的开展和扶贫实践的推进，以及国际组织的加入，扶贫的手段和方式也越来越丰富。

到2000年，全国农村没有解决温饱问题的贫困人口为3000万，贫困发生率下降到3%②。这是这一阶段高速经济增长和高效扶贫攻坚的共同效应。经济增长在其中起着基础性、前提性的作用，而扶贫攻坚则起着补充性、完善性的作用，二者缺一不可，相辅相成。因为从这一时期的国家经济发展格局来看，区域

---

① 张磊，《中国扶贫开发政策演变》，中国财政经济出版社，2006年，第87页

② 中华人民共和国国务院新闻办公室，《中国的农村扶贫开发》，[J].《新华月报》，2001年，第11期.

差距与城乡差距逐渐扩大，加之这些区域自身资源开发难度大，生态环境恶劣，广大贫困地区尤其是中西部地区的农村贫困区域通过经济增长摆脱贫困的难度逐渐加大。而高效的扶贫攻坚则通过有针对性的专项扶贫工程，极大地缓解了这些区域的贫困状况。

3. 经济社会和谐发展与扶贫攻坚一体化减贫阶段（2001—2010）

进入21世纪，中国开始了全面建设小康社会的关键时期。改革开放以来的经济增长极大地改善了人民的物质生活，人均收入和经济总量也提高到一个新的水平。但在21世纪初，中国也迎来了社会问题和社会矛盾多发期，城乡和区域之间的发展差距拉大、个人收入不平等程度拉大、教育医疗保障短缺，住房改革失序、养老与公共服务质量低下等问题日益突出。这些问题和矛盾的聚集出现反映了我国社会建设步伐的迟缓，社会发展的水平低下，也说明了中国社会发展与经济发展没有协调同步进行。在这种条件下，中共中央提出了以人为本的、全面、协调、可持续的科学发展观。科学发展观的总体战略是中国开展社会建设的指导思想，也是中国社会建设迎来了发展的良好机遇。此后，中国政府通过各个领域的改革创新，尤其是管理体制创新大力开展社会建设，诸如住房改革、城乡统筹发展、教育医疗体制改革、户籍制度改革等，中国逐渐走上了经济社会协调发展的总体发展道路。在经济领域，政府在继续推进市场经济规则和体制完善的同时，更加注重经济的可持续发展，鼓励和引导经济结构转型，推动东西之间、城乡之间的经济协调发展，将经济增长与保护生态、改善民生结合起来。从发展结构而言，这一时期国家弱化了重点发展城市和工业、优先发展东部沿海地区的发展战略，城市反哺农村、工业反哺农业、区域间协调发展的发展模式提上日程。

以科学发展观为指引的经济社会协调发展战略构成了21世纪头十年减贫的宏观背景，同时，经济社会的协调发展战略也是中国减贫的基本动力和良好机遇。在这样的发展氛围中，国家对农业、农村和农民的问题更加关注，对经济增长中的收入平等问题也更加重视。国家在继续加大对贫困地区扶贫资金投入的同时，先后出台了一些有利于促进农村经济发展、减轻农民负担、增加农民收入的政策。2004年和2005年，中央先后出台了《关于促进农民增加收入若干政策的意见》和《进一步加强农村工作提高农业综合生产能力若干政策的意见》两个一号文件；在《国民经济和社会发展第十一个五年规划纲要》中，中央提出建设社会主义新农村；同时，新农村合作医疗、户籍制度改革和城乡统筹发展等模式也逐渐推进。这些政策、意见和措施的出台实施，不仅提高了农村居民的实际收入，同时还提高了其生活质量，增强了其抗击自然灾害和疾病等风险的能力。

这一阶段政府主导的扶贫攻坚工作是主要围绕着《中国农村扶贫开发纲要（2001—2010）》进行的。纲要从扶贫目标、模式与途径、方针、政策与组织保障等方面对新时期的扶贫工作进行了规定。从实际的扶贫工作管理与实施来看，这一时期的扶贫工作在前一阶段基础上有了进一步完善。适应新阶段贫困人口分布的状况（即贫困人口越来越集中于贫困村），为提高贫困的瞄准精度，这一时期将贫困村作为扶贫工作的重点。扶贫模式更加丰富，形成了以整村推进、产业化扶贫和劳动力转移培训为主，以雨露计划、异地搬迁等方式为辅的扶贫模式。对扶贫资金的管理更加完善，从资金预拨、公告到资金监管等程序上进一步制度化，同时提高了资金的投入量，逐步加大对扶贫的财政投入，财政投入从2001年的127.5亿元人民币增加到2010年的349.3亿元人民币，年均增长11.9%，十年累计投入2043.8亿元人民币[①]。社会扶贫和国际扶贫的格局也更加稳定，更多民间组织和国际组织以制度化的形式参与到中国的扶贫工作中来。

整体而言，2001年至2010年的十年间，在科学发展观的指引下，中国的经济社会和谐发展战略与扶贫攻坚工作已经成为一个高度一体化的、不可分割的整体。一方面，发展的内涵更加丰富，发展的维度也更加宽广，关注发展中的贫困，重视发展中的农村，从经济社会整体的角度提高发展质量是新时期发展的一个基本衡量指标。另一方面，在扶贫系统的努力下，扶贫的视野也更加宽广，扶贫的实施主体不再局限于国务院扶贫领导小组，而是整个社会，所有行业，乃至所有的组织和人。在这一进程中，国家把扶贫开发纳入国民经济和社会发展总体规划，制定和实施有利于农村贫困地区发展的政策措施，把扶贫投入作为公共财政预算安排的优先领域，把贫困地区作为公共财政支持的重点区域，不断加大对贫困地区的扶持力度，切实提高扶贫政策的执行力。从实际扶贫工作的开展上看，国家的扶贫政策与发展政策之间的衔接越来越紧密，比如将整村推进与新农村建设结合起来，将雨露计划与农村低保制度结合起来，将扶贫资金整合与西部大开发结合起来。扶贫工作的这种变化是我国扶贫体制创新的重要成果，同时也体现了扶贫攻坚工作与发展之间的一体化程度提高了。

在经济社会和谐发展与扶贫工作一体化的作用下，中国的减贫事业取得了显著的成绩，农村居民的生存和温饱问题基本解决。国家根据经济社会发展水平的

① 中华人民共和国国务院新闻办公室，《中国农村扶贫开发》（白皮书），2012年。

提高和物价指数的变化，将全国农村扶贫标准从2000年的865元人民币逐步提高到2010年的1274元人民币。以此标准衡量的农村贫困人口数量，从2000年底的9422万人减少到2010年底的2688万人；农村贫困人口占农村人口的比重从2000年的10.2%下降到2010年的2.8%[①]。

以上分析表明，在中国的减贫历程中，经济发展战略、城乡关系、发展政策和发展的阶段性特征对贫困减少发挥了显著影响，同时，国家专门的扶贫系统所开展的有组织、有计划的扶贫工作在中国的减贫过程中也发挥了不容忽视的作用。作为战略、政策过程的发展和国家组织的专门扶贫工作是中国减贫进程中的一组基本动力。国家的发展过程与扶贫工作之间的关系经历了一个由分离到一体化的转变，发展战略与扶贫战略结合，发展政策与扶贫政策衔接是当前减贫事业的总体趋势。

三、区域发展与扶贫攻坚相结合的实践基础

1. 落后区域与贫困区域高度重合是区域发展与扶贫攻坚相结合的前提

1949年以来，中国的区域发展战略先后经历了平衡发展战略、不平衡发展战略和非均衡协调发展战略。1949年到1978年，受平衡发展战略的支配，加之国家政治经济形势的外部作用，国家在“一五”建设时期和“三线建设”时期先后出现了两次大规模的“西进运动”，将主要投资放在东北地区和西部地区的重工业上，用以平衡东西之间的发展差距。1979年到1991年，中国采取不平衡发展战略，国家的投资和政策优惠向条件较好的沿海地区倾斜。这一阶段，国家除了对沿海地区分配了较大份额投资，还通过特殊政策使得这些地区有更多的自主发展权限，包括在沿海建立经济特区、沿海开放城市和经济开放区等。同时，国家对贫困地区和少数民族地区也给予一定的补偿，从资金分配和政策安排上照顾这些地区的发展。1992年以来，中国政府正式确定了地区经济协调发展的战略。中国在继续发挥沿海地区的发展优势的同时，调整了国家的投资和产业布局政策，提高了对西部地区的投资比重，采取措施培育扶持中西部地区的乡镇企业，促进东部地区产业结构升级和东中西之间的产业转移，鼓励高新技术产业的研发。在这一时期，国家启动了西部大开发战略和振兴东北老工业基地战略，对

---

① 中华人民共和国国务院新闻办公室，《中国农村扶贫开发》（白皮书），2012年。

贫困地区和少数民族地区帮扶政策也更加完善。

纵观新中国成立以来的区域发展战略，尽管大多数时间是在强调区域均衡发展，但由于东部地区天然的区位优势和良好的发展基础，加之该地区抓住了改革开放的关键时期实现了自身的跨越式发展，而西部地区的投资效率较低，且投资较多集中在基础设施建设方面，中国东中西部之间的差距逐渐拉大。尤其是东西部之间的差距。数据显示，中国东西部之间差距从20世纪50年代末就开始趋于扩大。20世纪90年代国家实施区域经济非均衡协调发展战略以来，区域发展的增幅差距虽然逐渐缩小，但区域之间的绝对差距越来越大。

中国区域发展失衡在贫困问题上的直接表现就是贫困人群向落后区域（主要是西部地区）聚集。在1994年国家确定的592个贫困县中，西部地区就占了307个，贫困人口为6191.9万。就各个省来说，西部地区贫困发生率也远高于全国平均水平。1995年西部地区各省区的贫困发生率为：新疆22.19%、青海21.54%、宁夏20.61%、陕西15.25%、甘肃19.72%、云南17.1%、内蒙古18.6%、广西16.5%、四川9.37%、贵州23.01%、西藏25.43%[①]，而1995年全国的贫困发生率为7.1%。近年来扶贫工作的力度增大，投入了大量的资金和人力，但截至2008年，中国西部12省区农村极端贫困人口仍占全国的60.6%。同时，西部地区的贫困程度也很深。根据统计局的贫困监测数据，2008年5个民族自治区和云南、贵州、青海省的贫困人口占全国农村贫困人口的比重为39.6%，呈上升趋势，贫困发生率11%，比全国平均水平高6.8个百分点[②]。

正如我们在前文的讨论所表明，发展是减贫的基本动力。无论是在现有的文献研究中，从结果上对发展与减贫的分析，还是从中国改革开放以来发展与减贫的阶段性制度分析，都证明了这个关系。但要通过发展减少贫困的前提，是发展与减贫的实践在一个相对比较一致的空间范围内，这是讨论发展与减贫关系的理论前提。从这个意义上说，中国落后区域与贫困区域的高度重合正好满足了通过发展促进减贫的基本前提。

2. 与时俱进的扶贫理念与不断创新的扶贫机制是区域发展与扶贫攻坚相结合的基本动力

纵观改革开放以来30多年的扶贫实践，中国的扶贫工作具有明显的阶段性

---

① 中华人民共和国国务院新闻办公室：《中国农村扶贫开发》（白皮书），2001年。

② 中国财政经济出版社，《中国扶贫年鉴》，2010年，第23页

特征。扶贫攻坚阶段和全面建设小康社会进程中的扶贫开发阶段。扶贫工作的阶段性特征，一方面是基于中国各个阶段的贫困状况和贫困特点，另一方面也是由国家的整体发展战略和发展政策所决定的。在30多年的阶段性演变中，测量贫困的标准越来越高，贫困的内涵越来越丰富，针对贫困群体的瞄准机制也越来越完善，资金的整合渠道越来越多元，扶贫的具体模式越来越丰富，参与扶贫的主体也更加广泛，扶贫工作的监管也越来越严格。经过改革开放以来30多年的扶贫实践经验积累，中国当前已经形成了一套比较完善、合理的扶贫战略体系和政策体系。

扶贫理念的更新是扶贫呈现阶段性特征表象下深层次的因素。因此，中国扶贫阶段性演变实质上体现的是中国扶贫理念的与时俱进。扶贫理念的转变涉及如何认识贫困，如何分析贫困以及如何解决贫困问题。从宏观线条上来看，中国扶贫理念经历了由立足贫困本身到立足整体发展开展扶贫工作的转变过程。在扶贫工作的初期，尽管政府倡导开展开发式扶贫，在具体的扶贫实践中，反贫困工作与国家的发展战略、发展政策大体上还是沿着两条轨道前进的。1994年八七扶贫攻坚工程启动以来，中国的扶贫战略与扶贫体系逐渐与国家的发展战略相衔接。在21世纪头10年的扶贫阶段中，立足于发展认识、分析和解决贫困问题的趋势逐渐成为中国扶贫的基本内在理念固定下来。

在这种扶贫理念的引领下，中国扶贫的机制也在不断进行自我创新与自我完善。这集中体现在以下几个方面，一是从贫困区域与贫困人群的发展角度出发，政府专项扶贫的模式更加多样化，也更加的有效率。新时期的扶贫主要集中在三种方式上，即整村推进、产业开发和劳动力转移培训，其次还包括雨露计划、自愿搬迁扶贫等模式；二是着眼于整合全国的扶贫资源，最大效率地推进扶贫工作，专项扶贫、行业扶贫与社会扶贫之间的关联度提高了，逐渐形成了一个三位一体的扶贫格局；三是将全社会纳入扶贫主体范围，政府扶贫、企业扶贫、社会扶贫与国际扶贫之间的关联度提高了；四是充分利用国家的发展政策，在具体的扶贫项目设置过程中，强调扶贫政策与国家的发展政策的衔接配套，比如将整村推进与新农村建设结合起来，将扶贫开发与西部大开发结合起来。

毋庸置疑，改革开放30多年的扶贫成效得益于与时俱进的扶贫理念和不断创新完善的扶贫体制。当前，我国的贫困状况发生了新的变化，致贫因素更复杂，脱贫难度更大，返贫现象时有发生，绝对贫困与相对贫困共存，尤其是贫困区域的相对集中、制度性因素对贫困群体的制约作用增强的趋势越发明显。面对新阶段贫困状况的这种特点，立足于发展，借力中国宏观的发展政策，并通过中观、微观层面的体制、机制创新开展扶贫攻坚工作就显得尤为重要。只有继续坚持、内化这种发展理念，才能将扶贫工作合理地融入到中国的区域发展战略中区，只有继续坚持扶贫体制创新，才能充分利用国家政策，发挥贫困区域的优势，将发展与扶贫进行有机有序地结合起来。从根本上说，经过30多年的扶贫经验积累建构的扶贫理念与扶贫机制是当前区域发展与扶贫攻坚相结合的内在动力。

3. 科学发展观是区域发展与扶贫攻坚相结合的方法论基础

科学发展观，是前中共中央总书记胡锦涛在2003年7月28日的讲话中提出的，在中国共产党第十七次全国代表大会上写入党章，成为中国共产党的指导思想之一。科学发展观第一要义是发展，核心是以人为本，基本要求是全面协调可持续性，根本方法是统筹兼顾。科学发展观的提出标志着中国共产党对于社会主义建设规律、社会发展规律、共产党执政规律的认识达到了新的高度，同时也标志着中国经济与发展的思路和战略进入了一个新的阶段。它从横向和纵向上规定了新阶段发展的内涵，即发展是包含经济与社会协调、人与自然和谐、民主法治健全、生态环境良好等一系列领域的全面、协调、可持续的发展。在发展目标上，科学发展观更加注重以人为本，要求发展的目标是提高生活质量，增加人类福祉。这意味着不仅从发展的结果上来衡量发展的导向，也要在发展的过程中，注重制度和体制、机制建设，尊重保护弱势群体，形成公平合理的利益安排，提高人类生活的整体福利。在发展的方法上，科学发展观从总体上确定了统筹兼顾的原则，要求实现城乡之间、区域之间、经济社会之间、人与自然之间及国内发展与开放之间的统筹性发展。

科学发展观提出至今，通过渐进的政策、制度及体制机制建设，中国的发展逐渐走上了良性、和谐发展的道路。期间，中共中央和中央政府先后提出了针对经济社会发展不平衡的社会建设号召和措施；针对城乡差距的城乡统筹发展和新农村建设建议和政策，并逐步尝试通过户籍制度、土地制度改革等方式启动统筹城乡发展及公共服务均等化的试点；针对区域发展不平衡的区域发展建议和战略性的举措，西部大开发建设和振兴东北老工业基地得到了实质性的推进，东西部之间的战略转移不断推进；针对生态环境破坏和资源浪费的主体功能区划分，转变经济增长方式的建议措施及出台了相关的法律法规等。

中国区域发展与扶贫攻坚相结合的具体实践近些年来刚刚开始，尚处于探索阶段，区域发展与扶贫攻坚结合的战略思想、组织模式及具体的实施措施需要得到实践的充分论证。因此，区域发展与扶贫攻坚的结合迫切需要科学发展观这一方法论的指导。首先，科学发展观为方法论指导的区域发展与扶贫攻坚模式从目标上获得了高度的一致性。科学发展观要求下的区域发展是为了平衡全国范围内的发展格局，最终实现整体性的发展，同时也是为了提高区域内人民的生活水平；而科学发展观引导下的扶贫攻坚是直接针对区域内的贫困、低收入、弱势群体，通过提高这部分人的收入、能力和权利保障实现整个区域的经济社会发展；二者的目标集中于科学发展观以人为本的基本要求。其次，迄今为止围绕科学发展观的一系列政策、制度诸如西部大开发战略、少数民族地区发展政策、新农村建设等也为区域发展与扶贫攻坚的有效结合提供了一个便利的制度平台。区域发展与扶贫攻坚的结合最终要落实到政策、制度上，没有相关政策的支持，没有合理的制度平台，二者的结合最终难以实现。

以上讨论表明，中国区域发展与扶贫攻坚相结合具备了基本的前提条件——即落后区域与贫困区域的高度重合，在执行和实施上，具备了以扶贫系统为主要支撑的基本动力——即不断更新的扶贫理念与扶贫制度，同时，区域发展与扶贫攻坚的结合具备了科学发展观的方法论基础。因此，本研究认为，中国区域发展与扶贫攻坚的结合存在操作上和执行上的合理性和可行性。

四、区域发展与扶贫攻坚相结合的应用：连片特困地区扶贫模式的讨论与思考

连片特困地区扶贫模式是区域发展与扶贫攻坚相结合的典型应用，也是现阶段国家的宏观扶贫战略。其基本要义在于通过将区域发展与扶贫攻坚从制度、政策、过程上进行充分有效的一体化结合，以区域发展带动扶贫攻坚，以扶贫攻坚促进区域发展。连片开发是针对具备类似资源与环境条件的特殊类型贫困地区的整体性扶贫开发。这些地区一般都具有共同的致贫原因和脱贫障碍，一是这些地区自身的发展基础和条件差、且在国家的发展过程中得到的发展资源较少；二是这些地区在市场化进程中与其他地区的发展差距逐渐拉大，且在区域互动中处于绝对的弱势地位。这两个方面相互强化，会导致贫困的恶性循环和发展陷阱。连片开发就是以政府力量为主要推动力，通过资源动员和综合治理，利用市场机制，克服区域性脱贫障碍，推动集中连片贫困地区走出发展陷阱。

从区域发展的角度看，连片特困地区扶贫模式的出现是中国区域发展战略的一项重要内容，也可以说代表了新阶段中国区域发展的一个基本方向。从中国区

域发展的历史演变过程来看，新中国成立以来尤其是改革开放以来，以区域发展带动整体发展就成为中国经济社会发展的一个基本导向。改革开放以来，在邓小平“两个大局”思想的引领下，中国选择了优先发展东部沿海地区，这是第一个大局。上世纪90年代末至今，东、中、西之间差距逐渐拉大，中国逐渐启动了西部大开发、振兴东北老工业基地、中部崛起等发展战略，加强东中西部之间的联系交流，发挥东部发达地区的带动作用，以缩小东、中、西之间差距，这是第二个大局。这是宏观层面上的区域发展走势。在更小的范围内，即东、中、西三大部分的内部，通过推动一些有区位优势或是有基本共同点的局部区域的优先发展，带动、辐射更大区域的发展也是中国局部区域发展的惯常发展方式。改革开放初期，为带动东部地区率先发展，先后成立了深圳、珠海、汕头、厦门和海南经济特区。进入21世纪，中央又先后设立了四个综合配套改革实验区，包括上海浦东综合配套改革实验区、天津滨海综合配套改革实验区、成渝统筹城乡综合配套改革实验区、武汉城市圈、长株潭城市群“两型社会”综合配套改革实验区。中国区域发展的历程和当代区域发展的总体格局表明，集中相同区域、配套特殊政策进行跨越式快速发展是中国实现整体发展的基本做法之一。沿着这种发展路径，面对当前贫困区域与落后区域高度重合、且临近地区有相同气候、资源等其他生态条件的现实状况，将这些地区集中起来，统一制定发展战略，统一规划，集中资源推动该区域的跨越式发展就成为一种必然的战略选择。

从减贫的角度看，连片特困地区扶贫模式的出现是有一定的历史基础的，它是中国扶贫工作不断发展、扶贫经验不断积累的必然选择。集中连片的扶贫模式在上世纪80年代就已经是提出过的概念。1985年，在国务院贫困地区经济开发领导小组成立以前，就确定了包括沂蒙山区、闽西南、秦岭大巴山等18个集中连片贫困地区。但由于当时采取优先发展东部沿海地区宏观发展战略，中央政府财力有限，不能集中整合大规模的资金针对贫困地区进行专项开发，这一时期18个贫困区域的确定大多只是作为一种分析的需要，扶贫工作主要是通过瞄准贫困县，后来逐渐瞄准贫困村来进行的，没有专门针对这些地区进行集中开发。进入21世纪，区域发展不平衡问题逐渐浮出水面，城乡差距、区域差距开始引起了国家和地方政府的关注，同时政府可以整合的资源增多，整合的机制也更加灵活。2007年7月，国务院扶贫办和财政部在中西部省份启动“县为单位、整合资金、整村推进、连片开发”试点，“探索财政扶贫资金与其他涉农资金整合使用的新路子，探索整村推进和连片开发相结合、扶贫开发与区域经济发展相结合的路子，促进贫困地区经济发展和贫困农户稳定增收”。3年来，中西部22个省（直辖市、自治区）共135个县展开了试点，每个县由中央财政提供1000万元专项资金。以此为基础，通过整合其他资金，整村推进，连片开发，135个县均展开了大规模的扶贫开发探索。除了县域内的集中连片开发模式，也有一些在省（自治区）域内和州域内开展的连片开发模式探索，例如广西壮族自治区开展的针对基础设施落后的东巴凤大会战、边境大会战和大石山区五县基础设施大会战，四川阿坝州的地方病连片综合治理。国家扶贫领导小组启动的集中连片开发试点和个别地方政府根据本地条件开展的集中连片开发实践，说明了这片特困地区扶贫模式是新阶段中国扶贫开发的主要趋势，连片开发实践的成功案例也充分论证了此种模式的可行性。

与此同时，以往的连片开发实践中也暴露出一些普遍性的问题，诸如在连片区域的产业化扶贫模式过程中，贫困户的参与度较低，贫困户漏出现象普遍；在连片区域的基础设施建设中，地方配套力量薄弱，难以整合部门之间的资源；在连片区域的生态旅游扶贫过程中，区域的市场衔接能力、配套设施较差，发展后劲不足等。此外，如何将连片开发与扶贫到户进行有效衔接，如何防止贫困群体的边缘化等问题也是连片开发中面临的艰巨挑战。针对连片开发中出现的这些问题和挑战，当前正在进行的新一轮连片特困地区扶贫开发模式从战略、规划和实施上做出了相应的回应，试图最大限度地解决这些问题，但我们认为，以往连片开发过程中出现的问题和挑战在新一轮的连片特困地区扶贫过程中很有可能继续存在。从这个意义上说，本研究认为，我们在新一轮的连片特困地区扶贫攻坚中，要坚持以下基本原则。

（一）坚持科学发展观，防止有增长无发展困境，实现区域全面、协调、可持续发展

科学发展观是统领当前中国发展的总体性理念，有深厚的理论根基，并经过实践的反复检验。连片特困地区扶贫模式作为区域发展与扶贫攻坚的典型应用，应坚持科学发展观的发展理念。首先，这种扶贫模式的根本原则应该集中于人的全面发展，坚持以人为本。长期以来的扶贫模式大多注重通过经济增长缓解贫困，理论和实践证明，经济增长与贫困之间的关系并不是简单线性关系，只有社会与经济的同步、和谐发展，不平等分配减少，人们的福利和生活质量才能得到整体性提高。这是连片特困地区扶贫工作应该从一开始就要认真对待的宏观问题。其次，在连片特困地区的发展过程中，还要坚持人与自然之间、城乡之间、区域内的局部之间的良性和谐发展。连片特困地区大多面临着生态环境脆弱、城

乡之间差距大、区域布局不合理的天然局限性，在这种情况下，要让区域发展走上全面、可持续的发展道路，必须从制度建设和体制设置上因地制宜，利用现有的政策，坚持统筹兼顾的基本方法，将益贫式发展与开发式扶贫有机结合起来，才能在促进区域跨越发展的同时兼顾促进地区减贫事业的高效推进。再次，扶贫攻坚是一个长期的工程，不是依靠一朝一夕的努力和高投入就可以看到立竿见影的效果。因此，地方政府在推进地方减贫过程中，应着眼大局、放眼未来，对发展路径和发展速度科学论证，避免政绩工程和拍脑袋决策。

（二）坚持不断创新扶贫理念，完善扶贫机制，因地制宜的开展扶贫工作

连片特困地区扶贫攻坚模式是一个总体性的范畴，在这个范畴之下，如何具体推动区域减贫事业是一个长远性、实践性和具体性的过程，而扶贫理念的更新与具体扶贫模式的与时俱进是这个过程中的关键因素。从总体上看，14 个贫困片区具有共同的致贫原因和脱贫障碍，但分别分析又可以发现各个区域有不同的区域特点和优劣势，有的具有天然的资源优势，有的具有丰富的文化、旅游资源，有的具有产业开发的市场条件。正是基于这种复杂、特殊的贫困状况，中央要求在连片特困地区扶贫过程中可以采取特殊手段、特殊政策。这意味着连片地区有更多的自主权和更灵活的执行方式。

当前，中国政府已经进入了立足于发展认识、分析和解决贫困的总体轨道，并逐步尝试通过一系列的政策衔接、体制机制创新建立大扶贫格局。在扶贫模式上，通过充分发挥政府主导作用，企业和社会广泛参与到扶贫过程中，定点扶贫和地区带动扶贫等方式的具体实施措施也更加丰富；专项扶贫的几大主要模式包括整村推进、产业化扶贫、劳动力培训转移也得到不断完善。但在具体的实施和执行上，由于贫困地区自然、生态、资源及发展条件的特殊性，以及贫困人群的多样化需求，现有的扶贫模式仍显得力不从心，扶贫效果参差不齐。尤其是在当前跨省的集中连片扶贫过程中，影响扶贫效果的变量更多。这就意味着政府在推进各个区域的发展进程与减贫成效时应该坚持因地制宜的原则，通过扶贫理念机制的创新，充分结合区域的实际情况，推动连片开发。

大扶贫的总体格局是明朗的，是当前阶段最大限度整合扶贫资源的一种有效手段，但大扶贫理念如何通过制度、机制建设得到落实，专项扶贫、社会扶贫和行业扶贫之间如何进行紧密衔接，这是当前扶贫阶段的一大挑战。现阶段，贫困地区致贫的根源中社会性因素的影响程度越来越深，主要表现为贫困人群对市场的抵御能力和在市场中的生存能力较弱，对政策、制度的依赖性较大。这就要求

在新一轮的扶贫工作中必须从连片区域的实际情况出发，重视社会性、制度性因素对贫困群体的限制作用，通过体制创新，对相关的国家发展政策进行有效衔接，对来自各种渠道的发展与扶贫的资源进行高度整合，才能高效的推进连片地区的减贫进程。

（三）坚持公平与效率的有机结合，发挥政府的宏观调控，尊重市场经济的基本规律

连片特困地区扶贫之所以说是区域发展与扶贫开发的实践应用，其根本原因就在于将发展与扶贫进行了紧密有机的结合。区域发展的基本内容是经济增长，其遵循的原则是效率原则；扶贫攻坚的基本内容是提高贫困群体的收入水平，增加其社会福利，目的在于保证全体人民共享发展成果，主要遵循公平原则。改革开放以来的实践经验告诉我们，效率优先，兼顾公平的发展模式对贫困的缓解作用越来越弱。因此，在集中连片开发阶段，从一开始就要强调效率与公平相结合的原则。

由于各个区域的贫困状况、发展阶段不同，集中连片开发过程中政府的作用和功能会有略有差异。在极端贫困地区，政府是主要资源的供给者，在发展的过程中起着重要的主导作用和推动作用；在某些具有一定的发展基础，市场参与能力较强的区域，政府则主要通过制定政策、提高公共服务水平、完善市场经济规则等方式引导区域发展。但无论在那个阶段，所采取的发展战略和发展路径必须以市场经济的基本规律为前提，因为落后区域不能成为一个对外封闭的区域，其最终的发展要依靠与外部区域的交流，而这个交流的基本对话平台就是市场经济体制。因此，只有在市场经济规律的平台上，发挥政府的调控能力，将二者之间进行有机的结合，才能既促进区域的发展，又保证区域的后续发展与外部接轨。这种结合要求地方政府按照中央统一的区域开发战略组织行政区域内的发展，克服地方保护主义的倾向，共同营造一个有利于整个区域发展的良好环境，同时也对地方政府的服务能力和服务体系提出了更高的要求，即既要考虑当地的发展阶段，做好公共服务和制度供给，同时又要考虑地方未来的发展方向，找准地方优势，扬长避短。

（四）坚持政府主导和群众参与相结合

已有的连片开发模式显示，由于贫困群体的人力资本、社会资本存量较低，发展能力较弱，在连片开发实践中的参与能力受到限制，受益较少。连片开发所

面临的这种困境在很多地方的扶贫实践中都有所体现，甚至在之前的非连片开发模式中也出现过。

参与式扶贫模式在中国已经有多年的经验，已形成了一些较好的模式。实践证明，让贫困户参与发展过程（包括规划制定、市场选择、动员组织等）能够较好地体现农户的实际利益，增强农户的发展动力，进而让其从中最大限度受益。连片特困地区扶贫过程中，政府毫无疑问起着主导作用，在制定地方发展规划、整合资金、完善体制、效果评估等方面起着关键作用，但这些规划、资金、体制落实到村、到户才是一个完整的过程，其最终的效果评估也只有通过贫困户的受益才能体现。因此，在新阶段连片特殊困难地区扶贫过程中，应高度重视贫困群体、弱势群体的受益面和受益程度，重视贫困群体的参与，尊重贫困群体的发展意愿，将政府主导与群众参与有效的结合起来。

参考文献：

[1] 李石新，《中国经济发展对农村贫困的影响研究》，中国经济出版社，[M]，2010 年.

[2] 张磊，《中国扶贫开发政策演变》，中国财政经济出版社，[M]，2006 年.

[3] 张磊，《中国扶贫开发历程》，中国财政经济出版社，[M]，2006 年.

[4] 陆大道，《中国区域发展的理论与实践》，科学出版社，[M]，2003 年

[5] 中国财政经济出版社，《中国扶贫年鉴》，[M]，2010 年.

[6] 国务院新闻办公室：《中国农村扶贫开发》（白皮书），[J]，2001 年.

[7] 国务院新闻办公室：《中国农村扶贫开发》（白皮书），[J]，2012 年.

[8] 中华人民共和国国务院新闻办公室. 中国的农村扶贫开发 [J]，新华月报，2001 年

[9] 黄承伟，《参与式扶贫规划的制定与实施案例研究——从龙那村看广西贫困村的扶贫规划》，贵州农业科学，[J]，2004 年.

[10] 陆汉文、岂晓宇，《当代中国农村的贫困问题与反贫困工作—— 基于城乡关系与制度变迁过程的分析》，江汉论坛，[J]，2006 年.

专题报告二：武陵山片区扶贫攻坚促进区域协调发展研究

——恩施州建始县“整村推进、连片开发”实践的思考

覃志敏

【摘要】21世纪第二个十年是中国全面建成小康社会关键时期，中国政府将连片特困地区扶贫攻坚作为缩小地区差距，消除贫困、促进共同富裕的重要战略举措。本报告通过对改革开放以来，中国区域协调发展与农村扶贫开发的回顾，阐明2008年国际金融危机爆发后全球消费市场萎缩等国际形势和东部沿海地区面临出口压力增大、生产要素成本增加困境等国内形势的深刻变化，实施连片特困地区扶贫攻坚，是执政党践行共同富裕政治承诺的有力表现，是缩小地区差距、实现区域协调发展的重要内容。之后，本报告详细阐述连片特困地区扶贫攻坚与区域协调发展的实质，在于促进连片特困地区加快发展。而连片特困地区加快发展既需要片区各中心城市与片区外其他区域经济的联动，更需要片区内形成地区经济协作的加强。为阐明连片特困地区扶贫攻坚，促进片区加快发展，进而推动区域协调，本报告以武陵山片区区域发展与扶贫攻坚试点为例，介绍武陵山片区点轴开发的空间布局、基础设施、产业发展、促进就业与农村人力资源开发等方面内容。最后，本报告通过武陵山片区恩施州建始县“县为单位、整合资源、整村推进、连片开发”实践说明在连片特困地区加快发展初期，区际间经济联动体系仍未完成，片区内地区经济协作未成体系的情况下，占片区绝大部分范围的非中心县（区）应将县域特色产业发展与扶贫攻坚结合作为区域经济发展的重点。通过“县为单位、整合资源、整村推进、连片开发”模式机制，培育地方农业特色产业，改善农村基础设施及农民生活条件，在推进贫困人口稳定脱贫的扶贫攻坚中逐步形成和完善县域特色产业体系，为今后片区内地区经济协作和区际经济联动奠定基础。

一、区域和区域协调发展

（一）区域类型及连片特困地区

区域是按照一定标准划分的有限空间范围。如今“区域”一词已成为众多学科及社会各界广泛使用的空间范畴。不同的学科对区域的含义各不相同，如地理学将区域理解为地球表面的地域单元，经济学将其理解为经济上相对完整的经济区，行政区是按照行政权力覆盖划分的有限空间范围。经济区域与行政区域有三种常见的关系。一是经济区域范围包含多个省（区、市），例如西部大开发中的区域包含了陕西、甘肃、宁夏、青海、新疆、四川、重庆、贵州、西藏、广西、内蒙古12个省、自治区、直辖市。二是经济区出于某个省（区、市）范围内，例如2008年成立的广西北部湾经济区由南宁、北海、钦州、防城港四市所辖行政区域组成。三是经济区有多个省（区、市）部分地区组成，如在新十年扶贫开发纲要中划出的武陵山连片特困地区包括湖北、湖南、重庆、贵州四省市交界地区的71个县（市、区）。2011年5月，中国政府制定实施了《中国农村扶贫开发纲要（2011－2020年》（简称《纲要》）。在纲要中中国政府明确提出在未来十年将六盘山片区、秦巴山片区、武陵山片区、乌蒙山片区、滇桂黔石漠化片区、滇西边境山片区、大兴安岭南麓山片区、燕山－太行山片区、吕梁山片区、大别山片区、罗霄山片区等区域的11个连片特困地区和已明确实施特殊政策的西藏、四省藏区、新疆南疆三地州作为扶贫攻坚的主战场。我国连片特困地区是根据贫困特征（因自然、民族、历史、政治等原因一般经济增长不能带动、常规扶贫手段难以奏效的特殊类型贫困）、地理地貌特征、经济发展水平等标准划分出来的，大部分连片特困地区位于多省（区、市）交界带，是跨多省的经济区。

（二）连片开发与区域协调发展

区域协调发展解决的是区域之间的发展关系问题，即各区域在发展上孰先孰后、孰快孰慢，以及各区域经济发展中如何实现区域联动与合作等。区域是按照一定标准划定的有限空间范围。划分标准不同，区域范围可大可小，大的区域可以包含十几个省，小的区域也许只有几个乡村。如没有特别情况说明，本报告区域范围专指连片特困地区整个片区。而连片特困地区与区域协调发展而言，首先是连片特困地区与其他区域之间的协调发展（即区域间的协调发展），其实质是连片特困地区在与其他区域的联动中实现区域加快发展。这就要求连片特困地区在发展上立足片区资源优势，在与其他区域联动与合作中，实现区域经济加快发展，缩小连片特困地区与其他区域差距；其次是连片特困地区内各地区（市、县）之间的协调发展（即片区内的地区协调发展），其目标是通过片区内各地区的资源整合与经济协作，充分发挥片区内各地区比较优势，促进连片特困地区加快发展甚至跨越式发展。可见，以连片特困地区为研究对象的区域协调发展，包含了片区与其他区域的经济联动与合作和片区内各地区之间的资源整合与经济协作两个部分，通过片区内外的协调发展实现连片特困地区加快发展甚至跨越式发展，缩小区域发展差距。这既是中国全面建设小康社会关键时期缩小区域发展差距，促进共同富裕的政治要求，也是金融危机爆发背景下，扩大内需，转变经济增长方式的现实要求。连片特困地区等贫困地区既是我国发展最为滞后的地区之一，也是极具市场开发潜力的地区。新十年扶贫开发阶段，我国扶贫开发工作形式仍面临诸多挑战，扶贫开发工作需要创新工作体制机制，从促进贫困地区加快区域发展的高度重新审视扶贫工作，整合资源、连片开发，实现扶贫攻坚与区域加快发展的共赢。

二、区域协调发展的理论基础与内涵

（一）区域协调发展理论

在区域发展研究中，一般将区域发展理论划分为两种类型，即区域均衡发展理论和区域相对均衡发展理论（或动态协调发展理论）。

区域经济均衡发展理论模式强调在一个国家或地区中均衡布局生产力，对国民经济各部门（或地区）按照适当比例进行相当规模的社会投资，使各个行业（或地区）都发展起来，产生外在效益、规模经济效益以及相互依赖互为市场体系，以达到“大推进”的目的。其代表理论有罗森斯坦－罗丹（Paul N. Rosenstein—Rodan，1943）的大推进理论、纳克斯（Ragnar Nurkse，1953）的贫困恶性循环和平衡增长理论、纳尔逊（R. R Nelson）的“低水平均衡陷阱”理论等。与区域均衡发展理论模式不同，区域相对均衡发展的理论认为，在区域经济发展的初期阶段，发展中国家或某一区域不具备全面增长的资本和其他资源，区域经济发展不均衡是不可避免的，区域经济发展的不均衡是常态的，区域经济均衡发展可以通过区域经济快速发展地区的回流效应和扩散效应，帮助落后地区实现经济发展，逐步减小地区发展差距，实现地区发展趋同。下面将介绍几个主要的区域相对均衡发展理论。

1. 增长极理论

增长极概念由法国经济学家弗朗索瓦·佩鲁（Francois. Perroux）首次提出。增长极并非普通意义上的地理空间，而是抽象意义上的“经济空间”。在经典文献《略论增长极概念》（1955）中，佩鲁指出，经济的增长以不同强度首先出现在增长点或增长极上，然后通过不同的渠道扩散，而且对整个经济具有不同终极影响[①]。佩鲁将增长极界定为“给定环境中的一个推进型单元”，它是“与周围环境相结合的一种推进型单元”，推进型单元并非像城市或区域这样的地理单元，而是诸如厂商或产业这样的经济单元，而周围环境也是由一些增长极密切相联的厂商或产业所组成[②]。佩鲁增长极理论的出发点是抽象的经济空间，后来的经济学家对其进行了扩展，如布代维尔（Boudville）将佩鲁增长极概念地理化。可见，强调非均衡发展的增长极理论强调的是由于某些主导产业部门或有创新能力的大企业在核心区或大城市的聚集，导致资本和技术的高度集中，形成规模经济，通过自身迅速增长对邻近地区产生强大扩散作用的“增长极”，带动邻近地区共同发展[③]。

2. 区域循环积累因果理论

瑞典经济学家缪尔达尔（Gunnar Myrdal）在《经济理论与不发达地区》（1957）一书中倡导循环积累因果原理，即经济发展过程在空间上不是同时发生和均匀扩散的，而是开始于一些条件较好的地区，区域间发展差异的出现，会进一步使发展快的地区发展更快，发展慢的地区相对发展得更慢，地区间经济发展水平的差异会进一步拉大。形成了“地理上的二元经济”，即发达地区和落后地区同时并存一国之内。他认为这主要是因为区域发展中产生两种效益：一是“回波效应”，表现为各生产要素受收益率差异吸引而向发达地区聚集，这不利于落后地区经济发展，反而造成落后地区经济衰退，区域发展差异拉大；二是“扩散

---

① 吴传清主编，《区域经济学原理》，武汉：武汉大学出版社，2008 年，第 80 页。

② 李仁贵，《区域经济发展中的增长极理论与政策研究》，《经济研究》，1988 年第 9 期。

③ 陈映，《论共同富裕与区域经济非均衡协调发展》，北京：人民出版社，2011 年，第 52 页。

效应”，表现在经济中心的经济扩张使得各生产要素流向落后地区，形成有利于落后地区发展的影响，区域发展差异缩小。他进一步指出，地区间相互作用的效应是回流效应和扩散效应的合效应，二者可以互相抵消，但在市场作用下，回流效应总是大于扩散效应，因此为防止积累性因果循环造成区域差异扩大，政府应制定相应的对策，采取一定的措施来拖动不发达地区发展，缩小区域发展差异。

3. 区域不平衡增长理论

1958年，美国经济学家赫希曼（Albert Otto Hirschman）在《经济发展战略》一书中认为，经济进步不会在所有地方同时出现，而且它一出现，强有力的因素必然使经济增长集中于起始点附近区域。在发展的过程中，需要“增长点”或“增长极”的出现，说明经济增长过程中引起区域间发展不平衡性是不可避免的，而且区域发展不平衡也是任何地方进一步成长的条件。赫希曼认为，在经济不平衡增长过程中，发达地区经济的高速发展对于落后地区有诸多不利或有利影响。基于此，他提出了与回流效应和扩散效益相对应的极化效应和涓滴效应。他认为，经济不平衡发展的涓滴效应主要体现在：只要两个地区是互相补充的，发达地区经济发展必然产生对落后地区购买力和投资的增加，同时发达地区还可能吸收落后地区潜在失业人口，提高落后地区的边际劳动生产率即消费水平。极化效应则体现在：由于发达地区通过效率优势会通过市场竞争机制抑制落后地区相应的经济活动，同时发达地区的经济进步和选择性移民，会使落后地区关键技术人员和管理人员流出，而不是其隐性失业人员外流。赫希曼认为，要想在区域不平衡增长中发挥涓滴效应和抑制极化效应必须依靠政府的诱导性公共投资等经济决策。

4. 区域倒U型发展理论

对于市场经济国家区域经济差距演变轨迹进行实证研究最为著名的是美国经济学家威廉姆逊（J. G. Williamson）提出的倒U型发展理论。威廉姆逊在其著名论文《区域不平衡与国家发展过程：一个描述模型》中，根据24个国家人均收入水平的加权变异系数作为地区经济发展水平差异的主要评价指标，以24个国家的横截面数据和10多个国家的短期时间序列数据，对国家不同发展阶段区域经济不平衡增长的变化趋势进行实证分析后，得出了区域经济发展变化的倒U型一般发展趋势：在国家经济发展的初期阶段，区域间经济增长差异逐渐扩大，即倾向于不均衡发展（即发散），非均衡过程是经济增长的必要条件；随着经济的继续发展，区域间不平衡将趋于稳定；当国民经济进入成熟阶段后，区域间发展差异则逐渐缩小，即倾向于均衡增长（即收敛），区域差距缩小也成为经济增长的必要条件。威廉姆逊认为，国家区域经济发展呈现倒U型变动趋势主要由人口迁移成本、投资收益率和国家发展目标（效率优先目标向全国福利目标的转变）。

5. 比较优势理论与后发优势理论①

比较优势理论由英国经济学家大卫·李嘉图在其代表作《政治经济学及赋税原理》中提出。他认为，国际贸易的基础是生产技术的相对差，以及由此产生的相对成本的差别。李嘉图的比较优势理论可以概述为：即使一个国家两种商品的生产率较之另一个国家都出于劣势，它仍可以通过生产和出口那些“与外国相比生产率差距相对较小”的产品，在国际分工中占有一席之地；而在每一种产品生产上都比其他国家绝对地具有高生产率的国家，也应该通过生产和出口“与外国相比生产率差距较大”的产品获取贸易利益。两个国家或地区都应该根据“两利相权取其重，两弊相权取其轻”（优势中的优势和劣势中的优势）的原则，集中生产并出口具有“比较优势”的产品，进口其具有“比较劣势”的产品。

后发优势理论是由美国经济史学家亚历山大·格申克龙于1962年创立。在其1952年发表的论文《历史视角下的经济后起性》中，他创立后起经济增长模型，并提出经济后起具有积极作用，它能系统地替代人们认定的工业增长的一些先决条件。后起国家或地区大多数情况下可以通过有别于先进国家或地区的方式和途径，达到先进国家或地区所显示出的工业化或状态，并通过学习、比较和选择的方式所产生的效果，使这些国家工业化具备在资源条件上的可选择性以及达到在时间上的节约，从而实现技术上、产业上、生产力发展某个环节上的跨越式发展。后起国家或地区的后发优势体现在自然资源、劳动力等多个方面。在未发展前，这些后发优势是潜在的。要将潜在优势转化为实际优势，这些国家或地区还需要具备稳定的政权结构、良好的制度环境、必要的基础设施等基本条件。

（二）区域协调发展的理论内涵

根据区域发展时间变量的长短，区域协调发展有广义和狭义之分。广义的协调发展也称为动态协调发展，指为使国家经济保持快速度发展，在经济发展初期

① 陈映，《论共同富裕与区域经济非均衡协调发展》，北京：人民出版社，2011年，第58－59页。

选择市场发展条件好的地区给予政策和资金倾斜重点发展，并允许区域差距有所扩大，在经济发展进入成熟阶段后，随着经济的发展区域差距逐渐缩小，最终实现区域协调发展。可见，广义的区域协调发展是在时间序列上有先后的协调发展战略，其时间序列包含了威廉姆逊区域倒U型发展的整个过程。广义的区域协调发展不是全国各地齐头并进，而是各地在中央政府的支持下轮番的超高速、非均衡发展，在区域非均衡发展的时序进程中，效率与公平原则在不同时期得到“优先”（王琴梅，2007）。因此，必须结合区域经济发展的阶段性特征，在一定时期内突出相应的发展重点，扶持能够在较短时期内做到自立发展的区域或产业，培育区域自我发展能力，争取在一个不长的时期内实现整体经济的全面发展（曾坤生，2000）。正是基于广义区域协调发展内涵，部分学者将改革开放以来我国区域经济发展称为非均衡协调发展模式（高伯文，2004；吴焕新、肖万春，2005）。与广义区域协调发展不同，狭义协调发展更侧重于强调解决区域发展差距问题，即在区域差距扩大之后，在不抑制发达地区发展的前提下，充分发掘落后地区比较优势和后发优势，在区域发展上给予重点支持和政策倾斜，以实现落后地区加快发展甚至跨越式发展，缩小区域发展差距。可见，狭义区域协调发展在区域经济发展时间序列上属于威廉姆逊倒U型发展中的国民经济进入成熟后的倾向于均衡增长阶段。狭义区域协调发展着眼于区域共同发展，而不是同时发展。

三、改革开放后中国区域协调发展与农村扶贫开发

按照广义区域协调发展内涵，中国1978年至今实施的区域经济发展实践属于动态协调发展。从狭义区域协调发展看，我国区域协调发展则是从20世纪90年代特别是从中共十四大开始在发展模式上开始强调协调发展（陈映，2011：87）。改革开放以来，根据广义区域协调发展内涵，我国区域协调发展按照时间序列可以分为为三个阶段，即1978年至1990年东部沿海地区优先发展时期、1991年至1999年协调发展启动时期和2000年至今的协调发展全面实施时期。

（一）东部沿海优先发展与农村扶贫开发

从新中国成立到改革开发之前，我国基本上实行的是在国防安全目标下的区域均衡发展战略（董辅礽，1999：560）。20世纪70年代国际政治关系朝着积极方向调整，世界进入一个时代主题的转换时期。邓小平作出“和平与发展是当代

世界的两大主题”的科学论断。中共十一届三中全会以后，党和国家将工作重心转移到社会主义现代化建设上来，对内实施经济改革，对外实行开放。在区域发展战略思想上，邓小平先后提出了先富带后富和“两个大局”区域协调发展战略思想。在十一届三中全会闭幕会上发表《解放思想，实事求是，团结一致向前看》的讲话中，邓小平指出：“在经济政策上，我认为要允许一部分地区、一部分企业、一部分工人农民，由于辛勤努力成绩大而收入先多一些，生活先好起来。一部分人生活好起来，就必然产生极大的示范力量，影响左邻右舍，带动其他地区、其他单位的人们向他们学习。这样，就会使整个国民经济不断地波浪式地向前发展，使全国各族人民都能比较快地富裕起来。”① 关于“两个大局”区域协调发展战略构想，邓小平指出“沿海地区要加快对外开放，使这个拥有两亿人口的广大地带较快地先发展起来，从而带动内地更好地发展，这是一个事关大局的问题。内地要顾全这个大局。反过来，发展到一定的时候，又要求沿海拿出更多力量来帮助内地发展，这也是一个大局。那时沿海也要服从这个大局。”②

这一时期，中国逐渐改变以往选择的高积累、低效率和过分紧缩人民消费的重工业发展战略，确立优先发展农业和消费品工业的经济发展战略（张磊等，2007：29）。政府率先启动了以家庭联产承包责任制为核心的农村经济体制改革。农村经济改革的成功，使各地区农业生产绝对量都有很大增长，第一产业产值在三次产业中比重出现上升的情况。农民生活水平也显著提高，很多地区农村基本解决温饱问题，贫困人口大幅减少。按照当时贫困标准，贫困人口 1978 年的 2.5 亿减少到 1985 年的 1.25 亿人，贫困人口占农村总人口的比例由 30.7% 下降到 14.8%。③ 进入 20 世纪 80 年代中期，中国政府加紧了对外开放的步伐，将经济体制改革的重点由农村和农业转向城市和工业，重点开发和开放区位和经济发展条件相对较好的沿海地区。沿海地区充分利用其劳动力资源丰富且素质较高、科技力量较强，工业基础较好、对外交往方便等区位优势，积极走向国际市场，参与国际分工和国际交换，大力发展外向型劳动密集型产业。继 1979 年设立深圳、珠海、汕头、厦门经济特区后，20 世纪 80 年代中后期中共中央和国务院又确定开放大连等 14 个沿海港口城市，在把长江三角洲、珠江三角洲、闽南厦漳泉三角地区开辟为经济开放区，并将辽东半岛和胶东半岛以及上海浦东确定为经济开

① 《邓小平文选》第二卷，人民出版社，1994 年版，第 152 页.

② 《邓小平文选》第三卷，人民出版社，1993 年，第 277 – 278 页.

③ 《中国农村扶贫开发概要》，http：//www.cpad.gov.cn/data/2006/1120/article_331600.htm.

放区。到1991年，在我国东部沿海由北到南1.8万公里海岸线的边缘地区，形成了遍及11个省、自治区与直辖市，总面积达42万平方公里的狭长前沿开放地带。在优惠政策上，中央政府对东部沿海开放地区从财政、税收、信贷、外资外贸、价格等方面给予一系列的特殊政策、优惠条件和方便措施，使经济特区、开放城市、开发区、开放区的经济活力和投资环境明显优于其他地区。在投资布局上也向东部沿海地区倾斜。1982年到1989年，东中西三大地带累计投资分别是1214.1亿元、712.2亿元和285.8亿元，各占累计总投资的48.5%、28.6%和11.5%，而其间的重点项目投资比例由东至西为1∶0.59∶0.24，近半数重点项目集中在东部（高伯文，2004：329）。

东部地区经济快速发展起来，而区域发展不平衡也日益明显。1985年，东、中、西三个地区人均国内生产总值比例为2.26∶1.15∶1，到1993年这一比例扩大为2.84∶1.25∶1，其中东、西部差距增加了25.66%，中、西部差距增加了8.70%（张磊等，2007：46）。在东部沿海快速发展，而贫困地区由于农业经济增长速度减慢，农民生活改善陷入停滞，与沿海地区农民的收入差距扩大。同时，由于贫困地区和贫困人口大部分分布在中、西部地区，如何促进贫困地区的经济发展、解决贫困问题成为区域经济发展战略的重要组成部分。为解决这些特殊贫困区域的贫困与发展问题，中央政府在继续对农村和贫困地区实施以往那些有利于经济、社会发展政策措施的同时，自1986年正式启动了直接针对贫困地区有计划、有组织的大规模扶贫开发计划。从中央到地方都成立了专门的扶贫开发机构，中央政府在全国确定了数百个重点扶持的贫困县并制定了专门的扶贫投资计划，通过区域开发或县域经济的发展来解决贫困问题。尽管20世纪80年代中后期，农村经济增长放缓下市场推动减贫力量减小，但由于政府的社会公共治理力量在贫困地区县域经济发展上积极有力推动，我国贫困人口仍在持续减少。

总体来看，20世纪80年代中期以前，由于农村经济体制改革的成功和农业持续增长释放出了极大的减贫效益；20世纪80年代中后期，国家改革的重心由农村和农业转向城市和工业，并进一步加大对经济发展条件好的东部沿海地区的投资和政策倾斜力度和广度，而贫困地区虽然实施了以县为单位的扶贫开发工作，但以东部沿海地区优先发展的外向型经济模式和全国统一市场未形成之下，东部沿海发达地区与内陆地区特别贫困地区缺乏互动，发达地区经济发展的扩散效应和带动效应不明显，贫困地区和贫困县经济发展缓慢，市场力量减贫效益降低，贫困人口的减少主要以政府为主体的社会治理力量推动为主。

（二）区域协调发展启动与八七扶贫攻坚

20 世纪 90 年代初苏联解体，冷战结束，世界向多极化发展，国际形势总体趋向缓和，我国社会主义现代化建设迎来了更加有利的和平环境。同时世界科技革命和产业结构调整进程加快，亚太地区经济迅速发展，为我国对外开放和现代化建设提供了新的发展机遇。但经过 20 世纪 80 年代的东部沿海地区优先发展也使得地区差距扩大的趋势愈演愈烈。各地区之间经济总体实力差距、人均国民生产总值、地区消费水平差距都在呈现不断扩大的趋势，这已逐渐成为制约区域经济发展的关键问题。失衡的经济空间分布，对我国产生诸多不利影响：区域非均衡发展的极化效益日益明显，中西部人才和资金向东部地区转移，不利于中西地区自我发展能力的积累和提升，使中西部地区人才和资金向东部地区转移；东部地区与西部地区差距的拉大不利于全国统一市场的形成，还会影响到我国经济高速增长的可持续性；另外我国是多民族国家，区域发展差距过度扩大，落后地区得不到应有的扶持和帮助，会影响到民族团结和社会稳定。

针对区域差距过大产生的这些问题，中国政府把促进地区经济协调发展提高到重要的战略高度，逐步调整区域政策，确立地区经济协调发展的指导方针。1991 年 2 月李鹏在《关于国民经济和社会发展十年规划和第八个五年计划纲要的报告》中首次提出“要按照统筹规划、合理分工、优势互补、协调发展、利益兼顾、共同富裕的原则，逐步实现生产力的合理布局”。“随着经济的发展，国家和经济发达地区都要努力帮助较不发达地区改变面貌，使各个地区都能得到发展，走共同富裕的道路”①。1995 年 9 月，中共十四届五中全会通过的《中共中央关于制定国民经济和社会发展“九五”和 2010 年远景目标的建议》，明确把“坚持区域经济协调发展，逐步缩小地区发展差距”作为今后 15 年经济和社会发展必须贯彻的重要方针之一。

为协调区域发展，国家对区域政策调整。政府实行全方位的对外开放政策，相继对外开放了一批沿边口岸城市、长江沿岸城市和内陆省会城市，设立三峡经济开放区等。优先在中西部地区安排资源开发和基础设施建设项目。作为全国性基地的中西部资源开发项目，国家实行投资倾斜。跨地区的能源、交通、通信等重大基础设施项目，以国家投资为主进行建设。调整加工工业的地区布局，引导

---

① 李鹏：《关于国民经济和社会发展十年规划和第八个五年计划纲要的报告》，新华网，http：//news.xinhuanet. com/ziliao/2005 －02/17/content_ 2587910. htm

资源加工型和劳动密集型产业向中西部地区转移。国家投资和产业布局政策如下：

1994年4月，国务院颁布并实施了《国家八七扶贫攻坚计划》，计划用7年左右的时间，基本解决全国农村8000万贫困人口的温饱问题。《国家八七扶贫攻坚计划》中明确指出八七扶贫攻坚计划实施的目的是“为进一步解决农村贫困问题，缩小东西部地区差距，实现共同富裕目标”。可见，八七扶贫攻坚计划既是我国在解决农村贫困问题的重大举措，更是区域协调发展和完成邓小平“三步走”发展战略的第二步重要战略部署。但在贫困地区开发过程中，一方面，由于上级政府是按照“公平原则”分配扶贫资金，而地方政府（贫困县）是按照“效益原则”使用资金，扶贫资金下达贫困县后，地方政府首先考虑将资金投向尽快促进地区经济整体实力增长和增加政府财政收入的项目上，因而导致经济增长与人们收入增长的不一致，对改善贫困人口生活状况的作用相对较小（董辅礽，1999：586）；另一方面，随着贫困人口的减少，贫困人口大多集中在分散、边远地区，县域经济增长的辐射力难以渗透。基于以上原因，1996年10月，中共中央、国务院发出《关于尽快解决农村贫困人口温饱问题的决定》指出“一定要做到：领导联系到村，帮扶到对口村，计划分解到村，资金安排到村，扶持措施到户，项目覆盖到户，真正使贫困户受益”。在扶贫攻坚措施上，加大中央财政投入，重点用于贫困地区基本农田、修建乡村公路、解决人畜饮水、推广科学技术和农民技术培训；把国家大型区域开发项目与扶贫结合起来，优先向集中连片的贫困地区安排水利、交通等基础设施建设和资源开发项目，带动当地农户就业，脱贫致富；改革扶贫资金的使用和管理方式，建立约束和激励机制，严格扶贫资金的审计制度，严禁挤占、挪用扶贫资金；积极推进扶贫协作和对口支援。

针对区域发展差距拉大，中央政府出台和实施的以能源、基建为主的有利于中西部地区发展政策或措施促进了中西部地区经济的发展，构筑了中西部与东部市场连接的桥梁基础，起到了抑制区域差距扩大趋势作用。但也应该看到，中西部地区经济快速发展主要是以省会城市等中心城镇为支撑点，贫困人口集中在更加分散、边远的地区，区域经济发展辐射力有限，市场力量减贫效益仍未发挥基础作用。政府为实现第二步战略目标，在实施八七扶贫攻坚计划过程中，更强调将扶贫资金用于基本农田、乡村公路、人畜饮水等有利于产生到村到户扶贫效益的项目，改善贫困人口生活条件。

（三）区域协调发展实施与连片特困地区扶贫攻坚

经过约20年国民经济持续快速健康发展，中国综合国力进一步增强，国内生产总值在2000年已达89404亿元，人均国民生产总值比1980年翻两番的任务已经超额完成。经济体制改革全面推进，社会主义市场经济体制初步建立。对外开放水平不断提高，全方位开放格局基本形成。我国迈向第三步走战略具备了良好的基础。就国民经济发展国际环境来看，世界科技革命迅猛发展，经济全球化趋势增强，许多国家积极推进产业结构调整，亚洲经济持续快速发展等等，2001年我国成功加入WTO等等，这些都为我国区域协调发展提供了历史性机遇。

为促进区域协调发展，2000年1月，中国政府成立西部地区开发领导小组实施西部大开发战略，对促进西部经济发展制定了一系列政策措施，并在能源、基础设施、生态环境等领域重点实施西气东输、西电东送、青藏铁路等一批重大项目工程。在实施西部大开发之后，中国政府又先后启动了振兴东北地区等老工业基地，促进中部地区崛起，推进形成主体功能区，以及对民族地区、革命老区加大扶持力度等促进区域协调发展的重大发展战略。2007年8月，国务院正式批复《东北地区振兴规划》，提出经过10到15年的努力，将东部地区建设成为具有国际竞争力的装备制造基地、国家新型原材料和能源保障基地、国家重要商品粮和农牧业生产基地、国家重要的技术研发与创新基地和国家生态安全的重要保障区。为振兴东北老工业基地，近年来国家有关部门在项目投资、财税、金融、国有企业改革、社会保障试点、资源型城市转型试点、对外开放和基础设施建设等方面制定实施了一系列政策措施。2006年4月，中共中央、国务院发布了《关于促进中部地区崛起的若干意见》，提出将中部地区建设成为全国重要的粮食生产基地、能源原材料基地、现代装备制造及高技术产业基地和综合交通运输枢纽。2007年1月，国务院办公厅下发《关于中部六省比照实施振兴东北地区等老工业基地和西部大开发有关政策范围的通知》，明确中部六省26个城市比照实施振兴东北地区等老工业基地有关政策，243个县（市、区）比照实施西部大开发有关政策。这表明我国已经进入了区域协调发展战略全面实施的新阶段。

2001年中国政府颁布实施《中国农村扶贫开发纲要（2001－2010年）》，明确提出尽快解决少数贫困人口温饱问题，进一步改善贫困地区的基本生产生活条件，巩固温饱，提高贫困人口的生活质量和综合素质为奋斗目标，并以贫困地区尚未解决温饱的贫困人口作为扶贫开发首要对象，以14.8万个贫困村为扶贫资金重点投入单位，开展整村推进、产业化扶贫和劳动力转移培训为主要扶贫方式的“三位一体”农村扶贫开发行动。这一时期的农村扶贫开发形成了市场、政府、社会组织三种力量合力推动农村减贫的新局面。市场力量干预主要体现在全球化的进一步深入，带来了东部沿海发达地区以及中西部生活城市出口导向型经济的进一步繁荣，大量贫困人口和贫困家庭离开村庄进入发达地区的劳动密集型产业的工厂车间，贫困家庭工资性收入逐渐成为最主要的家庭收入来源。政府以村为扶贫资金投入重点，将贫困村基础设施改善、产业发展、提高自我发展能力在整村推进实现整合，有效改善了贫困人口发展的环境和条件。期间，非政府组织（国际和国内）等社会扶贫力量借助政府以村为重点的扶贫契机，发挥其目标针对性强、扶贫效率高、扶贫成本低、组织结构灵活等优势通过与政府合作等多种方式参与到农村扶贫开发中，不仅丰富了社会治理力量推动农村减贫的实现机制，而且也起到了增加扶贫有效覆盖范围、提升国内扶贫开发水平等作用。2011 年 5 月，中共中央、国务院制定实施《中国农村扶贫开发纲要（2011 - 2020 年）》，正式全面阐述了未来十年扶贫开发的总体要求、目标任务、对象范围和专项扶贫、行业扶贫、社会扶贫、国际合作、政策保障、组织领导等方面内容。纲要明确指出，六盘山区等 14 个集中连片特殊困难地区（简称连片特困地区）是未来十年扶贫攻坚的主战场。

四、连片特困地区扶贫攻坚与区域协调发展

（一）连片特困地区扶贫攻坚战略区域发展背景

进入新世纪，中央政府连续出台了振兴东北地区等老工业基地、促进中部地区崛起等促进东、中、西三大地带协调持续发展的区域发展新战略。这些战略的实施加快了中西部和东北地区投资增长，促进了东、中、西部地区经济的联合与合作，初步形成了东、中、西部经济互相促进、优势互补的新格局。在 2008 年国际金融危机爆发之前，经济全球化仍迅猛推进，中国外向型经济仍然具有巨大发展空间，东部地区经济快速发展仍然是确保中国国民经济持续快速健康发展的关键。因此，国家在实施了促进中西部和东北地区加快发展的同时，从 2003 年以来先后批准上海外高桥、青岛、大连、宁波、张家港、厦门象屿、深圳盐田港、天津保税区实行区港联动试点，鼓励东部地区率先发展。

2008 年全球金融危机爆发，危机很快由金融领域影响至实体经济，世界经济发展步入低谷，全球特别是美欧诸国消费市场大幅萎缩。受国际金融危机和人

民币升值压力增大影响，沿海地区企业正面临着国际订单大幅减少、要素成本上升、产业升级等巨大压力。而与沿海地区在资源利用、环境保护、技术含量等方面提出更高要求的市场准入门槛，中西部地区能源、矿产资源丰富，土地和劳动力供应相对充裕，要素成本低，加上西部大开发、促进东部崛起等战略的实施，中西部地区基础设施已经有较好的基础，投资环境在逐步改善，作为市场主体的沿海企业和产业向中西部转移的潜在趋势日益增强。与此同时，长期的东部地区优先发展，我国区域发展差距、城乡差距、居民收入差距的“三大差距”持续拉大。国家转变经济增长方式，扩大内需，加大农村扶贫开发力度，促进中西部地区特别是贫困地区发展，不仅全面建设小康社会目标顺利实现的现实需要，也是缩小区域发展差距，促进区域协调发展的内在要求。经过30多年的经济高速增长，国家综合国力显著增强，中国政府有能力和意愿为实现全面建设小康社会以及促进共同富裕等政治目标，加大对贫困地区扶持力度，提高贫困人口生活水平，促进贫困地区加快发展和缩小区域发展差距。

（二）连片特困地区扶贫攻坚战略的提出

《中国农村扶贫开发纲要（2001－2010年）》实施以来，我国扶贫开发取得新成就。农村贫困人口大幅减少，收入水平稳定提高，贫困地区基础设施明显改善，农村居民生存和温饱问题基本解决。虽然我国扶贫开发工作取得新成就，但我国扶贫工作形式依然严峻，突出表现在扶贫标准偏低，“老少边穷”地区的特殊贫困问题突出，贫困人口相对脆弱，返贫压力增大，收入差距扩大，相对贫困问题凸显等等。2011年，国家将农村扶贫标准提高到人均纯收入2300元（2010年不变价），按照新标准，年末农村扶贫对象扩大到12238万人①。旧扶贫标准下贫困人口插花型分布特征在相当大程度上被新标准下贫困人口的片区集中分布特征所替代，因为旧标准下有很多刚刚跨过绝对贫困线和解决温饱问题的低收入人口。

2011年4月，中共中央政治局召开会议研究部署农村扶贫开发工作，并审议《中国农村扶贫开发纲要（2011－2020年）》。2011年11月底，中共中央召开的中央扶贫工作会议，会后正式颁布实施《中国农村扶贫开发纲要（2011－2020年）》，正式全面阐述了未来十年扶贫开发的总体要求、目标任务、对象范围和

① 国家统计局：《中华人民共和国2011年国民经济和社会发展统计公报》，http：//www. stats. gov. cn/tjgb/ndtjgb/qgndtjgb/t20120222_ 402786440. htm.

专项扶贫、行业扶贫、社会扶贫、国际合作、政策保障、组织领导等方面内容。新纲要明确指出，六盘山片区等14个集中连片特殊困难地区（简称连片特困地区）是未来十年扶贫攻坚的主战场。要加大投入和支持力度，“集中实施一批教育、卫生、文化、就业、社会保障等民生工程，大力改善生产生活条件，培育壮大一批特色优势产业，加快区域性重要基础设施建设步伐，加强生态建设和环境保护，着力解决制约发展的瓶颈问题，促进基本公共服务均等化，从根本上改变连片特困地区面貌”。“各省（自治区、直辖市）可自行确定若干连片特困地区，统筹资源给予重点扶持”。① 由此，连片特困地区正式成为新阶段中国农村扶贫攻坚的焦点。这也表明，我国扶贫开发已经进入解决温饱为主要任务的阶段转入巩固温饱成果、提高发展能力、加快脱贫致富、缩小发展差距的新阶级。在新形势下，以连片特困地区为扶贫攻坚主战场，不仅是我国社会主义市场经济发展的内在要求，是我国总体区域协调发展演变的必然结果，而且也是对扶贫开发思路方法、体制机制的改革创新。

（三）连片特困地区扶贫攻坚促进区域协调发展

中国当前仍处于社会主义发展初级阶段，区域协调既要落后地区（贫困地区）充分利用国际国内环境加快发展，同时也要保障东部等发达地区快速发展，因东部等发达地区是国家加大贫困地区投资力度的重要保障。可见，贫困地区实现加快发展甚至跨越式发展是区域协调发展成功的关键。区域协调发展的措施需要区域（连片特困地区）内各地区来实施。可见连片特困地区加快发展既需要片区内各地区（市、县、区）与其他区域（如沿海发达地区）加强合作，形成经济联动，也需要片区内各地区之间的资源整合与经济协作。根据区域点轴开发模式理论②，连片特困地区加快发展需要培育增长极和增长轴线，形成由点带轴、由轴线带面的经济开发模式。而片区与其他区域的经济联动主要由经济基础较好、交通网络比较发达的增长极地区（往往也是区域的行政管理中心）来实现，而片区由点、轴带面的实现则主要有经济协作与以增长极为中心的地区经济协作来完成。

连片特困地区基础设施薄弱、生态环境脆弱，环境承载能力弱，大多数片区

---

① 《中国农村扶贫开发纲要（2011－2020年）》，人民出版社，2011年。

② 点轴开发模式主要内容为：在区域经济发展初期，合理选择增长极和各种交通线，并使产业有效地向极和轴线两侧布局，从而由点带轴、由轴带面地促进区域经济开发。

属于国家主体功能区域划分中的限制开发区或禁止开发区。这就决定了连片特困地区在区域加快发展过程中将旅游、农业特色产业等生态环境破坏少的产业作为区域发展的重点发展产业。这些产业的发展都与农村或农业有着密切关系。连片特困地区加快发展的产业选择为扶贫攻坚促进区域协调发展和城乡协调发展提出了现实要求。农村扶贫开发立足于地区优势资源，在片区发展空间布局基础上，以县为单位，整合资源，连片开发特色产业，既是片区区域加快发展的重要途径，也是贫困人口稳定脱贫的重要保障。

与以往扶贫开发注重消除贫困人口不同，新十年扶贫开发的工作部署将贫困地区经济加快发展提升到了至少是与消除贫困人口同样重要的高度，并通过大幅提高扶贫标准使扶贫攻坚目标与贫困地区经济加快发展同向。划定连片特困地区并将其作为新十年扶贫攻坚主战场则是在扶贫开发具体实施上能通过连片特困地区扶贫攻坚促进区域发展的制度创新。这从空间布局、基础设施建设、产业发展等区域发展传统内容被写入 2011 年 10 月国务院正式批准实施的第一个连片特困地区扶贫攻坚规划——《武陵山片区区域发展与扶贫攻坚规划》可以得到有力证明。

五、武陵山片区区域发展与扶贫攻坚

区域协调发展最终还需要区域（连片特困地区）的各县域来具体实施和执行，即区域协调发展过程中不仅要各县域与片区外其他地区（如沿海发达地区等）进行经济联动，而且在连片特困地区内各县域与中心城市、各县域之间内需要进行经济协作，加强资源优化与整合。连片特困地区内各地区充分利用国家优惠政策和投资支持，以优势资源开发为重点，在区域间形成东西区域经济联动，在片区内加强地区经济协作，形成产业互动与联合。

2011 年 10 月，国务院批准实施《武陵山片区区域发展与扶贫攻坚规划》。作为第一个连片特困地区区域发展与扶贫攻坚试点，武陵山片区区域发展与扶贫攻坚先试先行，积累经验，为全国扶贫攻坚发挥示范作用。《武陵山片区区域发展与扶贫攻坚规划》从空间布局、基础设施建设、产业发展、改善农村基本生产生活条件、就业与农村人力资源开发、社会事业发展与公共服务、生态建设和环境保护、改革创新、政策支持、组织实施等方面对区域发展与扶贫攻坚实施做总体规划。下面将以《武陵山片区区域发展与扶贫攻坚规划》为基础，从空间布局、基础设施建设、特色产业发展、改善农村基本生产生活、就业与农村人力资源开发五个方面来简要回顾武陵山片区的区域发展与扶贫攻坚。

（一）武陵山片区区域发展与扶贫攻规划范围

武陵山片区跨湖北、湖南、重庆、贵州四省市，集革命老区、民族地区和贫困地区于一体，是跨省交界面大、少数民族聚集多、贫困人口分布广的连片特困地区，也是重要的经济协作区。武陵山片区范围包括湖北、湖南、重庆、贵州四省市交界的71个县（市、区），其中湖北11个县市（包括恩施土家族自治州及宜昌市的秭归县、长阳土家族自治县、五峰土家族自治县）、湖南37个县市区（包括湘西土家族苗族自治州、怀化市、张家界市及邵阳市的新邵县、邵阳县、隆回县、洞口县、绥宁县、新宁县、城步苗族自治县、武冈市，常德市的石门县，益阳市的安化县，娄底市的新化县、涟源市、冷水江市）、重庆7个县区（包括黔江区、酉阳土家族自治县、秀山土家族苗族自治县、彭水苗族土家族自治县、武隆县、石柱土家族自治县、丰都县）、贵州16个县市（包括铜仁地区及遵义市的正安县、道真仡佬族苗族自治县、务川仡佬族苗族自治县、凤冈县、湄潭县、余庆县）。国土面积17.18万平方公里。2010年末，总人口3645万人，其中城镇人口853万人，乡村人口2792万人。境内有土家族、苗族、侗族、白族、回族和仡佬族等9个世居少数民族。

（二）武陵山片区区域发展与扶贫攻坚的空间布局

武陵山片区贫困状况的特点是：贫困面广量大，贫困程度深；基础设施薄弱，市场体系不完善；经济发展水平低，特色产业滞后；社会事业发展滞后，基本公共服务不足；生态环境脆弱，承载能力有限；区域发展不平衡，城乡差距大。在区域加快发展空间布局上，武陵山片区依托铁路、高速公路，发挥中心城市辐射带动作用，加强与重庆主城区、武汉市、贵阳市、长沙市和长三角地区、成渝经济区、长株潭城市群、武汉城市圈等周边重要城市及重点经济区的经济联系，发展特色经济和优势产业，积极承接产业转移，促进人口适度聚集，加快工业化、城镇化进程，构建“六中心四轴线”经济带格局（见专栏1），形成互通性好、带动力强、城镇体系完善的主体攻坚结构。在片区交通主干道上，建设“两环四横五纵横”的交通综合网络（见专栏2）。①

---

① 《武陵山片区区域发展与扶贫攻坚规划（2011－2020年）》。

专栏1“六中心四线轴”空间结构

“六中心”。黔江、恩施、张家界、吉首、怀化、铜仁等六个中心城市。

“四轴线”。重庆－黔江－恩施－武汉，贵阳－铜仁－怀化－长沙，万州－黔江－铜仁－凯里，宜昌－张家界－怀化－柳州。

专栏2“两环四横五纵”交通主通道

“两环”

内环线。以黔江、恩施、张家界、吉首、怀化、铜仁等六个中心城市为支点，构建以铁路、高等级公路为主的内环线。

外环线。以武隆、丰都、石柱、利川、建始、巴东、秭归、长阳、五峰、慈利、安化、涟源、新邵、邵阳、新宁、城步、绥宁、靖州、会同、玉屏、印江、德江、思南、务川、道真等县城为支点，构建以高等级公路为主的外环线。

“四横”

重庆至武汉通道（丰都至长阳段）。在建重庆—利川铁路、涪陵—石柱公路。

重庆至长沙通道（武隆至慈利段）。开工建设长沙—常德城际铁路、黔江—张家界—常德铁路、黔江—张家界公路。

遵义至岳阳通道（湄潭至沅陵段）。在建遵义—铜仁—吉首高速公路，规划建设遵义—铜仁—吉首铁路。

贵阳至长沙通道（玉屏至邵阳段）。在建长沙—昆明客运专线，规划建设怀化—邵阳—衡阳铁路、怀化—娄底公路。

“五纵”

恩施至衡阳通道（恩施至娄底段）。在建万州—利川公路，规划研究安康—恩施—张家界—衡阳铁路、恩施—张家界—衡阳公路。

万州至桂林通道（石柱至铜仁段）。在建包头—茂名国家高速公路相关路段、规划建设渝怀铁路二线、玉屏—铜仁铁路，开工建设黔江—梁平和秀山—铜仁—玉屏公路。

宜昌至柳州通道（长阳至通道段）。规划实施枝城—柳州铁路扩能改造，规划研究宜昌—石门铁路、宜昌—长阳—五峰—张家界—新宁公路。

贵阳至郑州通道（湄潭至巴东段）。在建黔江—恩施高速公路，规划研究遵义—黔江—恩施铁路、黔江—遵义、建始—巴东、建始—恩施、利川—咸丰—来凤—酉阳、石柱—武隆—印江—铜仁公路。

重庆经铜仁至怀化通道。在建杭瑞国家高速公路（铜仁大兴至思南段）、思南—德江公路，开工建设南川—道真、德江—务川、铜仁—怀化公路，规划建设道真—务川公路。

（三）特色产业发展

武陵山片区产业发展从资源优势、区位特点和产业基础出发，以市场为导向，加强产业协作，完善配套分工，加快产业结构调整，加大产业布局向贫困地区倾斜力度，形成具有区域特色的产业体系和支柱产业。在旅游业方面，以中心城市为依托，构建特色旅游组团。以交通通道为纽带，以世界自然遗产旅游区和国家历史文化名城、国家级风景名胜区、国家级森林公园等重点旅游景区为依托，打造一条精品旅游路线。在农业特色产业方面，加快推进区域性特色农林产品基地建设，实施一批重大特色农林业项目，建设一批特色农林产业标准化良种繁育基地。大力发展中药材种植，建设一批符合中药材生产质量管理规范的生产基地。目前规划建设的有油茶基地、茶叶基地、蚕茧基地、烤烟基地、高山蔬菜基地、魔芋基地、柑橘基地、中药材基地等特色产业基地类型。

（四）改善农村基本生产生活条件

在城镇化方面，以县城和周边中心集镇为重点加快小城镇建设步伐，以小城镇为依托，科学布局，加快中心村建设。在改善农业生产条件方面，加快农村公路建设，所有乡镇到县城公路基本达到三级标准；因地制宜，加强灌溉渠道配套建设，修建一批小型农田水利设施，实施山丘区小水窖、小水池、小塘坝、小水渠、小泵站“五小水利”工程，改善农业用水设施。加强土地整治和农田改造。开展坡改梯及坡面水系工程建设，加强中小河流治理、山洪地质灾害防治以及水土流失综合治理。设施水、电、路、气、房和环境改善“六到农家”工程，改善村民人居环境。

（五）促进就业与农村人力资源开发

将提高农村劳动者素质和培养自我发展能力作为促进就业与农村人力资源开发的着力点，发展劳务经济，推进农村劳动力转移和农村人力资源开发。在促进就业与农村劳动力转移方面，合理调整就业结构，将二三产业作为扩展就业方向，调整片区三次产业结构，增加第三产业从业人员比重，扩宽就业渠道，完善就业服务，促进农村转移就业劳动者融入城市。在提高农村劳动者素质方面，采取本地院校与发达地区职业院校联合办学等多种形式，加强农村劳动者转移就业培训。积极培育“致富能手”“技术能手”等乡村人才，支持农村贫困家庭新成长劳动力接受职业技术培训，支持科研机构和企业深入农村，围绕产业发展开展技术推广和技能培训。

六、建始县扶贫攻坚促进区域发展实践考察分析

作为武陵山片区 71 个县（市、区）中的一个，建始县既与其他县（市、

区）有着相似的贫困状况，而又并非武陵山片区区域发展起到辐射带动作用的“六中心城市”。因此，对建始县扶贫攻坚与区域加快具有特别重要的意义。其研究成果对于武陵山区65个非中心城市的县（市、区）具有极强的借鉴意义和启示，对武陵山片区区域发展带动扶贫攻坚，扶贫攻坚促进区域协调也有重要意义。

（一）建始县区域发展基本情况及贫困特征

1. 建始县区域发展基本情况

建始县位于鄂西南山区北部，隶属于湖北省恩施土家族苗族自治州，是武陵山连片特困地区内的国家新阶段扶贫开发工作重点县。县域国土面积2666平方公里，辖4乡6镇，410个行政村。2010年末，总人口51万人，其中农业人口45.4万人，占总人口的89%，土家族、苗族等少数民族人口占总人口的比例为36.72%。境内山峦起伏，河谷山丘交错，垂直气候明显，冰雹、暴雨、泥石流、干旱等自然灾害多发。在交通上沪蓉西高速公路和宜万铁路横贯县境。在资源优势上，县境有煤、硫等矿产资源，是中国南方最大的日本落叶松出口生产和科研基地。在产业上是全国优质白肋烟出口生产基地县，全国重点产煤县。在文化上，有人类最早的直立人——“建始直立人”遗址，是土家族美丽传说《黄四姐》的故乡。2010年，全县完成生产总值39.42亿元，经济增长速度12.3%，城镇居民可支配收入10955元，农村居民可支配收入3242元，城乡收入差距大。三次产业结构由2005年的49.7∶16.5∶33.8调整到2010年的34.8∶26.9∶38.3，县域经济发展以第一产业为主导。2010年，全县10个乡镇卫生院建设基本完成，新型农村合作医疗参合率98%以上，城镇失业率低于4.5%。

2. 建始县贫困状况与产业发展困境

建始县贫困现状和面临的主要困难表现在以下几个方面：一是贫困人口众多，贫困程度深。2010年底，建始县共登记贫困户59931户，贫困人口190139人，占全县农村人口的41.5%。五保户占全县贫困人口的26.1%。二是自然环境恶劣，自然灾害频发。建始县地处武陵山区，境内山峦起伏，河谷山丘交错，海拔高差达1877米，垂直气候明显，极易发生冰雹、泥石流、干旱等自然灾害。全县常年受灾人数在20万次以上。“一方水土养不活一方人”的现象普遍。三是基础设施落后。建始县交通闭塞，交通网络尚未形成，外接内联的大通道尚未打通，县乡公路等级低、断头路多，通行保障能力有限。饮水安全问题严重。截至2010年底，全县农村仍有29.27万人饮水不安全，占农村总人口的64.8%。农业基础设施薄弱且老化，抗灾能力弱。四是农业产业发展滞后。农业主导产业不突出，支柱产业作用不明显。近几年，建始县农业产业虽然得到一定发展，但产业发展大都属于原始生产、简单加工、粗放经营，与骨干发展要求差距大。农业规模化、集约化、商品化程度低，“户户种粮、家家养猪”，农业产业化发展不突出。①

（二）建始县以扶贫攻坚促进区域协调发展实践的主要内容

如前所述，建始县属于国家级扶贫开发工作重点县，但并不是武陵山片区区域发展的中心城市，其县域经济也以第一和第三产业为主。可见，建始县的区域发展优势并不是以工业为核心的城市经济而是以特色农业产业化为重点的乡村经济。建始县农业经济的快速发展离不开武陵山片区中心城市（如恩施市等）的辐射和带动。而中心城市的辐射和带动与建始县农业特色产业化在不同区域顺利逐步推进密切相关。在全面建设小康社会的关键时期，建始县推动区域发展和完善扶贫攻坚举措在于“整村推进、连片开发”，即在区域发展空间布局上以村镇建设为中心，加强中心村镇建设投入力度，在区域产业培育上依托当地优势资源，以农业特色产业化为主打，提高扶贫对象自我发展能力。

1. 以村镇为重点的连片开发扶贫攻坚布局

2002年以来，建始县在扶贫开发中摸索出了“四基兴村”的整村推进模式，即通过培植基础产业、改善基础设施、提高基本素质、建强基层组织，增强整村推进实效，加强中心村的村庄建设。培植基础产业指将把“整村推进”村的产业发展与全县“三线一区”（即209国道沿线区域的药材、烤烟、蔬菜产业带，318国道沿线区域的白肋烟、林果产业带，建官路沿线区域的魔芋、白肋烟、药材产业带，城郊的畜牧产业区）的产业布局统筹结合起来，把这些村作为农业产业化的板块基地和龙头企业发展的重点村给予积极引导和扶持，使之成为“三线一区”中的亮点和示范；改善基础设施指采取项目倾斜、单位帮扶、引企进村、发动群众参与等多种措施，加大了村级公路、农业水利设施、人畜饮水、供电、

① 见《建始县区域发展与扶贫攻坚设施规划（2011－2020年）》（内部材料）、《建始县扶贫特色优势产业发展规划》（内部材料）。

通信、电视等基础设施的建设力度，全力推进了以“五改三建”（改水、改厕、改厨、改路、改栏，建家、建池、建园）为重点内容的生态家园建设；提高基本素质指通过创办农民成人技术学校、建立科技图书室、培养科技示范户、建立农村专业合作组织和农业技术协会等形式，加大了农业技术和实用技术的培训、推广、应用力度，为贫困村培养了一大批科技明白人，电脑农业逐步得到推广；建强基层组织指将经常性建设与重点帮扶相结合，组织部分县直机关总支部（或支部）对重点贫困村党支部实行“一对一”帮扶。重点加大村支两委班子建设力度，坚持将有“双带”能力的农村党员选进村干部队伍。

“四基兴村”乡村建设模式在建始县被国务院扶贫办确定为湖北省2008年唯一“县为单位、整合资金、整村推进、连片开发”的试点县后得到进一步发展，村镇建设更具有区域规划性。这期间，建始县选择试点乡镇、统筹规划、整合资金对规划区域的村镇进行了重点建设。经过2008年开始的“县为单位、整合资金、整村推进、连片开发”基础上，建始县的《建始县区域发展与扶贫攻坚实施规划（2011－2020年）》将城镇化的重心放在经济发展优势明显的重点乡镇（高坪、红岩、花坪、景阳、官店等）和中心村（人口较为集中、商贸活跃等行政村），通过进一步改善村镇或集镇的基础设施条件，增强区域发展动力，扩大经济辐射和带动效应。

2. 依托地区优势资源发展基础农业特色产业

农业发展对于减少贫困人口具有重要的作用。对于山多地少的贫困山区而言，农业特色产业成为发挥农业增加贫困人口收入的重要途径。建始县的农业特色产业发展与整村推进紧密结合，发展农业特色产业成为整村推进的“四基兴村”的重要“一基”即“培植基础产业”。在“四基兴村”的整村推进实施以来，建始县农业特色产业发展根据当地资源优势和特色，按照“一村一品”的思路，建设特色产业村，连点成线，连线成片，发展形成生猪、烟叶、魔芋、林果、茶叶五大产业带。

在农业特色产业的产业化经营中，建始县在“一村一品”思路的基础上形成了“以企带村、以村促企、村企共建”的农业产业化发展思路，在贫困户与企业的连接方式上探索出了“企业＋合作社＋基地＋农户”、“公司＋基地＋农户”等公司加农户农业产业组织形式，形成了花坪乡猕猴桃基地等特色产业发展基地，为农户稳定增收奠定了基础。如花坪乡猕猴桃产业发展区域包括长槽、村坊、校场、石马、蔡家、周塘共6个中心村，企业（益寿天然果品公司）为贫困农户提供“四包服务”即包供种苗、包种植技术、包产品销售、包最低保护价。由于贫困农户缺乏科学的种植猕猴桃技术，益寿天然果品公司聘请猕猴桃专家作为技术顾问，组成由生产部门经理、农技师、农民技术员为成员的三农科技服务队。服务队按照猕猴桃成长时段，分区域对种植农户进行科技培训。在农户猕猴桃销售方面，益寿天然果品公司在工商部门工作指导下与果农签订订单合同，并派车、派人、派包装，做到农户足不出户就能够销售产品。[①]

3. 以农业产业发展为重心逐步改善基础设施

基础设施薄弱是制约贫困山区经济社会发展最为关键的因素，也是贫困群众最为关心最为迫切需要解决的现实问题。贫困山区基础设施建设难度大、修建和维护成本高。在基础设施建设资金有限的情况下，如何规划布局基础设施建设显得尤为重要。建始县在基础设施建设方面采取了“产业发展是核心，基础设施要先行”和“产业发展到哪里，基础设施跟进到哪里”的思路，采取逐村突破，集中连片贯通，实现基础设施建设推动产业发展，产业发展带动基础设施提档升级的共赢目标。这种以产业发展为重心的乡村基础设施建设思路，能够有效解决贫困山区基础设施建成后因缺乏维护经费等造成基础设施维护跟不上的难题。

建始县的基础设施建设内容主要有两个部分，一是进行水电路等基础设施建设，着力解决试点规划区域农民行路难、饮水难等问题。修、建通村公路、村组公路，使试点区域15个村有123个村实现通水泥路，并形成经济循环路；通过整修、新建水池，安装水管饮水管道，80%以上农户的饮水条件得到明显改善；整合资源，将电力、邮电等行业部门项目在试点规划区域集中实施，改善试点区域的用电、信息通信等条件，实现试点村庄全部通电、通邮电、通电话、通广播。二是实施五改三建（改水、改厕、改厨、改路、改栏，建家、建池、建园）为重点的生态家园建设，改善试点区域农民生活条件。

4. 以增强自我发展能力为目标的农民基本素质培训

位于山区的建始县，山峦叠嶂，山林多，耕地少，人地矛盾突出。为提高扶贫对象自我发展能力，建始县将农民基本素质培训分为两类，即促进农村劳动力转移就业与提高农村劳动力素质。一是促进就业与农村劳动力转移。建始县根据

① 建始县扶贫办提供：《村企共建 产业富民——建始县益寿天然果品公司参与贫困建设纪实》（内部材料）、《村企攻坚工作总结》（内部材料）。

国务院扶贫办、财政部《关于开展“雨露计划”实施改革试点工作通知》（国开发办［2010］66号）和湖北省扶贫办、财政厅《关于加强雨露计划管理 改革完善实施方式的意见》（鄂政扶发［2011］46号），实施雨露计划改革工作。通过对贫困家庭子女接受职业教育和贫困劳动力参加技能培训进行直接补贴，引导和鼓励贫困家庭子女在完成九年义务教育和普通高中教育后，继续接受中、高等职业教育或一年以上（含一年）职业技术培训。这表明贫困家庭子女成为“雨露计划”帮扶和支助的重点对象。就业与促进农村劳动力转移主要通过鼓励有能力转移就业贫困家庭年轻成员（一般为女子）通过就业技能培训转移到以乡集镇为主阵地的就业平台。当然，贫困家庭子女就业与转移的成功还有赖于县内劳动力密集型企业、服务业，开发旅游等的大力推进和发展。二是提高农村劳动者素质。贫困地区农业现代化离不开农村劳动者素质的提升。着力培育种养业能手、能工巧匠等乡土人才，形成一批“致富能人”、“技术能手”，发挥乡土人才在农村的示范、引领作用，引导农民群众摆脱传统观念束缚，转变经营方式，发展农村现代经济。农村实用技术培训是培育乡土人才，提高农村劳动者素质的重要内容。在培训模式上应该灵活多样，可以是政府定期组织本县科研机构和科技人员到农村进行现场示范、指导农业科技的应用，也可以是农业产业化发展，引起企业，通过“村企共建”活动，引导企业利用自身信息和技术优势，围绕产业发展开展技术推广和技能培训。

5. *以增强政治功能和经济功能为重点的基层组织建设*

“县为单位、整合资金、整村推进、连片开发”试点中，建强基层组织成为“四基兴村”一项重要内容。需要强调的是这里的基层组织指行政村或自然村的村党支部和村民委员会，而不是仅指中国共产党党章规定的村支部。因此，农村基层组织的服务范围不仅包括党支部的所有事物还包括村委会治理村庄的所有事物。在建强基层组织中建始县主要采取了三种方式。一是建强村级班子。把经常性建设与结对帮扶相结合，加大村支“两委”班子建设力度，吸纳“双带”（带头致富、带领农民致富）能力强的优秀青年进入村干部队伍，选配年富力强、群众基础好的同志担任村党支部书记，县直各机关总支部（支部）对重点贫困村支部实行一对一帮扶，增强村级组织的凝聚力、创造力和战斗力。二是加强村级阵地（村党支部和村委会议事、办公、宣传和实施村级管理活动的根据地）建设。对贫困村村委会阵地进行修建完善，建立健全村民代表议事、村务公开、民主理财等管理制度，做到“议事有阵地、决策有场所、村务有公开、服务有地方、办事有制度”。三是改善工作方法。制定实施了一些新的村支两委工作方法。例如在发展农业产业补贴方法方式上，改变过去一切物资由政府买单免费发放给农民的做法，由企业和农民自筹种苗、水泥桩等款项，完成后再按照一定比例进行补贴。

（三）建始县以扶贫攻坚促进区域协调发展的分析

武陵山片区也是跨省交界区和少数民族聚集区。在以往的发展模式中片区由于处于各省（直辖市）的边缘地带，受到各省（直辖市）的增长极（省会城市）的辐射和带动少，断头路多，综合交通网络不发达，经济发展滞后，区域开发处于点轴开发和增长极开发模式阶段。因此，武陵山片区区域发展空间布局上构建“六中心四轴线”的点轴开发经济格局。建始县并非武陵山片区点轴开发模式的中心城市，交通网络不完善，近几年来以培育县域主导特色产业为重点，根据各乡镇农业资源状况，合理规划产业发展布局，逐步形成生猪、烟叶、魔芋、林果、茶叶五大产业带。在武陵山片区中心城市之间交通网络还未形成，扩散效应还未明显的情况下，建始县以村镇特色产业发展为中心，改善村镇基础设施及农村生产生活条件，既实现了贫困人口的稳定脱贫，也为今后与其他地区产业协作与经济联动打下了基础。可见，在区域内各地区协作还处于初期阶段，非中心城市的县区强调县内各村镇产业资源的整合与连片开发，既是片区扶贫攻坚的需要，也是片区各地区深化经济合作的前提。建始县在特色产业资源的整合与连片开发上形成了比较合理的规划，并在一部分村镇的实施中已产生了一定的效应，但其特色产业仍处于产业化发展初期，产业化组织体系、产业保险体系等仍需要进一步调整和完善。

参考文献

[1] 邓小平，《邓小平文选》第二卷，人民出版社，1994年。

[2] 邓小平，《邓小平文选》第三卷，1993年。

[3] 董辅礽主编，《中华人民共和国经济史》（上卷），经济科学出版社，1999年。

[4] 高伯文，《中国共产党区域经济思想研究》，中共党史出版社，2004年。

[5] 吴传清主编，《区域经济学原理》，武汉大学出版社，2008年。

[6] 陈映，《论共同富裕与区域经济非均衡协调发展》，人民出版社，2011年。

[7] 王琴梅，《分享改进论：转型期区域非均衡协调发展的机制研究》，人民出版社，2007年。

[8] 张磊、黄承伟、汪三贵，《中国扶贫开发历程（1949－2005年）》，中国财政经济出版社，2007年。

[9]《中国农村扶贫开发纲要（2011－2020年）》，人民出版社，2011年。

[10] 李仁贵，《区域经济发展中的增长极理论与政策研究》，《经济研究》，1988 年第 9 期。
[11] 曾坤生，《论区域经济动态协调发展》，《中国软科学》，2000 年第 4 期。
[12] 吴焕新、肖万春，《论邓小平“三沿”区域经济非均衡协调发展战略思想》，《湖南文理学院学报》（社会科学版），2005 年第 6 期。

专题报告三：专项扶贫、行业扶贫和社会扶贫有效衔接

刘　豪

我国在长期的扶贫实践中逐步形成了专项扶贫、行业扶贫和社会扶贫相结合的大扶贫格局，在此格局中形成了整村推进、雨露计划、产业化扶贫、连片开发、移民扶贫、特困地区综合治理等六大扶贫模式。2011年5月，中共中央、国务院印发《中国农村扶贫开发纲要（2011－2020年）》（中发〔2011〕10号），首次明确提出构建和完善专项扶贫、行业扶贫、社会扶贫“三位一体”的工作格局。《纲要》对我国新阶段“三位一体”的扶贫开发工作格局部署和安排包括：专项扶贫主要包括易地扶贫搬迁、整村推进、以工代赈、产业扶贫、就业促进、扶贫试点、革命老区建设等工作。行业扶贫要明确部门职责、发展特色产业、开展科技扶贫、完善基础设施、发展教育文化事业、改善公共卫生和人口服务管理、完善社会保障制度、重视能源和生态环境建设等。社会扶贫要加强定点扶贫、推进东西部扶贫协作、发挥军队和武警部门的作用、动员企业和社会各界参与扶贫等①。由于专项扶贫、行业扶贫、社会扶贫三大扶贫模式分属不同的主体、不同的领域，拥有不同的资源、不同的工作方式，在连片特困地区区域发展与扶贫攻坚进程当中如何有效衔接、真正形成三位一体的格局，还需要进一步探索。

一、专项扶贫、行业扶贫、社会扶贫有效衔接的意义

（一）致贫原因的多样性、贫困表现的多维性要求干预手段的综合性

贫困问题在世界范围内都是一个长期受到广泛关注的问题，但是至今贫困也

① 中共中央国务院，《中国农村扶贫开发纲要（2011－2020年）》（中发〔2011〕10号）。

没有获得一个明确公认的定义。不同的研究者从不同的学科视角出发，对贫困的界定、贫困的认识、扶贫方式选择有着不同的结论。在对致贫原因的解释上，有的研究者从用社会结构、收入分配、经济要素配置等方面进行宏观的解释，有的研究者从贫困文化、人力资本、家庭生命周期等方面进行微观的解释。发展中国家和发达国家的政府及国际机构也广泛的将贫困视为多元现象，并在传统的货币测量之后，逐步发展对贫困的多维测量方法，为政策的制定收集更丰富的数据。正是因为致贫原因多样、贫困表现多维，反贫困也就成了一项复杂的系统性工程，这使得短时间内通过单一的手段解决贫困问题不太现实，这就要求用多种手段进行综合性干预。

（二）条块分割的行政体制下，扶贫开发不仅需要多点发力，还要形成合力

我国分割的行政体制下，各行业部门不仅同时受本级政府的领导，还受到上级对口部门的垂直领导。各行业部门自上而下形成相对独立的系统，部门与部门之间分工明确。一方面，在这种条块分割的行政体制下，各行业部门专注于自己的领域，发挥自身的专业优势，从农业、水利、交通等各个方面完善连片特困地区的基础设施建设，共同推动区域发展。专项扶贫、行业扶贫、社会扶贫分别对应着不同的主体，构成扶贫开发多点发力的局面。另一方面，由于行政条块分割下各部门的分工不同，工作方式不一样，对项目的安排和资金的使用都有不同的规定，有限的扶贫资源分属于不同的行政部门，如果相互之间不能有效衔接，形成合力，又会降低扶贫开发的效率。

（三）连片特困地区的特殊性

连片特困地区被确定为我国新阶段扶贫开发的主战场。2011 年武陵山片区区域发展与扶贫攻坚试点在全国率先启动，近年学者通过对武陵山等片区的一系列实证研究认为连片特困地区的贫困相较于其他地区有如下特点：贫困的范围更广、贫困程度更深、贫困类型更多样、贫困原因更复杂、贫困持续时间更长。如建始县 2010 年共登记贫困户 59931 户，贫困人口 190139 人，占全县农村人口的 41.5%。五保户、低保户占全县贫困人口的 26.1%，少数民族人口占全县贫困人口 38.5%，30% 左右的贫困人口居住在一方水土养不活一方人的深山区，石山区，板壁房、土坯房还占 10% 左右，人均收入与全省平均水平差距越拉越大。连片特困地区贫困是由多种致贫因素叠加的结果，其特殊性对于扶贫政策综合性需求、差异化的需求更高。这类地区的扶贫开发工作不能仅仅瞄准一个个点，各个击破，而必须瞄准一个

面，对制约区域发展与扶贫攻坚的因素进行全面的改善。

二、武陵山片区三大扶贫模式有效衔接的经验与不足

建始县是位于武陵山片区的国家扶贫开发重点县。2008年，建始县被国务院扶贫办确定为“县为单位、整合资金、整村推进、连片开发”试点县，在高坪镇、三里乡、红岩镇、花坪乡四个乡镇开展试点工作。2011年，建始县被纳入武陵山扶贫攻坚示范区。建始县的贫困状况以及扶贫开发工作在整个武陵山片区具有一定的典型性和代表性，在长期的扶贫开发工作实践中，建始县在专项扶贫、行业扶贫、社会扶贫的衔接方面形成了一些行之有效的好做法。本文以建始县为案例，总结总结武陵山片区区域发展与扶贫攻坚进程中专项扶贫、行业扶贫、社会扶贫有效衔接的经验与不足。

（一）三大扶贫模式有效衔接的主要经验

1. 编制扶贫规划

三大扶贫模式的有效衔接，需要科学的规划进行引领，对行业扶贫、专项扶贫、社会扶贫做出统一、合理的部署和谋划。建始县按照“区域发展带动扶贫开发、扶贫开发促进区域发展”的基本思路，依据《中国农村扶贫开发纲要（2011—2020年）》、《武陵山片区区域发展与扶贫攻坚规划》、《中共湖北省委、省人民政府关于推进湖北武陵山少数民族经济社会发展试验区建设的意见》（鄂发〔2011〕25号）等重要文件，由县扶贫办和县发改局牵头，编制了《建始县区域发展与扶贫攻坚实施规划（2011—2020年）》。全县共有79个单位参与规划编制的基础性工作，总计编制项目714个，总投资2947.09亿元，从基础设施、产业发展、社会事业与生态建设及城乡统筹等各个方面都提出了远景设想和科学规划。通过合理的设计、布局，该规划明确了政府部门在新阶段扶贫开发工作的主要方向和任务，同时明确提出鼓励、支持社会各界参与扶贫攻坚事业，努力建立“政府主导、部门分工、各方参与、合力攻坚”的工作机制，这为该县探索专项扶贫、行业扶贫和社会扶贫合力攻坚新格局提供了依据和基础。

2. 部门协调联动

在三大扶贫模式之间的衔接，需要各个部门之间协调联动，建始县在这方面

的经验包括：一，成立相关协调平台，如成立县区域发展与扶贫攻坚领导小组，在重大项目的部署上，由领导小组召集各部门开会商议。二，实施对口帮扶。大力开展文明单位“321”对口帮扶工程（其中省级文明单位帮扶贫困户3户、州级文明单位帮扶贫困户2户、县级文明单位和正在申报的县级文明单位帮扶贫困户1户）和民兵“131”扶贫参建。截至2010年，县乡两级400多个文明单位累计帮扶贫困户1000余户，共计投入资金达200余万元。三，跨部门合作。在整村推进方面，由县级领导带3个以上县直部门和1个规模企业扶持一个贫困村，进村指导、协调和支持整村推进工作，帮助解决实际问题。

2012年度县直机关、规模企业对口帮扶重点贫困村一览表①（部分）

乡镇	村名	帮扶单位	参建企业	牵头单位	县驻点领导
业州镇	岩风洞	县委县直机关工委、公路段、县档案局、中医院、县农业银行	学堂包煤矿	县民政局	略
长梁	天生桥	政法委、安监局、质监局、移动公司	银智煤矿	县人大机关	略
	双塘	发改局、县供销社、邮政局、邮政储蓄银行	泰丰水泥		
官店	竹园坝	县委办公室、县卫生局、县总工会、县人民医院、县妇幼保健院、中保寿险、县工商银行、县铁矿办、县森林公安局、县盐业公司、中石化建始分公司、国税局、县委党校、接待办	铺子湾煤矿	县委办公室	略

3．整合扶贫资金

建始县每年的专项扶贫资金比较有限，为整合其他行业部门的资金，发挥项目资金的聚集优势、提高扶贫资金的使用效率，建始县在整合资金方面的做法集中体现在整村推进、连片开发试点两项工作上。在整村推进工作中，实施“一体两翼”扶贫战略（以整村推进为主体，以产业扶贫和贫困劳动力转移培训为两翼），以县扶贫领导小组为财政资金整合投入平台，按照“渠道不乱、性质不变、集中使用、各记其功”的原则，将各个部门的项目资金优先安排到整村推进

① 建始县2012年度重点贫困村整村推进实施方案

重点贫困村。将新增财政扶贫资金、老区建设资金、以工代赈资金、少数民族发展资金等各类资金进行整合，集中投入使用。

在“县为单位、整合资金、整村推进、连片开发”试点工作当中，建始县将扶贫、发改、交通、水利、农业、林业、教育、卫生、文化等单位2008－2009年所有项目资金总量的60%以上集中投入到试点区域，成效显著。如花坪乡村坊村以前主要种植玉米、洋芋等粮食作物，农民人均纯收入只有1600元，在实施扶贫开发过程中，通过“整村推进、连片开发”试点项目的扶持，该村大力发展关口葡萄产业，全村种植面积达到1200亩，占全村耕地总面积的81.5%，户平达2.9亩。2010年，全村仅葡萄收入就达1000万元以上，全村农民人均纯收入达到4667元，是实施整村推进前的2.9倍。

“比如说整合资金……但是交通、林业、农业等各个部门都有自己的要求，比如交通部门上，省级部门有一定的规划和管理办法，但是到了县一级又存在自己的实际，整合上肯定会存在矛盾，但是我们尽量调整到不违背国家政策的基础上来把握。比如石漠化治理，国家、省级都有管理办法，但是我们是在坚持资金统一、用途统一基础上来整合资金”（建始县发改局干部访谈资料）。

4. 整合社会资源

社会扶贫是针对政府财政扶贫而言的，是指除财政扶贫之外，动员和组织一切社会力量来开展的所有扶贫活动和扶贫行为的总和，是政府扶贫开发的重要组成部分。① 相较于专项扶贫、行业扶贫，建始县社会扶贫显得相对薄弱，该县通过广泛宣传发动，努力整合各种社会资源投入到扶贫开发当中：一方面将各部门开展的“双联双争”、贫困村对口帮扶等活动进行整合，集中力量为贫困村办大事；另一方面大力宣传，呼吁社会各界人士关注扶贫开发、支持重点贫困村整村推进扶贫开发事业。通过开展村企联建等形式，支持贫困村的产业发展。截至2010年，该县已有26家企业和57个村结对共建，共建民营企业在农村建立魔芋、蔬菜、林药、茶叶等基地2万多亩，带动农民增收2000多万元，合作资金达3000多万元。企业整修乡村公路30多公里，建小型桥梁3座，建沼气池300余口；资助贫困学生102名，救助弱势群体108人，捐助总额达60万多元。

总的来看，建始县一方面注意三大扶贫模式各自的侧重点，分工明确；另一方面，又努力促进三大扶贫模式的有效衔接，共同推进，使得专项扶贫开发推

---

① 杜双燕．新一轮西部大开发背景下贵州社会扶贫的机遇和挑战，理论与当代［J］，2011年第2期．

动、行业扶贫有序进行、社会各界力量支持的“大扶贫”工作格局初步形成。

（二）三大扶贫模式有效衔接的主要问题

1. 部门之间的合作缺少统一的政策

专项扶贫、行业扶贫分属不同的政府部门主管，各部门自上而下形成了相对独立的体系，有着不同的工作方式，要实现专项扶贫、行业扶贫的有效衔接，则应该有统一的政策，目前在不同的层级、不同的部门之间的政策还没有有效衔接。

（1）扶贫项目、资金的衔接缺少顶层设计，县级整合受制约

专项扶贫、行业扶贫的具体扶贫实践主要是在县一级，而各个系统的相关政策都是由上至下的，在县一级的衔接实践方必须执行上面的政策。在项目安排、资金使用方面，虽然鼓励资金整合，但是并没有在高层对政策进行有效衔接。根据《财政专项扶贫资金管理办法》（财农〔2011〕412 号）的规定：“财政部门要加强财政专项扶贫资金的日常管理和监督检查，扶贫、发展改革、民委、农业、林业、残疾人联合会等部门要加强相关财政扶贫项目的管理，确保项目实施进度，充分发挥财政专项扶贫资金使用效益。”由此可见，仅专项扶贫资金一项便涉及多个部门的分头管理。扶贫开发中条块分割、机构重叠、政出多门、相互掣肘导致扶贫资金使用责权分离、各行其是、互不匹配，在申请扶贫资金时遇到的首要难题就是审批环节多，扶贫资金投放程序过于繁琐[①]。县一级在资金、项目的整合方面可操作空间比较有限，且县级部门在实践中可能遇到与相关政策不符的情况，其结果是导致扶贫资金减贫效益的低下。例如整村推进，从中央到地方都出台了一系列关于整合资金的政策。按照国家关于整合各类资金用于整村推进的要求，以工代赈、少数民族发展资金的 80% 以上、其他涉农资金的 60% 以上要投入到贫困村用于整村推进，但在实际操作中，财政扶贫资金、以工代赈资金和少数民族发展资金分属不同的部门管理，各有各的管理办法，各有各的报批程序，各有各的使用渠道，部分资金的整合难度非常大。

2010 年启动整村推进的 94 个村，只有 13 个村在水利部门的安全饮水十年规划范围之中，这 13 个村可以安排安全饮水项目资金，而没在规划中的贫困村就

---

① 赵曦等. 中国农村扶贫资金管理问题研究，农村经济［J］，2009 年第一期

不能安排。如果在非规划村安排了项目资金，审计部门则视为调项或挪用资金①。（建始县汇报材料）

（2）县级各部门在扶贫开发中的关系尚未完全理顺

从长远来看，各部门的工作都是在促进区域发展，最终缓解整个区域的贫困状况。但是从现阶段来看，各部门的工作并不总是统一在扶贫工程的旗帜之下。各个部门都有自己的常规工作与部门利益，整合项目资金用于扶贫开发会产生一定的利益冲突。在协调部门之间的利益方面，县一级成了扶贫开发领导小组以及现在的区域发展与扶贫攻坚领导小组，这些领导小组包括扶贫办在协调方面能够发挥很大的作用，但由于领导小组不是一个实体机构，涉及重大的事项领导小组难以协调。县扶贫办由于和其他行业部门属于同一级单位，在各部门的协调方面也有很大的局限。

为什么是你整合我，不是我整合你？我们作为一个部门，既然存在就有我们自己的事情要做，我们自己的资金也就那么一点，整合给了你们，我们的工作怎么开展？（建始县民宗局干部访谈资料）

领导小组是起到了很大的协调作用，对于各个部门的工作职责、任务都有明确的规定，对于部门间也需要领导小组的协调。发改局也是其中的成员，每次开的会都是扶贫领导小组召集的，没有形成定期，是不定期的，有事情的时候就召集，没有事情时候就不开。（建始县发改局干部访谈资料）

2. 总体投入有限，各类扶贫在时间序列上难以衔接

武陵山片区是连片特困地区，集老、少、边、穷于一体，是国家扶贫开发重点县最为集中的片区之一，区内贫困程度深，扶贫资金是推进扶贫开发的基本条件，长期以来武陵山区普遍存在着扶贫资金投入严重不足、覆盖面小、资金资源短缺问题，扶贫资源的供给与需求之前矛盾突出。要有效改善一个地方的贫困状况，需要各类扶贫资金的持续投入，但在有限的扶贫资金制约下，为了进行区域平衡，各类扶贫资金难以长时间的投入到一个点，各类扶贫项目具有明显的短期性，往往是只管投资而不管后续的维护和使用安排，在时间序列上不能形成有效衔接。

根据建始县扶贫办的估算，一个贫困村要完成最低标准的整村推进规划任务，至少需要投入资金 300 万元以上，剔除“雨露计划”、扶贫搬迁、贫困村村

① 建始县向国务院扶贫办武陵山区扶贫规划编制调研组汇报材料

级运转等专项资金以后，实际安排到每个贫困村的资金不足20万元，远远不能满足整村推进建设的需要[①]。但是截至2011年全县410个行政村中有296个贫困村实施了整村推进扶贫开发（其中2009年以前实施91个村，2009年实施100个村、2010年实施94个村、2011年启动11个村）[②]。由此可见，这些贫困村仅是以最低水平的标准进行整村推进，需要后续跟进的项目都没能实现。

3．社会扶贫与政府扶贫衔接不足

（1）社会扶贫总体力量弱小

从武陵山片区自身来看，片区经济落后、企业弱小，本地企业自身的发展也比较艰难，企业自身的发展与扶贫开发之间的共赢道路还需要进一步探索。公益事业发展迟缓，没有形成强大的扶贫力量。从外界社会力量来看，非政府组织的参与有限，定点扶贫没有能够严格的实施。

我们这里严格意义上来说是没有什么非政府组织提供援助的。我们县基本上没有大企业，所以你说社会扶贫我们这里基本上没有帮扶。去年的村里，我们的企业村企共建最多也就是捐款十几万，我们县本地的二十多个企业这样捐款，最多也就是200万，大部分企业都是有贷款，它能够给你十万就不错了。而外地的企业，比如武钢，他们根本就不参与我们当地事务。表面上说要三位一体，但社会帮扶这一块实际得到帮助的力量是非常弱的。（县扶贫干部访谈资料）

（2）社会扶贫力量分散

除专项扶贫、行业扶贫之外，各种参与主体以各种形式进行的扶贫都属于社会扶贫。这些主体分属不同部门管理和联系，相互之间联系很少，不利于信息的掌握、交流和资源的整合；一些非政府组织、企业、个人因为自己掌握着资金，往往绕开政府按照自己的方式和想法进行操作，在一定程度上缺乏目标性和有效性，导致扶贫效果不明显；政府主导的党建扶贫、集团扶贫与企业扶贫、社会组织扶贫、个人捐助扶贫等存在着产业、项目等交叉，却无法实现资金、技术、管理等的对接，影响扶贫的整体效果[③]。

4．缺乏硬性的考核指标，三大扶贫模式衔接效果难以保障

要保证扶贫政策执行的效果，必须对扶贫进行有效的考核。在没有有效考核

---

① 建始县区域发展与扶贫攻坚实施规划（2011—2020年）

② 中共建始县委，建始县人民政府：《创新机制克难奋进努力实现扶贫开发新突破》，2012年3月.

③ 杜双燕．新一轮西部大开发背景下贵州社会扶贫的机遇和挑战，理论与当代［J］，2011年第2期.

的情况下，三大扶贫模式衔接的有效性就无法判断，扶贫效果也就无法保证。《建始县区域发展与扶贫攻坚规划（2011－2020年）》对该县新十年的扶贫开发做了总体的部属，明确了各部门工作的方向，并且制定了相关的指标。对于各部门之间的工作如何有效衔接，牵头部门、协同部门所需承担的责任还缺乏更为详细的说明。现有的考核指标比较泛化，更多的体现出区域发展，而益贫性体现不足。理论上来讲，区域规划是一种区域协调、区域合作的机制，但实际上规划协调的作用十分有限。在具体执行方面可能更重基础设施建设轻人口发展、重经济扶贫轻文化、生态扶贫，对扶贫资金的使用效率的关注和监测不够，项目跟踪绩效评估机制缺乏，协调力度不够。

三、武陵山片区专项扶贫、行业扶贫、社会扶贫有效衔接的政策建议

（一）突出武陵山片区扶贫开发工作的地位

连片特困地区的扶贫开发工作要统领农村工作全局。站在大扶贫格局的角度，各行业部门的常规工作与扶贫开发工作有着高度的重合性，二者并没有明确的边界，也无法分割，但是对各行业部门的常规工作与扶贫开发工作要有认识上的区分。各行业部门要树立扶贫开发的意识，将常规工作与扶贫开发有机结合，以扶贫开发作为开展项目、使用资金优先标准。在《区域发展与扶贫攻坚规划》、年度工作计划的实施过程当中，不能用常规工作目标的实现替代行业部门的扶贫任务。在当年全县扶贫开发任务的统筹下，各行业部门的项目安排和资金使用到了位，才能算达到了年度扶贫任务。

在行业部门参与扶贫开发实践的过程中难免会出现交叉，比如县级扶贫办与农业局在农业产业方面、县级扶贫办与交通局在扶贫道路方面，都存在一定的交叉。如果交叉的焦点具有某种利益性，那么这两个部门可能发生冲突和矛盾；如果交叉的焦点蕴藏着某种风险或责任，这两个部门可能互相推诿，不负责任。在这种情况下，应该明确相关部门的分工与责任，避免在利益上产生矛盾冲突，在风险和责任上相互推诿。地方扶贫部门在人员配备、部门地位应该得到相应提升，扶贫部门是以扶贫为专门工作的部门，要让他们在片区扶贫开发当中有能力牵头，引领各行业部门有序参与。

（二）建立完善协作平台，统一不同部门、不同层级的政策

从我国已有扶贫实践看，县一级扶贫开发领导小组在协调区域行动方面发挥了一定作用，但难以协调涉及区域发展的重大利益问题。县一级的各类扶贫资源主要依靠上级政府部门，工作依据也主要是上级政策，因此，从我国行政管理体制的现实出发，由省以上政府部门设立有权威的协调性机构，相对来说效果会更好，在制定片区扶贫规划、出台特殊支持政策、协调行业部门利益关系等方面发挥关键作用。武陵山片区扶贫开发是一项复杂的系统工程，专项扶贫、行业扶贫、社会扶贫涉及多方主体、多种力量，他们的有效衔接需要建立并完善协作平台。

现在武陵山连片特困地区区域发展与扶贫攻坚试点已经启动。在《规划》中提出设立武陵山龙山来凤经济协作示范区，大力推进行政管理、要素市场、投融资体制等领域的改革。湖北省也成立了武陵山少数民族经济社会发展试验区，提出建立试验区项目审批绿色通道，加大项目资金整合创新力度。可以武陵山片区为平台，在武陵山片区采取类似改革开放初期设立经济特区的模式给予特殊政策支持。在此平台之下，整合扶贫政策与其他部委在连片特困地区实行的政策，同时整合各级政府部门的不同行动及计划。通过有效整合，增加用于开展扶贫开发工作之公共财政资源总量，提升相关部门行动的一致性。[①] 破除行业部门在扶贫项目审批、资金使用之间的界限，统一扶贫工程“旗号”，将国家级和省级更多的教育、交通、水利、文化、卫生等建设项目纳入“扶贫工程”的范围，明确哪些部门的哪些资金可以整合、怎样整合，增强资金整合的可操作性。

在资金整合方面，可以让县一级根据自己的实际拥有更灵活自主的权力。除重大项目由武陵山试验区这个层面进行审批立项外，资金管理、项目审批权限下放到县，大幅减少资金发放的中间环节，缩短扶贫资金的投放时间。通过项目集中规划、资金统一投放，以减少各部门各渠道扶贫资金使用的工作矛盾。有研究者认为，目前多数省的项目和资金管理部门把主要精力放在项目的审批和资金的分配上，对项目和资金的监督和检查则明显不够，导致扶贫资金在县乡两级被挪用的情况时有发生[②]。因此对县一级下放权力的同时，要对资金使用实行更加严格的监管，对项目实行更严格的考核。杜绝资金的截留、挪用、渗漏。可以借鉴

① MichaelDunford，GrahamMeadows. 聚焦最贫困地区的扶贫政策：创新治理.

② 汪三贵. 中国扶贫资金的管理体制和政策评价［J］，老区建设，2008 年第 3 期.

世界银行"西部扶贫项目"的制度建设经验，建立追溯报账制度。按照"先垫付，后报账"的原则，项目单位必须根据项目计划和相关实施步骤完成项目，并经过审查达标后，方可报账①。

（三）拓宽投入渠道，提供更充足的资金支持

三大扶贫模式的有效衔接的基础是有充足的资金保障，减少资金缺口。从扶贫资金的分配构成来看，中央扶贫贴息贷款、中央财政扶贫资金、以工代赈资金、中央专项退耕还林还草工程补助是其主体构成。根据武陵山片区的财政收入状况，地方政府加大投入是有限的，需要加大中央财政资金对连片特困地区的支持力度，根据连片特困地区的贫困人口规模，提供相适应的扶贫资金。专项扶贫资金的新增部分应更多的向连片特困地区倾斜，提高中央专项建设资金投入比重，逐步取消连片特困地区县及县以下配套资金。面对武陵山片区扶贫开发的资金需求，即使地方政府与中央政府最大限度的投入，资金总量仍然会存在巨大的缺口。因此需要探索多元投入渠道。虽然中央一直比较重视贫困地区扶贫开发的多元投入机制，比如除专项扶贫、行业扶贫的各类资金外，还通过组织国有企业参与扶贫、鼓励东西协作扶贫等途径增加社会扶贫资金，但大部分资金在本质上仍是中央和地方财政资金的转移或再分配。这种渠道单一、非市场化、非社会化的扶贫资金筹措制度，不利于动员社会和贫困地区的资源加入农村扶贫②。建议广泛开辟金融融资渠道，逐步推广村级发展互助资金，制定小额信贷扶贫政策和扶贫贷款担保制度，积极引进外资参与扶贫，鼓励城市工商资本参与贫困地区的扶贫开发，大力发展农村经济合作组织，探索建立新投资模式，解决扶贫投入不足的问题③。充分利用武陵山片区的生态环境优势，建立健全生态补偿机制，努力争取碳交易扶贫项目，探索通过市场机制和财政政策将资源环境优势转变为扶贫投入稳定来源的有效途径。

（四）培育壮大社会扶贫力量

社会扶贫既是政府扶贫的补充，又是重要的组成部分，就武陵山片区的实际而言，社会扶贫是三大扶贫模式中的短板，其力量需要发展壮大。由扶贫政策扶

---

① 赵国芳. 我国农村扶贫开发政策研究［D］，北京交通大学，2007.

② 赵国芳. 我国农村扶贫开发政策研究［D］，北京交通大学，2007.

③ 冀耿. 内蒙古包头市社会扶贫工作研究［D］，西北农林科技大学，2011.

持起来的本地企业，应该加强其社会责任意识，参与扶贫开发。在各类专业合作社、互助资金的基础上探索社会企业的发展模式，培育更多的社会组织，鼓励社会组织参与政府扶贫开发项目。在中央层面，提高帮扶水平，采取更有针对性的定点帮扶政策，如根据不同地方的特色产业，安排相应的国有大型企业进行帮扶。进一步深化东西协作扶贫，推动其向规范化制度化发展，加大协作帮扶力度，在东部发达省份与中西部欠发达省份结对帮扶的基础上，开展沿海发达地区县市与武陵山区县市结对帮扶工作，引进沿海地区先进经验和富裕资金，促进贫困山区的发展。

在社会扶贫的管理方面，首先应加快社会扶贫工作机构的建设，协调推进社会扶贫任务的落实，进一步强化社会扶贫机构职能，加强队伍建设；其次，应加强社会扶贫管理。包括资金使用、项目投向、效果监测等，针对不同类型的扶贫主体采用灵活的管理办法，由专门的社会扶贫部门来指导协调，确保社会扶贫能够瞄准贫困人口，除经济扶贫外更注重教育扶贫、智力扶贫、新闻扶贫、文化扶贫、生态扶贫等，提升贫困人口自我发展能力①。第三，对于企业参与扶贫，不仅仅靠政府的引导和弘扬慈善精神，还要引导企业参与扶贫工作中与贫困人口形成利益共同体，比如在产业开发方面形成资金与劳动力的互补，实现共赢。

（五）保障贫困人口的参与

扶贫开发最基本目标应该是改善贫困人口的经济状况，促进其能力、观念、生计系统等方面的全面提升。三大扶贫模式的衔接应该符合贫困人口的真实需求，中国原有的贫困治理政策体系实际上是国家全能理念的产物，忽视个体及其生活所在地在贫困缓解的影响作用②，然而扶贫成效的好坏，扶贫对象才最有发言权。在村级规划方面，贫困农民也只是在制定阶段有点发言权，真正实施起来之后，他们很少拥有管理和监督权力③，孙立平等学者把一些忽视贫困人口意愿的扶贫开发工作概括为“逼民致富”。专项扶贫、行业扶贫、社会扶贫应该把政府的意志、社会的关爱与贫困人口的意愿有效衔接。相关的扶贫政策要通过多种途径向贫困人口宣传解释，在扶贫项目的规划上要尊重贫困人口的意愿，在扶贫项目的执行上要接受贫困人口的监督，在扶贫项目的评估上面要听取贫困人口的

---

① 杜双燕．新一轮西部大开发背景下贵州社会扶贫的机遇和挑战，理论与当代［J］，2011 年第 2 期．

② 梁柠欣．贫困研究之社会学研究范式的再思考．

③ 胡勇．武陵山区行业扶贫、社会扶贫与专项扶贫规划衔接与组织方式创新．

评价。鼓励贫困人口自力更生，积极利用专项扶贫、行业扶贫、社会扶贫的各类资源提升自己的综合能力，依靠自身的力量得到发展。必须始终坚持在专项扶贫、行业扶贫、社会扶贫“三位一体”的大扶贫工作格局中，按照主要用于扶持产业发展、提高农民素质、增强发展能力的新定位来规划和使用财政扶贫资金；必须始终坚持财政扶贫资金务必重点用于扶贫对象，不能简单和其他资金捆绑在一起，要防止把“特惠政策”变成“普惠政策”[①]。

① 黄承伟：五论片区扶贫体系研究：片区扶贫规划特征及编制时需要把握的关键问题，中国扶贫，2011年第13期。

专题报告四：贫困人群自我发展能力研究

——以恩施州建始县为例

陈　琦

一、引言

贫困问题是中国发展的主要问题之一。现阶段我国农村贫困人口主要集中于14个连片特困地区。由于各种条件的限制，连片特困地区仍然面临着贫困范围广、程度深、减贫工作难度大的现实问题，扶贫工作推进相对较慢。在中国新的发展部署中，扶贫开发工作仍然任重道远。2011－2020年，是我国全面建成小康社会的关键时期，也是我国扶贫开发的攻坚阶段。未来十年扶贫开发能否取得更大突破，关系着2020年全面建成小康社会目标能否顺利实现。①

中国过去30多年的反贫困主要以输血式的扶贫为主，集中表现为对贫困地区基础设施的建设，对交通、水电、住房、农田等的改造，外部输入式的产业扶贫等。这种外部推动式的扶贫模式有其存在的必要性，也对一些贫困地区的发展做出了重要的贡献，但是对于很多贫困程度深、范围广、减贫难度大的老、少、边、穷地区的效果却十分有限。这种模式最主要的问题是扶贫开发投入与产出不成比例，边际效应递减，而且脱贫的成效并不巩固，贫困人群的可持续发展能力很弱。很多已经脱贫的人群一旦离开国家投入，极有可能重返贫困。

《中国农村扶贫开发纲要（2011－2020）》指出，我国扶贫开发已经从以解决温饱为主要任务的阶段转入巩固温饱成果、加快脱贫致富、改善生态环境、提高发展能力、缩小发展差距的新阶段，② 中国农村扶贫开发将会更加注重增强扶

---

① 陈琦："连片特困地区农村贫困的多维测量及政策意涵"，《四川师范大学学报》，2012年第3期。

② 参见《中国农村扶贫开发纲要（2011－2020年）》。

贫对象的自我发展能力。未来十年，扶贫开发工作的重要内容是实现由“外部推动式”扶贫向“内生自发式”扶贫、“输血式”扶贫向“造血式”扶贫的转变，这不仅是扶贫开发工作取得进一步成绩的要求，也是时代发展的要求。从另一个角度来看，促进贫困地区的“内生自发式”发展的条件已经初步具备。尤其是在中国，经过30多年的努力，为未来进一步的反贫困创造了较好的条件，现有贫困地区的进一步发展已具有一定的基础和环境。贫困地区的交通、通讯、文教、卫生等基础设施条件明显改善，但是扶贫开发越往后，难度越大，尤其是集中连片特困地区，受制于贫困人群自我发展能力较弱的现实，投入与产出的反差巨大，边际效益递减，单纯依靠外部“输血式”的扶贫开发难以收到良好的效果。大量事实证明，连片特困地区贫困人群的自我发展能力弱、自我“造血”功能差，这是制约他们脱贫致富的根本原因。因此必须从现阶段开始着力提升其自我发展能力，才能从根本上解决该类型困难地区的贫困现状，巩固既有的扶贫成效。提升贫困人群的自我发展能力是未来扶贫开发的重要目标。增强贫困人群的自我发展能力是摆脱贫困的根本出路，提升贫困人群的自我发展能力是贫困地区可持续发展的关键。

现阶段的扶贫开发虽然意识到了贫困人群的自我发展能力的重要性，但是对于一些关键性问题的认识却并不清晰，如贫困人群的自我发展能力的界定？贫困人群自我发展能力的评估？提升贫困人群自我发展能力的途径？等等。因此，在我国扶贫开发进入到攻坚阶段，加强对贫困人群自我发展能力的研究显得尤为重要，特别需要理论研究者进一步的深化研究，为新阶段的反贫困提供新的思路和对策。

二、相关文献综述

有关自我发展能力研究主要循着两种研究路径进行：其一是对区域自我发展能力的研究。其二是对贫困人群自我发展能力的研究。

（一）区域自我发展能力研究

在国内外有关区域发展和区域自我发展能力的研究较为多见。罗森斯坦·罗丹（P. N. Rosenstein Rodan）的“大推进及平衡增长”理论、刘易斯（W. A. Lewis）的“二元经济结构”理论以及钱纳里（H. B. Chenery）的“两缺口模型”等都是区域发展理论的重要代表。“大推进及平衡发展理论”是关于发展中国家各工业部门必须同时发展的一种理论。罗森斯坦·罗丹认为，发展中国家摆脱贫困、实现经济发展的途径是工业化，必须对各个部门全面地、大规模的投入资本，工业化才能实现，经济才能发展。刘易斯的“二元经济结构理论”也是这一时期研究成果的典型。刘易斯于1954年发表了一篇题为《劳动无限供给条件下的经济发展》的论文，首次提出了关于发展中国家经济二元结构的理论模型。刘易斯认为，在这个二元经济结构理论模型中，农业与非农部门的二元生产结构造成了二元就业结构。随着工业化进程的推进，由于工业部门有较高的利润，工业部门对劳动力的吸引越来越强，劳动力会逐步向工业部门转移；与此同时，由于农业部门利润降低，农业部门对农业劳动力的需求降低。刘易斯认为，如果能够创造条件，将农业部门中过剩的劳动力转移到工业部门，将会有效抑制工业部门劳动力价格上涨。随之将会进一步提高工业部门的利润和资本积累，同时，农业部门中劳动力数量减少使得农业劳动的绝对生产率和相对生产率提高，农业报酬随之提高，两个部门之间的比较收益会趋于平衡，劳动力的转移将会逐步稳定。此后，冈纳·缪尔达尔（Gunnar Myrdal）于1974年提出了国内区域二元结构理论。在他的理论框架中提出了“扩散效应”、“回波效应”以及“循环累积因果关系”等一些重要的概念，以此来阐释区域二元经济结构形成的机制或原因，以及如何克服这种二元结构的弊端。美国人钱纳里提出的“两缺口”模型系统地指出了发展中国家在自身储蓄率低、金融市场不完善的情况下，通过利用外资满足国内经济发展需要、实现经济增长的途径。其基本政策主张就是后发国家要大量引进外资，以带动进口，保持国际收支平衡以及实现适度投资规模。

以上区域发展理论从不同视角提出了区域发展的理论模型，其本质都是从空间角度分析欠发达区域的发展问题。以舒尔茨（T. Schultz）、拉尔（D. K. Lal）、哈伯勒（G. Habeder）、托达罗（Michacl P. Todaro）、明特（H. Myint）等为代表的新古典主义经济学家，将诸多要素内生化构建了促进区域发展和人的能力提升的微观分析框架。舒尔茨基于传统农业经济研究提出了“人力资本理论”，突出强调了人的能力对于区域发展的重要性；托达罗（Michacl P. Todaro）的“人口流动模型”① 从微观的角度探讨了劳动力在城乡之间转移的动因，与发展中国家的现实具有高度吻合性，已被广泛应用于农村劳动力的非农就业研究，从微观角度为促进区域发展与个人能力提高提供了具有价值的参考借鉴。此外，

① Todaro M P. A Model of Labor Migration and Urban U nemployment in Less Developed Countries [J]. American Economic Review, 1969 (3).

一些学者对均衡增长观点提出了异议，他们认为区域的发展并非是均衡的，由此提出了区域不均衡增长理论。有代表性性如佩鲁（Perroux）的增长极理论、缪尔达尔（Myrdal）和卡尔多（Kaldor）的循环因果积累原理等。他们认为，在市场经济环境之下，不同区域之间的发展差距会逐步扩大，由于规模经济的集聚效应，将会使经济要素，如资本、劳动力等在一定区域循环积累，从而不断提升其发展水平，而经济要素的流出区域与流入区域的差距将会越来越大，以至于将会抵消发达区域的“扩散效应”以及政府政策支持对落后地区的积极影响。

1980年代早期兴起的“新区域主义”直接体现了区域自我发展能力的研究内容。“新区域主义”强调“区域内部力量”的激发，认为应该通过对内部力量的动员和竞争优势的提升来实现区域财富的积累。该理论在国家干预与市场调节之外寻找到另外一条促进区域发展的路径，即区域的自我发展能力的提升。新区域主义的主要关注点聚焦于如何通过改进区域发展的制度环境和社会基础，以及区域自我持续发展能力的提升，来实现区域财富的积累和区域的发展。

近年来，关于区域自我发展能力的研究得到进一步深化。Toni Saarivirta（2009）提出了区域的“自我振兴能力”及相关发展理论是其中的典型代表。[①] 20世纪80年代以来，伴随着人类对地球文明认识的深化，一种全新的区域发展理论也随之出现，即区域可持续发展理论。不同于传统区域发展理论，区域可持续发展更强调人口、资源、环境与发展关系的协调和社会、经济、生态目标之间的均衡，也更强调发展过程的整体性、长期性、复杂性和渐进性。[②] 这是区域自我发展从单纯经济发展向可持续发展的一个新的演变，这一理论的出现是对区域自我发展能力的一个新的要求。

在国内，对于区域自我发展能力的研究比较多见。主要集中于对中国中西部贫困地区和民族地区的自我发展能力研究。如李盛刚（2007）指出，区域自我发展能力是一个区域通过资源整合而凝聚出的产出能力，一方面，它要强调区域自身的造血能力，另一方面，也不排除外在力量的推动（如国家）。这类观点认为区域自我发展能力是区域自然生产力和社会生产力的总和，是区域自然资本、物质资本、人力资本和社会资本累积的结果。一方面，区域能够依靠自身，提高认识，发展自己；另一方面，区域能够提升自身与社会整体的融合能力，不断壮大自己。就以西部而言，不仅西部要提升自我发展的造血能力，国家还应在政策上

---

① 李泉：“区域自我发展能力研究述评”，《郑州航空工业管理学院学报》，2011年第1期。

② 苗长虹：“区域发展理论：回顾与展望”，《地理科学进展》，1999年第12期。

予以倾斜，加大对西部的财政支持，加强交通水利等基础设施建设等。闫磊（2011）以空间结构优化为核心，以国家主体功能区战略的实施为前提，通过对四大能力理论和区域要素理论的回溯，揭示了区域自我发展能力研究的主题应该是发展，而不是单纯的能力，构建了“空间价值—区域功能分工—区域自我发展能力—区域利益”的分析框架，阐述了西部区域自我发展能力的内生路径和外生路径。[①] 王科（2008）从区域功能的视角，把能力分析方法引入地区经济发展之中，认为地区自我发展能力是一个综合性的概念，指一个区域的自然生产力和社会生产力的总和，是对一个区域的自然资本、物质资本、人力资本和社会资本积累状况的整体描述。这种能力强调的是区域经济发展的自身基础和造血功能，但它不排斥外围力量对这一地区经济发展的推动作用，相反，它是外围力量发挥作用的内在基础。郑长德在《中国民族地区自我发展能力构建研究》[②] 将区域发展能力定义为，区域在维持区内各主体生存需求的基础上，扩大其发展规模，提升其发展实力的潜在能力。并进一步指出，无论是一个国家的发展还是一个区域的发展，真正的发展是要培育自我发展能力。张瑞华、阴慧、徐志耀提出了落后地区区域自我发展的“他组织”以及“自组织”，“他组织”是指系统之外的组织。而“自组织”即是指区域自我发展能力，提出欲改变落后区域“经济边缘化”的状况，一方面要依赖国家的开发政策，另一方面也是最重要的方面是依赖作为内因的落后区域自我发展能力提升。此外，田官平（2001）等提出了提高区域自我发展能力和实现区域可持续发展的策略，认为加强基础设施建设、利用资源优势发展特色产业和特色经济等是区域可持续发展的重要战略。同时认为，培育区域自我发展能力可从人口素质、民族文化、改革开放、市场开拓等方面入手。罗晓梅等（2005）强调区位优势的打造，认为区位优势是区域发展能力形成的重要标志；张瑞华等（2008）认为可从承接产业转移、培育优势产业等方面提升区域的自我发展能力；王明黔、王娜则是基于空间贫困理论视角对西部民族地区反贫困路径进行一定的选择与辨析，指出反贫困工作中存在的问题，同时借鉴国内外一些成功经验提出了初步建议；周事则、蓝红星在《川西少数民族地区自我发展能力研究》一文中指出，区域性自我发展能力，是指一个区域的自然生产力和社会生产力的总和，是对一个区域的自然资本、物质资本、人力资本和社会资本积

---

① 闫磊：“西部大开发以来东中西部区域竞争力差距实证分析”，《开发研究》，2007 年第 4 期。

② 郑长德：“中国民族地区自我发展能力构建研究”，《民族研究》，2011 年第 4 期。

累状况的整体描述;[①] 杨文杰在《提高贫困地区自我发展能力的实践与思考》[②]中指出，贫困地区要从根本上摆脱贫困，起决定作用的还是其自我发展能力的不断提高。任何外界的干预不过是构成区域发展的外部环境条件，是发展的外因。自我发展就是利用一切有利条件，从技术和管理等方面发展，增强自身的竞争力和实力，等等。除理论探讨之外，还有大量的有关区域自我发展能力的实证研究，如田官平等（2001）对湘鄂黔民族地区的研究、徐君（2005）对四川民族地区的研究、周彦等（2007）对新疆维吾尔自治区的自我发展能力的研究，等等。

从以上对于区域自我发展能力的研究可以看出，区域自我发展能力包含以下几个方面的内涵：一是区域的自我发展离不开一定的自然资源、人力资源和社会资源；二是实现区域的自我发展需要将现有的各种资源转化为生产效率；三是区域的自我发展能力至少包含区域经济资源的利用能力和创新能力。

（二）个人自我发展能力研究

马克思关于人的全面发展为能力研究提供了具有经典意义的思想借鉴。马克思、恩格斯在高度重视集体主义的同时，也极为关注个人发展问题，并且形成了一套系统化的理论。[③] 其基本内容包括关于个人发展目标的理论、个人发展条件的理论、个人发展实现途径的理论。卢文格从心理发展的角度对自我发展进行了研究。指出自我发展既是一个过程，也是一个结构，其起因在于社会，作为一个整体而起作用，并受目的和意义的指导。20 世纪 90 年代以来，以森为代表的一批发展经济学家提出了一个围绕能力、权利和福利的发展理论体系，建构了一个新的基于能力的发展观。森的能力贫困理论对国际社会的反贫困实践产生了深远的影响。在与贫困做斗争的过程中，许多国家和国际组织越来越认识到缺吃少穿仅仅是贫困的表象，而不是它的主因。导致贫困的内在根本性原因，是更深刻意义上的社会生存、适应及发展能力的低下与短缺。

从国内研究来看，基于贫困群体自我发展能力的研究尚不多见。有代表性的有如下几种：方黎明、张秀兰（2007）基于能力贫困理论考察了中国农村扶贫的政策效应，他们认为，中国农村制度化扶贫是一种开发式扶贫战略，其政策效应

---

① 周事则、蓝红星：“川西少数民族地区自我发展能力研究”，《安徽农业科学》，2011 年第 30 期。

② 杨文杰：“提高贫困地区自我发展能力的实践与思考”，《农村财政与财务》，2011 年第 9 期。

③ 曹玉霞：“马克思主义关于个人发展的理论”，《社会主义研究》，2001 年第 4 期。

日益削弱。相当数量的真正贫困人口没有能力从扶贫项目中受益，现行的扶贫策略也难以有效针对疾病、教育等致贫风险。现阶段中国扶贫政策在收入救助的同时，更应该注重提高贫困风险人群应对贫困风险的能力。吕雁琴（2008）认为提高贫困农户的持续发展能力是彻底解决农村贫困问题的治本之策。并从农村人多地少这一基本国情出发，提出着重从户籍管理制度、土地流转制度、农村社会保障制度、农村教育制度和农村金融制度五个方面为贫困农户提高自身的持续发展能力营造良好的制度环境。沈茂英（2006）认为自我发展能力就是贫困人口运用所学知识、技能，获取社会资源、利用社会资源，实现自身价值的能力。当前农村贫困最大的问题之一就是贫困人口缺乏相应的自我发展能力。提高贫困人口自我发展能力意义十分重大。提高贫困人口自我发展能力需要社会提供相应的政策制度作支撑。赵雪雁、巴建军（2009）以甘南牧区为例，对牧民自我发展能力及其与牧民收入的关系进行了定量评价，并提出了能力培育的对策。杨科（2009）认为在农村贫困地区的扶贫开发过程中，为确保农村贫困人口彻底地摆脱贫困的有效方法就是促进农村贫困人口的自我发展能力。可从培育其信贷资金获取能力，提高成人文化素质和生存技能，增强农村基层组织管理能力三个方面着手。李华红基于居民自我发展能力，以贵阳市镇山村为具体案例指出，发展居民的自我发展能力是一种“内源式”的发展要素，是“造血干细胞”，是“外源性”力量发挥作用的内在基础，是整体发展的关键。①

（三）现有研究的不足

总的来看，现有研究从不同的角度对自我发展能力进行了理论和实践上的探讨，为贫困研究提供了多角度的视野，同时现有研究涉及贫困研究的丰富元素，可以为后来研究者提供多维度的借鉴和启示。但是现有研究也存在着一些不足之处。第一，自我发展能力概念的模糊。迄今为止，有关自我发展能力的概念界定仍然缺少共识。针对连片特困地区贫困人群的自我发展能力研究同样缺少一个可被多数研究者和决策者接受的概念和内涵，这将会影响新时期扶贫政策的制定和实施。第二，自我发展能力评估指标的模糊。概念的缺失和模糊往往会影响人们对自我发展能力的客观评价，通常情况下，有关能力研究，大部分文献重点在于强调自我发展能力不足的原因，热衷探讨自我发展能力不强所带来的后果，而忽

① 李华红：“民生语域中民族村寨开发检思与居民自我发展能力研究”，《湖北社会科学》，2011 年第 10 期。

视了什么是自我发展能力。现有文献中以定量方法来测量贫困人群的自我发展能力的研究非常欠缺。第三，落脚于贫困人群的研究不足。现有研究大部分是研究区域自我发展能力，但是无论是区域的自我发展能力还是个人的自我发展能力，最终仍然要落脚于发展的内在动因，即人的因素上来。要想解决贫困问题，最终仍然要充分发挥发展主体的主观能动性，贫困人群的自我发展既是发展的动力，也是发展的目标。

总的来看，有关自我发展能力的研究仍然存在着某些可以进一步探讨的空间，本文在总结前人研究的基础上重点对贫困人群的自我发展能力进行界定、评估，并据此提出贫困人群能力建设的应对策略。

三、基本理论框架

（一）概念界定

（1）连片特困地区。连片特困地区的概念是经过近 30 年的扶贫开发实践逐步演化而来的。连片特困地区实际上是集中连片贫困地区和特殊类型贫困地区的集合体，它是一个抽象的集合名词。从 1986 年开始，我国有计划、有组织、大规模的扶贫开发开始实施，在这一阶段，国家划定了 18 个贫困片区，并对其重点开发和扶持。这 18 个贫困片区便是“连片特困地区”的雏形，被称为“集中连片贫困地区”。进入 21 世纪，扶贫开发工作集中于普惠政策所不能全面覆盖的“老、少、边、穷”地区，这类地区具有自然环境恶劣、基础设施落后、发展条件不足等先天劣势，是常规扶贫手段无法着力、经济增长无法带动、贫困人口相对集中的地区，这些地区扶贫开发的难度大、扶贫投入成本高。因此，扶贫开发实践工作者和政策决策者提出了“特殊类型贫困地区”的概念，并将之作为扶贫开发工作的重点领域。此后，“集中连片贫困地区”和“特殊类型贫困地区”经常作为一个组合概念“集中连片和特殊类型贫困地区”或“集中连片特殊类型困难地区”出现在各类政府公文和研究报告之中。随着《中国农村扶贫开发纲要（2011－2020 年）》出台，“集中连片贫困地区”、“特殊类型贫困地区”、“集中连片特殊类型困难地区”等概念统一口径成为“连片特困地区”。“连片特困地区”主要具有以下几个特征：一是具有地理空间连片的特征。大多是围绕某一山脉走向连接在一起的贫困山区。二是具有贫困人口集中的特征。当前我国绝大部分贫困人口都集中在连片特困地区。三是少数民族特征明显，连片特困地区是我国少数民族的主要聚居地，具有独特的民族性。四是具有贫困程度深的特征。连片特困地区经过几十年的扶贫开发所取得的成效并不显著，目前仍然存在基础设施落后，公共服务欠缺，经济水平低下等特征，甚至部分贫困人群仍处于绝对贫困的状态。

（2）贫困人群。在界定贫困人群之前先要对贫困的内涵做一个说明。贫困的内涵很丰富，也有多种界定方式。对于贫困的研究最早可以追溯到英国的布斯（Booth）和朗特里（Rowntree）。布斯提出了绝对贫困的定义，认为一定数量的物品和服务对于个人和家庭的生存和福利是必须的，缺少获得这些物品和服务的经济资源或经济能力的人和家庭的生活状况，即是贫困。[①] 朗特里认为如果一个家庭的总收不足以获得维持体能所需要的最低生活必需品，则该家庭为贫困家庭。[②] 他根据这个概念计算出最低生活支出，即贫困线，并将其同家庭收入比较得出贫困的估计值。20 世纪 70、80 年代，贫困的内涵得到深化。如汤森（Townsend）认为，所有居民中那些缺乏获得各种食物，参加社会活动和最起码的生活和社交条件的资源的个人、家庭和群体就是所谓贫困的。[③] 奥本海默则认为贫困包涵了物质上、社会上和情感上多方面的匮乏。诺贝尔经济学奖得主阿马蒂亚·森认为贫困是指不拥有获得最低限度需要的能力，不仅仅是收入低下，也包括诸如饮用水、道路、卫生设施等其他客观指标的贫困和对福利的主观感受的贫困。[④] 在学术界，对贫困概念的界定和度量方法的研究在不断深化，现在通常所谓的贫困大致包括三个方面内涵：即收入贫困、能力贫困以及权利贫困。收入贫困就是指用于日常生活的物质匮乏，能力贫困也就是指人获取生活资料的能力的不足，权利贫困则是指政治和文化权利的缺乏。[⑤] 贫困概念的内涵的不断拓宽，本文的贫困取一个综合的概念，实际上是指自我发展能力的缺乏，贫困人群就是指缺乏自我发展能力的人群。

（3）自我发展能力。与本文主题相关的一个核心概念是“自我发展能力”。在界定自我发展能力之前需要先探讨能力与发展的内涵。能力这个词，在不同的人和不同的语境下其含义和解释是不同的。联合国开发计划署给能力下的定义是：能力是个人和组织或者组织化的单位高效可持续地履行其职能的才能。世界

① 李文，李云：《中国农村贫困若干问题研究》，第 1 页，北京：中国农业出版社，2009。
② 阿玛蒂亚·森：《贫困与饥荒》，第 19 页，北京：商务出版社，2009。
③ 李石新：《中国经济发展对农村贫困的影响研究》，第 31 页，北京：中国经济出版社，2010。
④ 李春光：《国际减贫理论与前沿问题 2011》，第 48 页，北京：中国农业出版社，2011。
⑤ 郭熙保：“论贫困概念的内涵”，《山东社会科学》，2005 年第 12 期。

银行给能力的定义是：能力是可利用的资源与社会利用这些资源以可持续的方式去确认和追求其发展目标的效力和效率。如果单纯考察能力的概念，笔者更倾向于联合国开发计划署的界定。什么是发展？托达罗曾将发展定义为一个社会或社会体系向着更加美好和更为人道的生活的持续前进。例如经济发展，就应该包括能够得到基本生活必需品，追求更高的生活水平，以及人在经济生活中的自由。联合国开发计划署也曾经指出发展的中心含义是增加人们选择的机会。可见，发展就是满足基本需要、提高人的尊严、实现人的自由的过程。理解了能力与发展的内涵后，则可以给发展能力下一个定义，所谓发展能力就是主体所具有的满足基本需要、提高尊严以及实现自由的属性。具体到自我发展能力，具备的几个内涵：一是强调主体的自然属性；二是强调发展的内生力量；三是强调外部力量与内生力量的整合；四是强调自我发展能力是一个系统集。笔者认为，不同的主体自我发展能力具有不同的内涵，在界定自我发展能力必须考虑主体的差异性，才能更加准确把握概念的内涵。考虑到本文以贫困人群作为研究对象，因此本研究中对自我发展能力的界定应充分考虑贫困人群的基本特质以及其所处的社会环境。因此，笔者认为自我发展能力既体现了主体的自然属性，也体现了其社会属性；既强调外部力量，也强调内生力量，即贫困人群所能掌控的外部发展资源、内生发展意识和行动力的综合体系。

（二）指标构建

学术界和国际机构提出了各种测度能力贫困的方法和指标。联合国开发计划署在 1996 年的人类发展报告中提出了能力贫困度量指标，它用来度量能力被剥夺的程度。能力贫困指标是一个由三个指标构成的综合指数，这三个指标是：体重不足标准的 5 岁以下儿童比重，没有专业卫生人员护理出生的婴儿比重，以及 15 岁以上文盲妇女的比例。把这三个指标按照相等权数加总得到的一个平均数就是能力贫困指标，它反映了在人类发展三个基本方面能力缺乏的人口比例。[①] 刘爽则指出，联合国开发计划署给出的能力指标是非常有限，也是非常基础的一部分。事实上，个人发展能力的度量应该更为宽泛。还应该包括经济发展能力（获得收入），参与决策能力，合理利用资源能力、社会认知能力以及支配个人生活的能力等诸多方面。[②] 此外，努斯鲍姆还提出了 10 项人类能力，包括生存能

---

① 郭熙保：“论贫困概念的内涵”，《山东社会科学》，2005 年第 12 期。

② 刘爽：“消除‘能力贫困’推动妇女参与发展”，《西北人口》，2001 年第 2 期。

力、身体健康、身体完整、判断力、创造力和思考能力、感情、实践动机、与社会建立良好关系、消遣、对个人环境的控制能力等。① 可以发现，这些指标主要是从个体属性方面来度量自我发展能力，强调能力是一种个体的自然属性。但是我们从世界各国的反贫困实践来看，无论是贫困地区或者是贫困人群的自我发展能力都不仅仅局限于其自然属性和主观条件，自我发展能力的高低还取决于其所处的社会属性和客观条件。例如在连片特困地区的贫困人群之所以未能得到很好的发展也受制于客观的外部力量。结合前文对自我发展能力的界定，我们主要从发展资源、发展意识和行动力三个方面来设计自我发展能力的指标。

（1）发展资源。发展资源主要包括三个方面，即物质资源、人力资源和社会资源。即贫困人群实现发展所必须具备的前提条件，共设计了 8 个指标。物质资源主要指贫困人群所拥有的生产生活条件，包括家庭收入、土地数量、生产工具等；人力资源主要指劳动力质量，包括劳动力的受教育水平、劳动力的健康状况以及劳动力所掌握的生存技能等；社会资源主要指贫困人群所拥有的可供利用的社会网络，包括亲朋的数量以及亲朋的社会地位等方面。

（2）发展意识。发展意识主要指贫困人群参与发展的意愿。既往研究表明，贫困人群常常受制于贫困文化的影响而丧失了自我发展的意愿和动力。参与发展的意愿可以说是自我发展能力集中的一个重要的先决条件。在传统的扶贫开发中，尤其是输入式的扶贫开发中，往往会忽略对贫困人群参与发展意愿的推动，结果导致大量投入与产出的不成比例。本研究主要从三个层面 8 个指标来考察其发展意识：一是参与意愿；二是改变现状的意愿；三是学习的意愿。其中参与意愿包括参与政治生活、经济生活、社会生活的意愿；改变现状的意愿包括自主创业的意愿和非农就业的意愿；学习的意愿包括学习技能、学习生产经验、了解国家政策的意愿等方面。

（3）行动力。行动力主要指贫困人群联结资源的能力。也就是说贫困人群是否具有将客观资源和发展意愿转化为切实的生产力的能力。这是提升贫困人群自我发展能力的最关键的要素。外部的援助都要靠贫困人群的行动力来转化为真正可利用的资源。本研究用三个层面的 10 个指标来测量其行动力：一是贫困人群的决断力；二是贫困人群的组织力；三是资源联结力。其中决断力设计了 3 个指标，包括“想好的事情立即去做”，“认准的事情一定要干到底”，“尽全部努

① 王艳萍：“阿马蒂亚·森的‘能力方法’在发展经济学中的应用”，《经济理论与经济管理》，2006 年第 4 期。

力实现目标"；组织力设计了 2 个指标，包括"经常组织村民从事生产"，"有能力成为村里的挑头人"；资源联结力设计了 5 个指标，包括"能够把握住发展机会"，"能够通过努力争取到扶贫资金"，"能够从亲戚朋友处获得帮助"，"能够争取到国家扶贫政策的支持"，"能够充分利用个人的有利条件"。

总的来看，考察贫困人群的自我发展能力一共涉及 26 个指标，本研究中主要采取等权重的方法对不同指标分别赋值，然后考察个体在不同指标上的得分，最后将个体在所有指标上的得分加总，从而来评估个体自我发展能力的高低。

（三）数据来源

本文所用资料主要来源于相关文献和问卷调查。文献包括与本研究有关的国家法律、法规和政策，相关统计资料和档案文献，以及国内外相关研究成果和研究进展。问卷调查主要根据研究需要和研究条件，设计结构式问卷，对农户进行入户问卷调查。对 3 个乡镇的 6 个行政村进行了调查，共计回收有效问卷 308 份。

表 1　样本特征

类别	频次	百分比%	类别	频次	百分比%
性别 男性 女性	189 119	61.4 38.6	是否会汉语 是 否	287 21	93.2 6.8
年龄 20 岁以下 20 - 30 岁 30 - 40 岁 40 - 50 岁 50 - 60 岁 60 - 70 岁 70 岁及以上	23 32 94 84 69 5	7.5 10.4 30.5 27.3 22.4 1.6	工作状况 务农 打工 上学 自营 无业 其它	245 28 1 14 9 11	79.5 9.1 0.3 4.5 2.9 3.6
民族 汉族 土家 苗族	196 110 2	63.6 35.7 0.6	婚姻状况 已婚 未婚 离异 其它	274 9 2 23	89.0 2.9 0.6 7.5
是否党员 是 否	37 271	12.088.0	是否村干部 是 否	18 290	5.8 94.2

续表

类别	频次	百分比%	类别	频次	百分比%
教育状况	20	6.5	健康状况		
文盲	138	44.8	很差	12	3.9
小学	65	21.1	较差	91	29.5
初中	68	22.1	一般	90	29.216.6
高中（中专）	15	4.9	较好	51	20.8
大专大学及以上	2	0.6	很好	64	

样本特征见表1。从性别来看，男性比例较高，占61.4%；从年龄来看，受访者年龄偏高，40岁以上人群占据多数，这与当前农村核心劳动力外流有关系；从民族来看，汉族占63.6%；从教育水平来看，受访者受教育程度普遍偏低，小学及以下文化水平的超过50%；从工作状况来看，79.5%的受访者在家务农，生计来源比较单一；从婚姻状况来看，89%的受访者处于正常的婚姻状态；从身体健康状况来看，33.4%的受访者存在着健康问题；从语言来看，绝大部分受访者能够熟练运用汉语，占93.2%；此外，调查对象包括少量党员和村干部，调查对象涵盖范围相对较广。

四、自我发展能力评估及分析

（一）自我发展能力评估

表2　自我发展能力评分

	发展资源（标准分）①	发展意识（标准分）	行动力（标准分）	发展能力（标准分）
个案数	308	308	308	308
均　值	14.39 （38.57）	30.61 （76.53）	32.24 （64.47）	77.23 （60.67）
中位值	14.30 （38.34）	32.00 （80.00）	32.00 （64.00）	77.20 （60.64）
标准差	3.46 （9.28）	6.15 （15.38）	7.39 （14.78）	13.76 （10.81）

① 为了便于比较，根据发展资源、发展意识和行动力的理论分值，进行百分制转换后即得出在该项所取得的标准分。标准分的理论最高值为100分。

续表

	发展资源（标准分）①	发展意识（标准分）	行动力（标准分）	发展能力（标准分）
最小值	6.00 (16.09)	13.00 (32.50)	.00 (.00)	39.50 (31.03)
最大值	24.8 (66.49)	40.00 (100.00)	50.0 (100.0)	109.50 (86.02)

表3　自我发展能力分级表

	自我发展能力	发展资源	发展意识	行动力
0 - 20 分	.0	1.9	.0	.3
20 - 40 分	1.6	53.6	.3	1.9
40 - 60 分	46.1	43.5	15.3	33.8
60 - 80 分	50.3	1.0	33.1	46.1
80 - 100 分	1.9	.0	51.3	17.9
Total	100.0	100.0	100.0	100.0

研究贫困人群的自我发展能力首先必须清楚贫困人群的能力不足表现在哪些方面，如前所述，本文主要通过26个指标来考察贫困人群的自我发展能力。具体操作方法为：将测量贫困群体的指标的选项分别赋予不同的分值，贫困个体在每个指标上所取得的分值加总后即得出其自我发展能力的分数，以此来评估其发展能力的强弱高低。因为每一个指标对自我发展能力贡献力的大小尚未确定，所以本文中并没有考虑不同指标的权重问题，而是采取等权重的方式为指标赋值并进行加总，为了更加方便比较自我发展能力的不同方面，本文将总分换算为百分制标准分进行比较，由此可以清楚地看到发展资源、发展意愿以及行动力三个不同层面的区别。表5对贫困人群自我发展能力得分进行了集中趋势和离散趋势的测量，表6为了更加直观考察贫困人群的自我发展能力，笔者将自我发展能力得分进行了分级。一共分为5个等级：0 - 20分（不包括下限），20 - 40分，40 - 60分，60 - 80分，80 - 100分。从表2和表3的数据可以得出四个结论：

① 为了便于比较，根据发展资源、发展意识和行动力的理论分值，进行百分制转换后即得出在该项所取得的标准分。标准分的理论最高值为100分。

第一，贫困人群的自我发展能力总体偏低。这与研究假设基本一致。连片特困地区的减贫长期受到贫困人群自我发展能力的制约。尤其是在现阶段，贫困人群更加集中于自我发展能力较差的群体。研究设计中，自我发展能力理论分值最高为100分，从均值来看，自我发展能力的标准平均分仅为60.67分，这说明建始县的贫困人群整体上缺少自我发展的能力，能力不足是制约该地区脱贫与发展的重要的因素。在调查过程中也深刻感受到贫困人群自我发展能力低下使得减贫成效大打折扣。从分段得分来看，贫困人群自我发展能力得分主要集中于40－80分之间，其中40－60分占46.1%，60－80分占50.3%，得分超过80分的贫困人群比例仅为1.9%。说明贫困人群自我发展能力整体处于中等偏下水平，充分印证了贫困人群自我发展能力偏低的假设。贫困人群自我发展能力偏低的原因存在多个方面，其中发展资源的缺乏成为自我发展能力偏低的主要影响。

第二，贫困人群的发展资源非常缺乏。贫困人群自我发展能力中最薄弱的环节是什么？回答这个问题就必须考察自我发展能力的三个层面，具体来看，发展资源的得分最低，仅为38.57分。贫困人群的发展资源得分中，99%的贫困人群得分处于60分以下，其中53.6%的贫困人群得分仅为20－40分，43.5%的贫困人群得分为40－60分。从人力资源来看，贫困人群最缺乏的是教育水平和生存技能，大部分贫困人群仅仅接受了小学水平的教育，而教育与贫困之间的关系已经得到了研究者的共识。此外，贫困人群普遍缺少生存技能，种地是其赖以生存的主要技能。我国开展了近十年的雨露计划扶贫，雨露计划主要针对贫困家庭的劳动力开展培训，培训内容涉及务工技能和农业实用技术，通过培训进一步提高贫困人口的素质，提高其增收能力。从2004年开始，累计培训贫困家庭劳动力约400万人次，其中80%以上实现了转移就业。但是对于未成功实现劳动力转移的贫困人群而言，其从雨露计划中受益甚微。从物质资源来看，人均耕地面积偏低和劳动工具的缺乏也是制约其发展的一个重要因素，连片特困地区人均耕地面积普遍偏少，因为受制于自然条件，“八山一水一分田”的情况非常普遍，也限制了现代化劳动工具的使用；从社会资源来看，贫困人群经常来往的亲戚朋友大多数为与自己具有相同职业的农民，同质性非常高，而且可以联结的资源非常少。发展资源缺乏成为了贫困人群自我发展能力低下的一个重要表现。说明贫困人群在物质资源、人力资源和社会资源方面非常匮乏，这也是扶贫开发工作中需要重点面对和解决的问题。

第三，贫困人群具有较强的发展愿望。面对落后的生产生活条件，贫困人群大多具有比较强烈的改变现状的意愿。从平均分来看，贫困人群的发展意识的得分为76.53分，处于中等偏上的水平；从分级表来看，其中超过80分的贫困人群比例占51.3%，低于60分的贫困人群比例仅为15.6%。说明大部分贫困人群具有较为强烈的改善目前处境的意愿。其中，贫困人群参加村民代表大会的意愿最为强烈，说明贫困人群对于自身的发展权利的重视，此外，参与扶贫开发项目的意愿也比较强烈，贫困人群具有强烈的改变现状的意识；参与社区组织的各种活动的意愿再次之，说明贫困人群集体行动的意愿强烈。而贫困人群外出务工的意愿最为淡泊，很多人不愿意外出务工来改变目前的生活状态。调研发现，处于社会最底层的人群都具有较强的改善现状的愿望，但同时，这部分人群往往受到自身条件的限制，容易形成“小富即安”的小农意识，在扶贫开发中必须突破这种局限，才能够真正实现贫困人群自我发展能力的可持续提升。

第四，贫困人群的行动力仍然偏弱。从平均分来看，行动力得分仅为64.47分，其中，想好的事情立即去做，认准的事情一定要干到底，尽全部努力实现目标三项得分较高，说明贫困人群在自我发展的行动具有较强的决断力。但是经常组织村民从事生产、有能力成为村里的挑头人两项得分较低，说明贫困人群缺少自我发展的组织能力，开拓精神仍然较差。从分级表来看，贫困人群的行动力得分主要集中于40-80分之间，其中33.8%的贫困人群得分为40-60分，46.1%的贫困人群得分为60-80分。行动力得分整体来说优于发展资源，弱于发展意识。说明贫困人群在决断力、组织力和资源联结力方面仍然欠缺，从调研掌握的资料来看，大部分贫困人群缺少将发展资源和发展意识转化为发展成果的能力。行动力的偏弱，将会影响到扶贫开发的产出和效率。

（二）自我发展能力的个体差异

表4　交互分类表

类别		0-20分	20-40分	40-60分	60-80分	80分及以上
性别	男	/	1.6%	39.2%	56.1%	3.2%
	女	/	1.7%	57.1%	41.2%	.0%
民族	汉	/	1.5%	42.8%	54.6%	1.0%
	土	/	1.8%	50.9%	43.6%	3.6%
	苗	/	.0%	100.0%	.0%	.0%

续表

类别		0－20分	20－40分	40－60分	60－80分	80分及以上
婚姻状况	已婚	/	1.8%	45.3%	50.7%	2.2%
	未婚	/	.0%	22.2%	77.8%	.0%
	离异	/	.0%	.0%	100.0%	.0%
	其它	/	.0%	75.0%	25.0%	.0%
工作状况	务农	/	2.0%	51.8%	44.9%	1.2%
	打工	/	.0%	21.4%	75.0%	3.6%
	上学	/	.0%	.0%	100.0%	.0%
	自营	/	.0%	21.4%	78.6%	.0%
	无业	/	.0%	44.4%	55.6%	.0%
	其他	/	.0%	12.5%	62.5%	25.0%
是否党员	是	/	.0%	24.3%	59.5%	16.2%
	否	/	1.9%	49.3%	48.9%	.0%
是否村干部	是	/	.0%	5.6%	66.7%	27.8%
	否	/	1.7%	48.8%	49.1%	.3%
是否懂汉语	是	/	1.0%	43.2%	53.7%	2.1%
	否	/	10.0%	90.0%	.0%	.0%
年龄	20岁以下	/	.0%	.0%	100.0%	.0%
	20－30岁	/	.0%	30.4%	69.6%	.0%
	30－40岁	/	.0%	15.6%	84.4%	.0%
	40－50岁	/	1.1%	41.5%	54.3%	3.2%
	50－60岁	/	1.2%	48.8%	46.4%	3.6%
	60－70岁	/	4.3%	66.7%	29.0%	.0%
	70岁以上	/	.0%	80.0%	20.0%	.0%

表5 均值比较

	N	均值	标准差		N	均值	标准差
性别 男 女	189 119	62.06 58.46	11.0210.13	是否党员 是 否	37 270	69.75 59.40	12.14 10.03

续表

	N	均值	标准差		N	均值	标准差
t = 2. 876；P = 0. 004				t = 5. 722；P = 0. 000			
年龄				工作			
20 岁以下	1	64. 02	\	务农	245	59. 42	10. 69
20 - 30 岁	23	65. 45	7. 00	打工	28	65. 02	7. 95 \
30 - 40 岁	32	66. 65	8. 31	上学	1	68. 58	8. 86
40 - 50 岁	94	62. 30	10. 51	自营	14	68. 51	11. 63
50 - 60 岁	84	61. 32	10. 37	无业	9	57. 61	11. 92
60 - 70 岁	69	53. 72	10. 76	其他	11	69. 33	
70 岁以上	5	54. 09	4. 23				
F = 9. 115；P = . 000				F = 5. 007；P = . 000			
民族				婚姻			
				已婚	274	60. 86	10. 85
汉族	196	61. 05	10. 86	未婚	9	64. 87	8. 69
土家族	110	60. 13	10. 78	离异	2	69. 13	1. 56
苗族	2	53. 50	4. 44	其他	23	56. 02	10. 26
F = 0. 699；P = . 498				F = 2. 341；P = . 071			
是否村干部				是否懂汉语			
是	18	75. 15	8. 36	是	287	61. 69	10. 32
否	290	59. 77	10. 30	否	21	46. 76	7. 21
t = 6. 207；P = 0. 000				t = 8. 851；P = 0. 000			

从总体来看，贫困人群的自我发展能力偏低，但是不同个体之间其自我发展能力是否存在差异呢？为了直观考察不同贫困人群个体差异与自我发展能力的关系，笔者对贫困人群的自我发展能力进行了交互分类和均值比较。表 4 给出了不同个体在自我发展能力上的直观差别，表 5 给出了不同个体自我发展能力的平均得分。从表 4 和表 5 可以得出以下结论：

第一，不同民族、婚姻状况的贫困人群自我发展能力差异甚微。从表 4 和表 5 的数据发现，无论是交互分类表还是均值比较，均不能通过显著性检验，说明不同民族，不同婚姻状况的贫困人群其在自我发展能力方面差别并不明显。汉、土、苗族之间的自我发展能力趋同，并不存在少数民族的贫困人群其自我发展能力更低的情况。已婚、未婚、离异和其它婚姻状态的个体在自我发展能力方面也没有明显差异，说明婚姻关系并没有在提升自我发展能力方面发挥明显的作用。

第二，不同性别的贫困人群自我发展能力存在着差异。可以发现，男性的自我发展能力高于女性。男性自我发展能力得分超过60分的比例达到59.3%，而女性自我发展能力得分超过60分的比例仅为41.2%。男性自我发展能力得分平均为62.07分，女性仅为58.46分。实地调研也发现，男性在身体素质、受教育水平、发展意愿与行动能力等方面都要强于女性。

第三，不同工作经历的贫困人群自我发展能力差异明显。在家务农的贫困人群自我发展能力得分超过60分的比例仅为46.1%，有打工经历（离土不离乡）的贫困人群自我发展能力得分超过60分的占78.6%，自营生意的贫困群体自我发展能力得分超过60分的占78.6%，无业的贫困群体自我发展能力得分超过60分的占55.6%。务农、打工、自营、学生、无业、其它职业的贫困群体自我发展能力差距明显，从每个群体自我发展能力的平均分来看，自我发展能力从高到低的群体依次为学生（68.58分）、自营生意者（68.51分）、打工者（65.02分）、农民（59.42分）和无业者（57.61分）。

第四，党员和村干部的自我发展能力要明显高于非党员和非村干部。党员群体中，自我发展能力得分超过60分的比例达到75.7%，非党员自我发展能力得分超过60分的仅占48.9%。具体来看，党员的自我发展能力平均得分为69.75分，而非党员平均得分仅为59.40分。村干部中自我发展能力得分超过60分的比例高达94.4%，而普通村民的比例仅为49.4%，从均值比较来看，村干部自我发展能力平均得分为75.15分，非村干部得分为59.77分，差距明显。

第五，语言对贫困人群自我发展能力的制约明显。能够运用汉语的贫困人群自我发展能力要明显高于不能运用汉语的贫困人群。能运用汉语的贫困人群自我发展能力得分超过60分的比例为55.8%，不能运用汉语的贫困人群自我发展能力得分全部低于60分。能够运用汉语的贫困人群平均得分61.69分，不能运用汉语的平均得分仅为46.76分。

第六，年龄也是制约贫困人群自我发展能力的重要因素。年龄越大，其自我发展能力越弱。表4显示，有50%的50-60岁的贫困群体其自我发展能力得分不超过60分，而60-70岁的贫困群体其自我发展能力得分不超过60分的比例高达71%，70岁以上的贫困人群自我发展能力更低。从年龄的均值比较来看，不同年龄段的贫困人群自我发展能力得分高低依次为30-40岁（66.65分）、20-30岁（65.45分）、20岁以下（64.02分）、40-50岁（62.30分）、50-60岁（61.32分）、60-70岁（53.72分）、70岁以上（54.09分）。

（三）制约发展能力提升的原因

1. 自然环境的制约

现阶段，贫困人口主要集中一般经济增长已无法有效带动、常规扶贫手段也难以奏效的集中连片特殊困难地区（简称“连片特困地区”）。这些贫困地区山高谷深、沟壑纵横、地貌类型多样，多数贫困地区生存环境恶劣，为偏远深山、高寒地带，地质水文条件复杂，具有特殊的地质地貌等自然地理条件。恶劣的自然环境一方面制约着基础设施的建设，由于贫困地区基础设施建设的投入产出比较低，贫困地区的基础设施一般相对滞后，部分贫困地区的水、电、路等“三通”率仍然不高。基础设施改善是提升贫困人群自我发展能力的前提条件，无论是贫困人群自身素质的提升，还是与外界的通联、资源的获取等都离不开这些基础条件的改善。另一方面也使贫困人群面临着自然灾害的风险。贫困地区不仅是经济发展的滞后地区，也是自然灾害频发地区，自然灾害与贫困之间存在着千丝万缕的内在联系。由于贫困群体自身的脆弱性，其抵御自然灾害的能力明显偏低，自然灾害对于贫困群体的影响和伤害会更大，因灾返贫现象突出。这也是制约贫困人群自我发展能力进一步提升的重要原因。

2. 贫困文化的制约

1959 年，美国人类学家刘易斯首先提出了贫困文化的概念，他认为，人们的贫困很大程度上与其所接受的贫困文化有关。贫困文化既可能包含了穷人们不愿改变现状的消极的心理状态，也可能包含了穷人们缺少改变现状的远见和能力。事实上，贫困文化所指代的就是贫困人群具有的一种独特的生活方式，其中包括贫困人群相对趋同的心理、习惯、思维方式、生活态度、行为方式等。贫困人群受到贫困文化的影响，使他们逐步适应于这样一种贫困的生活方式，并逐步将其与社会主流的生活方式相隔离和相排斥。此外，这种贫困文化具有代际传递的特性，贫困人群的后代将会在贫困文化的长期熏陶之下传承祖辈的思想观念和行为方式。因为贫困文化塑造了人的基本特点和人格，即使在面临机会的时候，贫困人群由于缺少摆脱贫困的意识和能力，也很难走出贫困。贫困地区多是老、少、边、穷地区，大中城市的先进理念和生活方式对其带动效应非常低，所谓文明不上山，处于贫困亚文化之中的人有独特的文化观念和生活方式，这种亚文化通过“圈内”交往而得到加强，并且被制度化，进而维持着贫困的生活，并且世代传递。贫困人群自我发展能力的提升很显然受到贫困文化的制约。长期生活在贫困之中的人群的行为方式、习惯、风俗、心理定势、生活态度和价值观等非物质形式，影响了其自我发展能力提升的意识和行动。一方面，贫困人群从内心接受了贫困的既定事实，缺少去改变贫困现状的动力；另一方面，贫困人群局限于现有的文化环境，缺少改变贫困现状的能力。

3．扶贫机制的制约

中国农村制度化扶贫的政策效应日益削弱，贫困人群的自我发展能力在现有的制度设计和实施过程中并没有得到显著提高。这主要源于三个方面的原因：其一是扶贫的瞄准机制问题。相当数量的真正贫困人口没有能力从扶贫项目中受益，现行的扶贫策略也难以有效针对疾病、教育等致贫风险，真正的贫困群体从扶贫政策中的受益不多。其二是扶贫开发中的马太效应突出。马太效应是一种强者越强、弱者越弱的现象。在扶贫开发过程中，扶贫资源更多倾斜于自我发展能力较强的贫困群体，甚至于一些非贫困群体也获取了政策的支持，而真正贫困的群体却没有能力争取到自我发展的资源。结果造成自我发展能力越强的群体发展越来越好，自我发展能力越弱的群体发展严重不足，农村贫困群体的“两极分化”越来越严重。其三是我国现行的扶贫开发模式中缺少系统的能力建设政策。现有的六大扶贫模式中，唯有雨露计划体现了对贫困人群的能力建设，但是雨露计划的受益者往往是具有较强的自我发展能力的农民，瞄准的是贫困地区的整体发展，而不是对真正贫困人群自我发展能力的提升。可见，现有扶贫开发政策往往只是抓住贫困人群某一方面的能力缺失，而没有系统措施。

4．发展观念的制约

一方面，农村贫困群体世代以土为生，以农为业，自给自足的小农经济限制了农民的思想和眼界，形成了相对落后的思想观念和思维方式。从恩施州的调查发现，少部分村民在其观念意识中存在着一些消极的成分，如听天由命、得过且过、懒散怠慢、不思进取等僵化思想和落后观念。可以说，农民的精神世界非常贫瘠，导致了村庄发展内生动力的不足。另一方面，部分贫困人群的扶贫依赖意识非常严重，“等、靠、要”思想仍然突出。密集性的扶贫行动，使得部分贫困群体习惯了外部力量的支持与援助，对扶贫产生了依赖心理。这些穷人的生活和生产状况很差，他们凭此条件结合现阶段国家的扶贫政策，创造出了一种半制度化的资源争取路径，继而得到援助。显然，部分穷人的这种扶贫依赖心理不利于个人的主观能动性的发挥，同时也难以实现由“外部推动式”扶贫向“内生自发式”扶贫、“输血式”扶贫向“造血式”扶贫的转变，贫困人群的自我发展能力难以提高。这一现象对新阶段的扶贫开发无疑是一个不可忽视的挑战。

5．发展权利的制约

权利贫困主要是指贫困人群基本发展机会的缺失，既指获取社会权利的渠道不足，也指某些权利对一部分群体存在社会排斥。被调查农户的权利贫困主要体现在两个方面，一是贫困人群参与社区治理的机会不足。中国的扶贫工作，从2001年就开始推行“以村为单位，整村推进”的扶贫模式，同时还从世界银行引进了社区参与式扶贫方式。作为中国扶贫的一个组成部分，恩施州的扶贫工作也采取了这种办法。社区参与式是指所有的资源受益对象都有机会参与对本村内部项目的规划、项目的实施、项目的监测与评估，显然，这种社区发展理念和发展机制与村民自治基本思路是相一致的。但是，事实情况是农民参与本村治理的角色基本缺失。多数农民对本村事务的“不知情”无疑存在外部扶贫资源不能很好地惠及穷人或穷人需求的风险。二是金融机构对穷人家庭借贷的排斥。穷人缺少抵押财产和社会关系网络狭窄是导致他们难以从金融机构获取借贷资格的主要原因，这种情况在全国穷人家庭中具有普遍性。从这个角度来看，权利贫困使得穷人缺少自我发展的条件。

五、思考与建议

贫困人群自我发展能力低下是制约贫困地区减贫的重要因素，增强贫困人群的自我发展能力是摆脱贫困的根本出路，提升贫困人群的自我发展能力是贫困地区可持续发展的关键。今后十年我国扶贫开发都应该把提高贫困人口自我发展能力作为工作重点。

（一）提高扶贫政策的针对性和有效性

一方面要继续加大对贫困地区的投入力度，提高扶贫政策的针对性。中国的扶贫资金投入持续加大，贫困人口比重明显下降，扶贫工作取得了重大成绩，但相对于庞大的贫困人口和低收入人口来说，投入的资金总量仍然较少，再加上资金使用效率较低，真正被用于贫困户身上的资金十分有限。贫困群体自我发展能力的提升离不开国家扶贫政策的支持，政策支持既要为贫困群体自我发展能力的提升创造硬件环境，也要直接出台贫困人群能力提升的相关政策，提升扶贫开发的软环境。建立扶贫开发的软环境实质上就是贫困人口自我发展能力的培育，既要培养贫困人口的脱贫自主意识，也要培养其利用资源的能力。软环境的建立是一个长期持续的过程，但这种环境一旦建立起来，其正面影响也将是深远的。具体来说，投入资金应主要运用在基础设施建设、人口素质提升、产业发展和生态保护等方面。

另一方面，要充分发挥扶贫资金的效应和益贫性。以往投入的扶贫资金存在着使用不当，效率不高的弊病，未能充分发挥资金的效用。如政府过多干预，在资金使用等关键环节中往往起着决定性作用，但缺乏科学的项目评估审核，最后也不承担相应的责任，导致扶贫资金使用效率低下。所谓“好钢用在刀刃上”，未来投入的扶贫资金必须要提升其使用效率，避免资金浪费。在扶贫项目开发中重视非政府组织的角色，充分发挥非政府组织的专业性作用，同时要认识到扶贫开发是一个综合性的开发，除了做好前期的项目评估外，还要在开发过程中注重技术支持和市场开发。

（二）改善贫困人口的基本生产生活条件

一是加大交通扶贫力度，加强村庄与县城及周边城镇的综合运输通道建设，巩固提高通村公路成果，将水泥路（油路）延伸到村组、自然湾。交通建设关系到贫困地区的生产生活便利，要保障公路建设质量，做好前期的合理规划，科学施工，严把技术质量关，工程竣工后还要落实养护责任。贫困地区的道路建设是一项民生工程，应给予充分重视。

二是加大水利扶贫力度。集中实施水利建设工程，加强小山塘或小型水库、农田水利、饮水安全等设施建设，改善农业生产和农民生活条件。很多贫困地区都在山区，饮水很不方便，农田水利基础条件也很差，要根据实地情况解决水利扶贫。

三是加快农村电网进村入户改造升级，实施广播、电视、通信“户户通”工程。让贫困人群正常接收外部信息，开阔视野，提高其自我发展的意识。

四是加强村庄整体改造和环境治理，尤其是要解决农户的居住环境。按照整村推进的要求，对贫困地区的村庄实行整体改造，满足贫困人群基本的居住和出行需求。同时，要对居住和生活环境恶劣的贫困人群易地搬迁扶贫，实现这部分贫困人口在小城镇或小集镇的集中居住和统一管理。

（三）进一步创新扶贫开发的机制

一是要从区域合作的角度考虑贫困人群自我发展能力的提升问题。中国的贫困人口大部分分布在中西部落后地区，反贫困工作与区域经济平衡发展是交织在一起的，扶贫开发不仅是某一个区域的任务，而是全社会都应该关注的事情。因此，探索区域合作机制非常必要。既要考虑片区之间的人才文化交流，也要探索片区之间的资源共享和协作发展等问题。在统筹贫困地区发展的基础上，加强整体规划和局部项目规划，避免多重申报、重复建设，实现财政资源的统筹安排。

二是要完善扶贫攻坚的瞄准机制。首先，要在贫困地区普遍推行扶贫开发和农村低保两项制度衔接，在此基础上，加强贫困识别工作，突出重点，差别对待，创新扶贫到户机制。两项制度有很大联系，扶贫开发可以有效缓解农村低保的压力，农村低保又可以反过来促进扶贫工作的开展。在扶贫工作中与民政部门保持合作，共享信息资源，掌握贫困人口的贫困程度、自我发展能力等信息，可以全面、有重点地推动扶贫工作发展。其次，要理顺产业扶贫带动贫困户脱贫增收的利益关系。既要综合评估本地实际，充分利用本地的资源优势，形成有核心竞争力的产业，也要理顺产业发展过程中政府主体、公司（企业）、大户与普通贫困户的利益关系，利益分配要瞄准真正的贫困农户，带动贫困户脱贫致富。再次，公共产品和公共服务的配给要优先惠及扶贫对象，贫困人群缺少获取公共资源的竞争能力，应该给与特殊扶持。而不能单纯为了减少贫困人口总量，将贫困资金优先用于接近贫困线的贫困人口，这样做必然产生外溢效应，导致最贫困的群体收益不多，贫困地区内部分化。

（四）进一步加强贫困地区的文化建设

其一，要引导群众转变观念，自觉移风易俗，革除落后生活习俗，形成文明乡风。① 文明乡风的培养不能一蹴而就，但是一旦形成文明风气，其积极影响将是长远的，这不仅需要基层政府机关表面的宣传倡导，还要在群众中抓好典型，树立榜样作用。

其二，加快贫困村文化阵地的建设，着力培养新一代农民。全面推进贫困地区兴建并利用农家书屋、图书馆、体育场等文化体育设施，满足贫困人口对文化

① 参见湖北省扶贫开发领导小组：《关于对农村贫困人口全面实施扶贫政策加强自我发展能力建设的意见》，《湖北日报》，2010. 11. 22。

的基本需求。加强对新生代农民的培养，不断增强其自我学习、自我完善、自我发展的能力。近些年国家推动新农村文化建设，很多地方相继建立了体育运动场、农村书屋，但是这些资源却并未充分利用，大多常年处于闲置状态，如何吸引广大农民的兴趣，将其花费在麻将、扑克牌上的时间投入到体育锻炼和书籍中去，这是农村文化建设必须面对的问题。

（五）全面提高贫困人口的基本素质

其一，确保基础教育均衡发展，提高贫困家庭子女受教育水平。要加强农村基础教育设施的投入，尤其是要加强对乡村小学教育的投资，提高教育硬件水平，新建或改扩建现有校舍，大力推进义务教育学校标准化建设，支持现有学校扩容改造或新建。还要继续加大对贫困地区教育的政策支持，提高教师待遇，保证师资水平。贯彻落实义务教育，重点保障贫困地区少年儿童受教育权利的实现，对经济困难的家庭给予帮助扶持，防止中途辍学，重视“穷二代”素质的提高。

其二，大力开展职业教育发展，促进劳动力转移。通过整合教育资源，把扶贫部门与劳动、农业、科技部门的资源进行统筹整合，重点培养未进入大学深造的初、高中毕业生、复转军人、返乡农民工等，通过短期培训、现场培训、专业培训等方式来增强这部门人群的职业技术能力。鉴于贫困地区师资人才的缺乏，可由政府牵头并给予政策资金支持，集中附近区县的资金和优秀师资，创新职业教育模式，建设学制短、收费低、应用性强的教育机构，与企业对口共建，培养符合企业需求的应用型人才，进一步增强贫困人群的就业竞争力，使剩余劳动力经过培训实现稳定的转移就业，从而提高其自我发展能力，实现脱贫。

其三，继续加强农村实用技能培训，提高贫困人群科学种养殖的水平。结合本地区优势产业建设项目，提供专门的农业技能培训，指导农民种养殖方法科学化，也可以请相关领域的农业专家提供咨询答疑，提高农民通过农业发家致富的信心。除了人才培养，还要更好地防止人才流失，具体来说，就是要为人才创造良好的工作环境，保障人才有用武之地；提高贫困地区高层次人才的收入水平，高薪留住人才；在政策方面对贫困地区人才予以倾斜，如对贫困地区工作的人才给予晋升、职务、福利等方面的政策照顾。

（六）增加贫困人群的基本发展机会

其一，增强贫困人口参与发展的意识。“机会总是留给有准备的头脑”，对外部机会的把握往往来源于贫困人口强烈的参与发展意识。由于长期受到贫困文化的影响，贫困人群逐步适应了现有的贫困生活状态和生活方式，对于未来发展的动力不足，期待不高，满足现有的温饱生活水平。提升贫困人群自我发展能力必须打破这种思维定势，培养起强烈的参与发展意识，才能增强其对发展机会的把握。

第二，赋予贫困人群参与发展的基本权利。在扶贫开发的过程中，必须尊重贫困人口在社区发展、村民自治、项目建设等方面的知情权、参与权和监督权。权利不平等引致扶贫资源分配的不均极大影响了对真正贫困人群的扶贫效果，为社会公众所诟病。从现有的扶贫开发实践来看，由于贫困人群基本权利的缺失，扶贫资源多为权力掌控者或近权力关系者所瓜分。。

第三，增强扶贫资源的公平分配。现阶段的扶贫资源并未能真正瞄准贫困对象，分配结果往往是穷人中的富裕群体越来越富，而处于底层的最贫困群体则与贫困线差距越来越大。具体表现在：一是占扶贫资金总量一半以上的扶贫贴息贷款由银行发放，但是银行的商业性决定了其倾向于将资金贷给赢利可能性更高的工业项目，即使中央财政对贷款的贴息有保证，银行仍不愿放贷给穷人。二是基层组织如乡政府和村委会拥有一定的资金控制权，其总是倾向于将扶贫贷款贷给干部或与干部关系好的家庭。这种“寻租”行为人为拉大了贫困地区内部的差距，直接影响了扶贫的效果，底层贫困群体迫切需要共享、公平的发展机会。

第四，要完善参与机制，充分满足贫困人口的参与诉求。一方面，在扶贫资源的分配和扶贫项目的设计上应该充分征求贫困人群的意见，给与贫困人群表达诉求的机会，在充分考虑多方利益的前提下出台相应的扶贫政策。另一方面，要完善贫困人群的参与机制，减少基层政府在扶贫资源分配上的过度干预和权力寻租，理顺中央扶贫部分、地方基层政府与普通贫困人群的关系，增加贫困人群的基本发展机会。

参考文献：

[1] 西奥多. W. 舒尔茨，《论人力资本投资（中文版）》，中国经济出版社，1987 年.

[2] 爱德华 S. 肖（美），《经济发展中的金融深化》，中国社会科学出版社，1989 年版.

[3] 阿玛蒂亚·森，《以自由看待发展》，中国人民大学出版社，2002 年.

[4] 阿玛蒂亚·森，《贫困与饥荒》，第 19 页，北京：商务出版社，2009.

[5] 王绍光，胡鞍钢，《中国国家能力报告》，辽宁人民出版社，1993 年版.

[6] 王雨林，《中国农村贫困与反贫困问题研究》，浙江大学出版社，2008.

[7] 林毅夫，《自生能力、发展战略与转型经济》，北京大学出版社，2008 年版.

[8] 李文，李云，《中国农村贫困若干问题研究》，北京：中国农业出版社，2009.

[9] 吴忠主编，《中国贫困研究资料汇编（第二辑）》，中国财政经济出版社，2009 年.

[10] 李石新，《中国经济发展对农村贫困的影响研究》，中国经济出版社，2010.

[11] 中国扶贫开发年鉴编辑部，《中国扶贫开发年鉴（2010）》，中国财政经济出版社，2010 李春光：《国际减贫理论与前沿问题 2011》，北京：中国农业出版社，2011 年版.

[12] 王科，《中国贫困地区自我发展能力研究》，兰州大学博士论文，2008 年.

[13] 闫磊，《中国西部区域自我发展能力研究》，兰州大学博士论文，2011 年.

[14] 王地宁，唐钧，“社会发展指标体系的建构和应用”，《中国社会科学》，1991 年第 1 期.

[15] 苗长虹，“区域发展理论：回顾与展望”，《地理科学进展》，1999 年第 12 期.

[16] 汪晓勤，“二元经济结构理论发展述评”，《经济学动态》，1998 年第 1 期.

[17] 刘爽，“消除‘能力贫困’推动妇女参与发展”，《西北人口》，2001 年第 2 期.

[18] 曹玉霞，“马克思主义关于个人发展的理论”，《社会主义研究》，2001 年第 4 期.

[19] 胡太山，“创新集聚与地区发展”，《城市规划汇刊》，2002 年第 3 期.

[20] 丁焕峰，“区域发展理论回顾”，《生产力研究》，2005 年第 1 期.

[21] 沈小波，林擎国，“贫困范式的演变及其理论和政策意义”，《经济学家》，2005 年第 6 期.

[22] 郭熙保，“论贫困概念的内涵”，《山东社会科学》，2005 年第 12 期.

[23] 王艳萍，“阿玛蒂亚·森的‘能力方法’在发展经济学中的应用”，《经济理论与经济管理》，2006 年第 4 期.

[24] 黄清吉，“国家能力基本理论研究”，《政治学研究》，2007 第 4 期.

[25] 闫磊，“西部大开发以来东中西部区域竞争力差距实证分析”，《开发研究》，2007 年第 4 期.

[26] 赵曦，刘慧玲，“农村反贫困战略的目标及思路考察”，《改革》，2007 年第 12 期.

[27] 章元，丁绎镤，“一个农业大国的反贫困之战——中国农村反贫困政策分析”，《南方经济》，2008 年第 3 期.

[28] 秦国伟，“社会性弱势群体能力贫困及治理—基于森‘可行能力’视角的分析”，《社会观察》，2010 第 4 期.

[29] 李泉，“区域自我发展能力研究述评”，《郑州航空工业管理学院学报》，2011 年第 1 期.

[30] 郑长德，“中国民族地区自我发展能力构建研究”，《民族研究》，2011 年第 4 期.

[31] 杨文杰，“提高贫困地区自我发展能力的实践与思考”，《农村财政与财务》，2011 年第 9 期.

[32] 李华红，“民生语域中民族村寨开发检思与居民自我发展能力研究”，《湖北社会科学》，2011 年第 10 期.

[33] 周事则、蓝红星，“川西少数民族地区自我发展能力研究”，《安徽农业科学》，2011 年第 30 期.

[34] 许经勇，“刘易斯二元经济结构理论与我国现实”，《吉首大学学报》，2012 年第 1 期.

[35] 陈琦，“连片特困地区农村贫困的多维测量及政策意涵”，《四川师范大学学报》，2012 年第 3 期.

[36] 张晓，叶普万，“世界反贫困战略若干问题探析”，《中国人口报》，2006 年 11 月 8 日，第 3 版.

[37] 湖北省扶贫开发领导小组，《关于对农村贫困人口全面实施扶贫政策加强自我发展能力建设的意见》，《湖北日报》，2010. 11. 22.

[38] 2001 年温家宝《在中央扶贫开发工作会议上的讲话》

[39] 2011 年《中国农村扶贫开发的新进展（白皮书)》

[40]《中国农村扶贫开发纲要（2011 - 2020 年)》

http：//iresearch. worldbank. org/PovcalNet/index. htm? 1

Hoover，E . M. and Fisher，J. L. , 1949. Research in Reginoal Economic Growth. Problems in the Study of Economic Growth. New York：NBER.

William son JG. Regional inequalities and the process of nationaldevelopment [J]. Economic Development and Cultural Change，1965 (13)：1 - 84

Todaro M P. A Model of Labor Migration and Urban U nemployment in Less Developed Countries [J]. American Economic Review，1969 (3).

Richarson H W . Regional growth theory [M]. Macmilan，1973.

Wernerfelt B. A Resource - Based View of the Firm [J]. Strategic Management Journal，1984，5 (2)：171 - 180.

Prahalad C. K. Gary Hamel. The Core Competence of the Corporation [J]. Harvar Business Review，1990. 81.

Barney J. B. Firm Resources and Sustainnable Competitive Advantage [J]. Journal of Management，1991，17 (1)：99 - 120.

Robert M. Grant Toward A Knowledge - Based Theory of the Firm [J]. Strategic Management Joural Vol. 17W inter Special Issue，1996：109 - 122.

David J Teece，Gary Pisano and Shuen Dynamic Capabilities and Strategic Management Journel 1997 (18)：509 - 533.

专题报告五：社会资本视野下的农业产业化扶贫

——以建始县农业产业化扶贫为例

沈　洋

一、研究背景

（一）问题的提出

产业化扶贫是我国扶贫开发体系中重要的扶贫方式之一。2011 年 8 月，国务院扶贫办主任范小建在贵州乡村考察时强调，“产业扶贫是开发式扶贫的灵魂。”① 产业化扶贫在推进贫困地区发展和贫困农民增收方面具有的作用毋庸置疑，但从当前产业化扶贫实际运行情况来看，还存在很多需要克服的问题。比如一些贫困农户介入产业化扶贫体系的积极性不高，那些参与发展农业产业的贫困户通常也难以享受较高的利润回报，甚至还会面临巨大风险的考验；当前产业化扶贫主要依托扶持龙头企业，通过龙头企业带动贫困农民调整产业结构，提高经营性收入，但反过来这也导致农民存在过于依赖企业的现象。同时，由于企业的本质在于实现利润最大化，这种与农户之间利益目标的差异，一方面导致农民的权益难以得到保护，无法完全避免企业的逆向选择行为给农户造成的损失；另一方面农民也很难分享农业产业化经营带来的利益。甚至有研究指出，中国政府对农业产业化龙头企业的所得税减免和政府补贴等专项性补贴政策明显缺乏效率，优惠政策并没有直接带来所期望的龙头企业相关产出的增长，因而也就谈不上对当地农产品原料产销的带动作

① http：//www. gzstv. com/News/HTML/8729. html

用[①]。面对这些问题，应该深入研究这些问题产生的内在必然性是什么？这些问题与贫困地区的特殊性、贫困个体的特殊性之间有什么样的关联？如何消除其对产业化扶贫益贫效果的影响和干扰？

（二）研究视角

本案例主要着力于分析贫困地区农业产业化扶贫的基本情况，研究农业产业化扶贫存在的问题，并从农民组织化的角度提出应对农业产业扶贫问题的机制、方法。重点在于从社会资本的视角分析农业产业化扶贫的益贫性问题，并从社会资本的角度提出农民组织化的路径及其在提升农业产业化扶贫益贫性方面的体现。本研究至始至终都立足于减贫的视角来分析农业产业化与减贫之间的关联，中心目的在于探索新的如何让农业产业化更好地服务于减贫的思路。这是本研究区别于以往有关农业产业化研究的关键所在。

本研究所涉及的内容主要包含以下几个方面：首先要界定农业产业化扶贫和社会资本的内涵，概述农业产业化扶贫的基本政策，分析农业产业化扶贫的适应条件、战略定位及历史机遇；其次介绍建始县的基本情况，其中重点说明建始县农业产业发展的潜质条件、民族文化和宗族传统；第三是分析农业产业化扶贫存在的问题，这部分包括两个方面的内容：其一是贫困地区农业产业发展面临的特殊困境，其二是分析农业产业化扶贫在益贫方面存在的问题；第四部分是从社会资本的角度对贫困地区农业产业化存在的问题做进一步的分析；最后一部分立足于社会资本的视角提出农民组织化的基本路径，并简要描述贫困地区农业产业化的发展方向。

二、概念的界定

1. 农业产业化扶贫定义及模式

我国农业产业化最早起步于20世纪90年代的山东省。1986年，山东省枣庄为了解决羊毛脱销问题，通过调节相关利益群体，初步探索出了一条“农工商、产加销、一体化”的经营路子。1993年，山东省枣庄召开“全省农业产业化经验交流会暨研讨会”，率先提出实施农业产业化的构想。目前普遍接受的定义认为“农业

① 林万龙等，《农业产业化龙头企业政府财税补贴政策效率：基于农业上市公司的案例研究》，《中国农村观察》。2004（10）。

产业化是以市场为导向，以农户经营为基础，以龙头组织为依托，以经济效益为中心，以系列化服务为手段，通过实行种养加、产供销、农工贸一体化经营，将农业再生产过程的产前、产中、产后诸环节联结为一个完整的产业系统，是引导分散的农户小生产转变为社会化大生产的组织形式，是多元参与主体自愿结成的经济利益共同体，是市场农业的基本经营方式[①]。”

农业产业化扶贫概念最早出自何处目前尚无从考证，但可以明确的是，《中国农村扶贫开发纲要（2001－2010年）》（简称《纲要（2001－2010年）》）比较清晰地提出了农业产业化扶贫的思路。《纲要（2001－2010年）》在确定2001—2010年我国扶贫开发内容和途径时，提出要积极推进农业产业化经营。“对具有资源优势和市场需求的农产品生产，按照产业化发展方向，连片规划建设，形成有特色的区域性主导产业。”“积极发展‘公司加农户’和订单农业。”“引导和鼓励具有市场开拓能力的大中型农产品加工企业，到贫困地区建立原料生产基地，为贫困农户提供产前、产中、产后系列化服务，形成贸工农一体化、产供销一条龙的产业化经营。”“加强贫困地区农产品批发市场建设，进一步搞活流通，逐步形成规模化、专业化的生产格局。”反观《纲要（2001－2010年）》对产业化扶贫形式的表述，不难看出农业产业化扶贫和农业产业化的模式基本相同，但农业产业化扶贫也有其自身的特殊之处。农业产业化扶贫要求农业产业化过程中要有贫困农户的参与，产业化过程要具有带动贫困农户发展产业、提升贫困农户抗风险水平的能力，或能为贫困对象提供就业机会，帮助贫困对象提高自我发展能力。换言之，农业产业化扶贫除谋求以产业化的方式经营农业以外，还特别强调了农业产业化的益贫性问题。陈宝峰等人认为产业化扶贫的基本内涵就是指贫困地区在国家或地方的必要扶持下，利用其自然资源和劳动力资源优势，发展商品经济，通过协议约定的方式将贫困农户纳入到生产、流通领域中（陈宝峰等，2010）。这一定义具有代表性。

农业产业化扶贫和农业产业化的模式基本相同，目前主要有公司企业带动型（公司＋农户）、市场带动型（专业市场＋农户）、合作经济组织带动型（合作社＋农户）或（公司＋合作社＋农户）和专业协会带动型（专业协会＋农户）四种。目前，在东部地区，如山东、河北、江苏、浙江一带后两种模式较多，在中西部地区，公司企业带动型的产业化经营模式居多。在产业化扶贫政策方面，主要包括培育和支持农村小微型企业发展，引导小微型企业建立与农户之间的紧密、半紧密合作关系；发展专业合作社等中介组织，提高农民的组织化程度；鼓励龙头企业建立

---

① 牛若峰等：《农业产业化经营的组织方式和运营机制》，北京大学出版社，2000年，第48页。

扶贫产业基地，引导农民直接或间接参与基地建设；强化信贷机构对产业发展的支持，解决贫困地区的金融短缺问题；在产业发展的启动环节和市场环节给予贫困农户以多方面支持。包括生产设备购置、种苗种畜补助、技术技能培训等①。

由于农业仍然是今后一个时期贫困农户赖以维持生计的一个产业部门，同时农业产业化的确具有帮助单个、分散的农户克服小规模农业经济局限性的功能，因此在新时期的《中国农村扶贫开发纲要（2011－2020年）》文件中，国家再次明确要“充分发挥贫困地区生态环境和自然资源优势，推广先进实用技术，培植壮大特色支柱产业，大力推进旅游扶贫。”“促进产业结构调整，通过扶贫龙头企业、农民专业合作社和互助资金组织，带动和帮助贫困农户发展生产。”“引导和支持企业到贫困地区投资兴业，带动贫困农户增收。”与《纲要（2001－2010年）》相比，新阶段产业化扶贫政策更加突出了农民专业合作组织和农村微型金融体系的作用。

2. 社会资本

有关研究认为，社会资本概念第一次出现于1916年翰尼范发表的《乡村学校社区中心》一文，他在解释一个学校成功的原因时使用了社会资本这个概念（G. Loury，1977）。尽管社会资本概念提出的时间比较早，但在随后的一段时间并没有被学术界所重视。20世纪80年代后20年，通过法国社会学家布尔迪厄、美国社会学家科尔曼、普特南等人的重新阐释、界定和应用，社会资本概念及其理论范式才得以发扬光大，日益成为人文社会科学研究所关注的重点。社会资本领域广泛，具有丰富的内涵和多重的解释性，这也导致学者基于不同分析目的对社会资本概念有着不同的界定。卜长莉将这些不同的定义概括归纳为五种类型：“资源说。认为社会资本是一种通过‘体制化关系网络’的占有而获取的实际的或潜在的资源集合体，是从社会网络中动员了的社会资源；能力说。认为社会资本是行动主体与社会的联系以及通过这种联系摄取稀缺资源的能力；功能说。认为社会资本是能为人的行动带来便利的社会资源；网络说。认为社会资本从形式上看就是社会关系网络；文化规范说。认为社会资本的本质是信任、互惠等文化规范。”② 燕继荣结合科尔曼、布尔迪尔、福山、林南等人对社会资本的界定，从社会资本的拥有者、社会资本的来源、社会资本资源本身三个方面对社会资本的概念提出了较为系统的诠释。他认为，社会资本的拥有者包括个人、企业、组织、团体、社会和国家。社会资本

① 国务院扶贫办：《中国农村扶贫开发纲要（2011－2020年）》干部辅导读本，人民出版社，2011年。

② 卜长莉：《社会资本与社会和谐》，社会科学文献出版社，2005年版，第74页。

源于社会关系结构，依赖于人与人之间的网络关系。社会资本作为一种无形资产，表现为以“义务和期望”为内容，以信任或信用为基础的社会网络关系（包括人际关系和组织关系）。[①]

在对社会资本概念的众多阐释中，笔者比较赞同北京大学燕继荣教授的定义。社会资本概念体系的广泛性和复杂性不代表社会资本是一个无所不包的理论范式。日裔美籍学者福山针对此前有人将各种文化规范都定义为社会资本的做法提出质疑，认为“社会资本与通过文化机制诸如宗教、传统或风俗等创造和转化的其他形式的人类财富不同。”[②] 社会资本是资源的一种形式，但它是一种与物资资本和文化资本不同的新型资源。物资资本、文化资本和社会资本都是人类从事生产和社会实践的产品，分别代表了人类拥有的三种不同财富。物资资本是以可视的自然资源、货币、产品以及劳动力为表现形式，文化资本是人类所创造的各种文化产品总和，包括宗教、学历、声誉等，社会资本是人们在生产和生活中结成的社会关系的总和，体现为人与人之间的社会关系[③]。社会资本、物资资本和文化资本之间相互作用，社会资本能起到润滑剂的作用，让物资资本和文化资本发挥更好的效果，而文化资本和物资资本却有助于行动主体构建新的社会资本。比如经济水平高的人，社会关系网络规模一般比较大，社会关系网的异质性也比较明显。学历、社会声誉越高的人，构建新的社会关系网络的能力一般也较强。由于文化具有社会整合的功能，因此不同地域特殊性的文化规范对人与人之间交往行动的频率、效果有影响。社会资本与文化资本、物资资本之间的关系决定不同国家，不同群体其社会资本的结构不一样。因此，在研究农业产业化扶贫与社会资本关联性时必须要突显出两个方面的特殊性，其一是我国乡村社会资本的特殊性，其二是穷人社会资本的特殊性。由于建始县是少数民族县，在分析建始县贫困对象的社会资本特征时还必须加上少数民族视角，了解少数民族文化习俗、生活方式对社会资本结构的塑造和影响。

为了更加清晰地认识社会资本与产业化扶贫之间的关系，结合此前对社会资本的有关研究，本案例将社会资本分为个体社会资本和集体社会资本两种类型。个体社会资本包括微观层次的个人、家庭、或组织的社会关系网络；集体社会资本主要分析在集体中内部成员关系及相互信任的状况，其目的在于发现解决集体非理性困

---

① 燕继荣：《投资社会资本——政治发展的一种新维度》，北京大学出版社，2006年版，第88页。

② 弗朗西斯·福山：《信任：社会美德与创造经济繁荣》，彭志华译，海南出版社，2001年版，第30页。

③ 燕继荣：《投资社会资本——政治发展的一种新维度》，北京大学出版社，2006年版，第90页。

境的结构性要素。

三、产业化扶贫的价值和历史定位

贫困问题一直是世界各国都需要面对和解决的社会问题之一。作为世界上最大的发展中国家，减少和消除贫困一直是中国政府矢志不渝的发展目标。新中国成立之后到改革开放之前，因为贫困的普遍性和特殊政治环境影响，中国政府没有将农村贫困问题单独作为社会经济发展的明确目标。但那一时期，国家动员农民、军队以低成本的方式大兴公路、水利等公共设施，为后期农村的快速发展奠定了重要基础。改革开放以后，我国经济步入了发展的快车道，持续快速的经济增长、涉农政策的变革以及有组织有计划大规模的开发式扶贫，使得我国农村贫困人口总量大幅度降低，贫困发生率稳步下降。农村贫困人口由改革开放之初的2.5亿降至2010年的2688万，农村贫困发生率从30.7%下降到2.8%[①]，减贫取得辉煌成就。

中国减贫获得巨大成就不代表中国政府将不再需要为消除贫困而采取有意识的政策干预行动。随着制度改革向纵身方向推进和经济社会发展的变化，贫困特点、分布及形态反而逐渐呈现出更加复杂的态势。

从微观个体层面而言，人的需求具有时空性特点，个体的需求结构随着社会环境的变迁处于不断调整、改进和充实当中。华中师范大学徐勇教授立足于改革开放以后我国农村的市场化、社会化，将我国农民身份界定为社会化小农。社会化小农概念的提出为我们重新认识中国农村贫困问题提供了新的理论范式。改革开放以后，随着市场经济向乡村社会的全面渗透，当今的小农逐步被卷入到高度开放的市场化和社会化的体系中。在这样一个结构化的社会里，小农的社会化程度比较高，生产、生活、交往的社会化诱致消费膨胀，导致农民对货币需求的压力倍增，小农经济伦理由“生存”伦理转化为“货币”伦理，小农目标由以往的生存、效用最大化转变为以货币收入为最大化。[②] 比如当前农业生产的社会化，导致农民的农业生产活动对肥料和农药的依赖性更加突出，农用生产物资价格上涨被动地造成了农民对货币需求压力的增强；再如当前农村的人情开支有“水涨船高”之势。人情开支是农民必要的生活开支，是家庭融入社会、维持社会关系网络和家庭声誉的重要方式。近些年受到大环境的作用，人情开支费用越来越高，一些贫困家庭一年的

① 资料来源于《中国农村贫困监测报告》。

② 邓大才：《社会化小农：动机与行为》，《华中师范大学学报》，2006（3）。

人情费用甚至占到年家庭总现金收入的一半。在建始县 5 个村随机抽选的 304 个样本户的调查数据显示，2011 年，平均每个家庭人情开支高达 3746.7 元。伴随农民农业生产、社会交往和日常生活的社会化、市场化，农民的货币压力感越来越强烈。

中国农村社会孤立、封闭的状态逐渐被打破，并被强行带入了由生存压力导致的生存存在着更大风险的社会之中。面对这种困境，他们必须寻求破解之路。

正如笔者在调研贫困对象是否想参与发展时，很多农民说："不发展不行了，孩子上学要花钱，看病要花钱，现在出个门都需要花钱，不挣钱是不行的。"当小农逐步被卷入到高度开放的市场化和社会化体系中时，也逐渐在影响和重新塑造他们的行为逻辑，农民的发展意识和对金钱的追逐意识更加明确了，农民参与发展各种产业成为缓解因消费膨胀而导致的货币需求压力的有效管道，这为贫困地区产业化的发展注入了新的活力和动力。

从宏观区域发展政策和经济社会发展结构层面，产业化扶贫将受到以下几个方面的影响。

第一，新阶段国家制定的连片开发扶贫政策为贫困地区的产业发展创造了时机。2011 年 5 月，根据我国农村贫困的新形势和新的经济社会环境，国家颁布了《中国农村扶贫开发纲要（2011—2020 年）》，指出我国扶贫开发已经从解决温饱为主要任务的阶段转入巩固温饱成果、加快脱贫致富、改善生态环境、提高发展能力、缩小发展差距的新阶段，明确未来十年将以贫困人口比较集中的 14 个连片特困地区为扶贫攻坚主战场。片区区域发展与扶贫攻坚将涉及多个方面、多个维度的政策，这些政策从不同的角度作用于片区内的产业发展。首先，片区扶贫打破了以往因行政区划造成的资源要素分割，经济发展各自为政的局面，给不同区域通过产业协作发挥资源比较优势，通过内联外引"用他人之长，补自身之短"提供了平台。其次，以《武陵山片区区域发展与扶贫攻坚规划》为例，规划涉及大量区域公共基础设施建设项目。当前，低水平的公共基础设施是经济落后地区产业发展的主要瓶颈。改善了区域公共服务设施，就降低了开发贫困地区资源的边际成本，提高了资金、技术等投资回报率。规划涉及建设大量区域性公共服务设施内容对开发贫困地区各种资源将起到显著的推动作用。除此以外，规划还直接强调贫困地区要"大力发展特色高效产业、完善农业支撑技术体系、加强农产品市场体系建设、培育农林产品加工业和建立现代物流业。政府在财政、税收、金融、土地等方面给予灵活性政策支持。"

第二，城乡人口结构变化给贫困地区的农业产业发展带来了机遇。国务院发展研究中心何宇鹏指出，农村劳动力外出打工就业改变了城乡人口布局。自1990年以来的20年间，农业就业比重下降了22个百分点，其中2004—2009年6年间下降了11个百分点。2009年，农村常住人口数量比户籍人口数量少1.7亿人，当年农业就业人员为29708万人，占就业人员的38.1%。城乡人口结构的变化对贫困地区的农业产业开发产生三个方面的影响。

首先，城市人口数量的增加使得农产品总市场需求量增加。这有利于各种农产品向商品转化，实现农产品经济价值，减缓农产品生产相对过剩的压力。

其次，从需求结构角度而言，城乡之间、不同阶级群体之间差异明显。城市人口数量和中产阶级群体的快速成长，引发多元化、特殊性、原生态需求的增长。在我国，贫困地区多位于边缘山区、少数民族地区，境内工业化、城市化、现代化的水平较低，自然、人文等原生态资源保存较好，由于山水相隔，不少区域素有“三坡景各异、五里不同俗、十里不同天”之称。贫困地区这种多元、复杂的自然条件和人文景观是发展特色农业产业和旅游业的天然温床。

最后，农村劳动力的流动使农业雇工工资与农民工工资趋同。源自农业部农村固定观察点的调查数据显示，2005年至2009年，家庭经营雇工、种植业雇工和农民工的日工资水平一路上扬，到2009年，三者的日工资水平基本趋同，家庭经营雇工的日工资水平反高于农民工日工资水平。农业雇工工资和农民工工资趋同，既给贫困地区农业产业化发展带来了机遇，同时也带来了挑战。西方古典推拉理论认为，劳动力迁移是由迁入与迁出地的工资差别所引起的。① 因城市工资水平远高于农村，同时因农村的社会化和市场化，农民对货币需求的压力的增加，导致自20世纪90年代以来出现农村劳动力大量外迁。农村劳动力和农村精英向城市转移也让乡村发展陷入了缺少主体的困境。目前，城乡结构的变化导致农业雇工工资持平于农民工工资，在这种情况下，可以预测农民回乡就业或新生劳动力在家就业就会逐渐增多。这为农村贫困地区的农业产业发展注入了活力。笔者在建始县调研关口葡萄、猕猴桃等产业时发现，在农业产业已成体系的乡村，早期一些外出务工者先后返乡重操“旧业”（农业生产）。但同时需要关注的是，农业雇工工资和农民工工资趋同，也说明经济落后地区已丧失了低工资的优势，进而对其引进外资、技术，开发当地资源，培育地方龙头企业构成影响。

---

① 现代推拉理论认为，迁移的推来因素除了更高的收入以外，还因在迁入地能享受到更好的公共服务待遇。

表1　农业雇工和农民工日工资比较①　单位：元/日

年份	家庭经营雇工	种植业雇工	农民工日工资
2005	25	24	29
2006	29	28	32
2007	33	32	35
2008	40	34	39
2009	47	40	45

资料来源：数据来自农业部农村固定观察点调查

四、建始县县情

1. 建始县基本情况

建始地处湖北省西南边陲，史称“川楚咽喉”，现与重庆接壤，三国吴永安三年（260年）立县，命名“建始县”，寓建县伊始，新郑祥和之意。迄今已有1700多年历史。1928年到1933年间，贺龙率领的中国工农红军第四军在建始一带曾开展过轰轰烈烈的革命运动。1949年11月5日，建始县城获得解放。建始县离省会武汉562公里，离重庆市主城区597公里。县境地形复杂，整体地势呈东北至西南走向，南北长，东西短，南北两端高，中间为小盆地。长江在湖北省的第二大支流清江穿境而过，清江以南属于武陵山脉，清江以北属于巫山山脉。全县80%以上地区海拔在1200米以上，最高处超过2000米。2011年，全县总面积2666平方公里，耕地37490公顷，占土地总面积的14.1%，人均占有耕地1.1亩，旱地占耕地总面积88%。全县可利用的土地面积252937公顷，有待开发土地资源99579.6公顷，占国土总面积37.3%。县辖四乡六镇，共有369个行政村，41个社区。总人口51.3万人。其中城镇人口6.9万人，农业人口45.4万人。

建始县是一个多民族杂居县。据2000年全国第五次人口普查显示，全县有15个民族，其中少数民族人口占全县总人口的36.3%，土家族占少数民族总人口的93.9%。县内土家族人姓氏主要有向氏、黄氏、田氏、冉氏、谭氏。土家族、苗族、回族等散居全县各地，多居住在二高山和高山地区，占全县总人口63.28%的汉族主要居住在低山地区。建始县少数民族和汉族居住地的不同分布是在历史长河

① 何宇鹏：《劳动力流动对农村地区影响的实证分析和政策含义》。

中逐步形成的，从建始各民族地域分布情况看，少数民族地区和边缘山区相互重叠。这与武陵山片区总体情况相似。

建始县虽为少数民族县，但建始与外县经济、文化交流频繁。在长期的交往中，土家族与汉族等其他民族彼此通婚，生产、生活、礼仪等习俗相互融合。不同民族之间文化习俗相互渗透，破除了因文化差异造成的不同民族群体间经济社会往来方面的障碍，有助于建始县少数民族群体发展空间边界的扩张。但建始县土家族风俗习惯仍有其独有的传统特色。建始县境内民族民间艺术历史悠久，内容丰富，其中以吹打乐（俗称打锣鼓）为代表，主要流行薅草锣鼓和丝弦锣鼓两种。民间舞蹈中跳丧舞、打花喜鼓、龙舞、狮舞、采莲船等舞蹈流行范围较广，影响较大。喜庆歌舞《黄四姐》在国内享有盛誉。从艺术欣赏的角度而言，这些民间歌舞具有很强的表现力和吸引力，是建始县推介开发原生态人文资源，并借此带动开发自然资源的重要元素。从少数民族群体现实生活的角度出发，这些歌舞是他们生活世界中的重要组成部分，是其在日常生活世界里对生活实践的一种提炼、浓缩与反映，对他们具有更为强烈的现实意义。而从农村组织化的角度而言，这些歌舞又是少数民族地区特殊的社会资本，成为少数民族不同个体之间相互联系的桥梁纽带，发挥着交流信息、互助互帮作用。当不同个体之间存在共同利益目标时，这一共享价值系统还将起到整合和凝聚功能，推动着分散个体走向组织化。

当然，建始县土家族等少数民族也深受儒家伦理思想的影响，宗族观念和家族意识相对浓厚。现有保留的土家族老房子，如有三间以上正房的，中间堂屋一般被当作祭祀祖先的处所。即使是新建的房屋，很多土家人还是会在堂屋摆上祖先牌位，以示对祖先的崇拜和敬仰。宗族观念和家族意识与少数民族文化一样也具有整合原子化个体的功能。

2. 建始县农业发展情况

建始县虽然缺乏区位优势，工业基础薄弱，现代化水平较低，但却富集各种农业资源。表3是建始县2007年到2011年主要农产品生产情况。从各种农作物近些年的产量不难看出，建始县是个名副其实的农产品生产大县。2007年，建始县全年农林牧渔业总产值为15.88亿元，实际增加值达到10.42亿元。2007年至2011年间，建始县农林牧渔业总产值持续增长，到2011年，全年农林牧渔业总产值达到24.63亿元，实际增加值达15.25亿元。2011年建始县粮食总产量21.09万吨，年末出栏肉猪65.07万头，18.14万只羊。因为这里盛产黄灿灿的玉米，建始还被称之为“金建始”。2011年，建始全年产玉米101538吨，马铃薯79124吨。因有这两种农作物做支撑，全县生猪出栏量一直居高不下。其中2009年一度出栏生猪达69.97万头。

表2　2007－2011年建始县主要农产品生产情况①

指标＼年份	2007	2008	2009	2010	2011
玉米（吨）	97028	93372	102003	103746	101538
稻谷（吨）	18810	18309	25010	25466	27590
大豆（吨）	2804	4238	4804	4942	5180
马铃薯（吨）	35452	64044	61850	69766	79124
红薯（吨）	14023	27294	30059	31229	28841
油菜籽（吨）	8517	9594	11905	12090	12332
花生（吨）	728	1136	1413	1273	1295
烤烟（吨）	1364	2644	3609	2691	3026
白肋烟（吨）	5640	9134	12188	12507	11315
蔬菜（吨）	152232	163244	217146	210002	152718
鲜菇（吨）	183	1450	217		392
茶叶（吨）	571	742	753	799	901
柑橘（吨）	4346	4254	3760	5857	2583
梨子（吨）	500	1306	981	705	636
葡萄（吨）	1063	1253	1656	1810	2385
猕猴桃（吨）		1483	751	2018	1904
柿子（吨）	2385	2088	2061	2018	1957
药材（公顷）		2100	3800	2970	3720
生漆（公斤）	41805	35067	55854	3491	115000
松脂（公斤）	70000	30000	25	758360	8500
木材采运（立方米）	13989	39625	53074	74250	89870
牛（头）		2497	2902	5175	6242
猪（万头）		60.05	69.97	61.02	65.07
羊（只）	98198	121396	146183	160100	181416
兔（只）	1331	913	821	1601	4172
鸡（万只）	61.33	98.10	151.05	146.28	151.01

① 数据源自2007—2011年《建始县统计年鉴》，建始县统计局。空白处表示没有获得该项数据。

不只是在近期，早些年间，建始县的很多农产品就在湖北省甚至全国享有盛誉。据建始县县志记载，民国初期，建始县销往汉口生漆年约3000担（合150000公斤）。1923年，《宜昌之漆》和《中外经济月刊》第六号记载："建始漆质甚佳，巴东、秭归、长阳、长乐（五峰）、鹤峰之漆，皆称'建始漆'外售之。"因建始县马铃薯产量较高，1978年，出席全国第二次马铃薯科研协作会的151名代表专赴建始参观；1978年，湖北省中草药种、采、用工作会在建始召开；是年，专家组共在本地采集到各种药材标本5021株；1979年，建始县被湖北省确定为发展山羊基地县；1984年至1986年，建始县连续三年被评为全国白肋烟生产先进县，1985年被定为全国4个白肋烟出口基地县之一；1986年，建始县腊制品"鄂西火腿"被湖北省人民政府评为湖北省优质产品；2005年，建始县被授予全国魔芋种植基地重点县称号。建始县茶叶种植历史悠久。1976年，茶园面积一度发展到1947.27公顷，成为湖北省重要的茶叶生产基地。

与其他产业相比，农业因对水土、气候等自然环境依赖性极强，因此在不同的区域适宜发展农业的程度不同。我国地域广阔，有些区域自然环境十分恶劣，生态环境异常脆弱，发展各种产业风险大，成本高。建始县地处北纬30°左右，县境兼有亚热带和温带气候特点，非常适宜各种植物的生长。从表3中各种农产品生产量和建始县曾在农业产业方面取得的业绩，不难看出该地区具备发展农业产业、走农业产业化道路的基本潜质。

表3　建始县贫困状况

指标＼年份	2008	2009	2010	2011
农民人均纯收入（元）	2490	2807	3243	3898
农民人均纯收入与全国农民人均纯收入比值	52.30%	54.47%	54.79%	55.87%
贫困人口数量（人）（贫困标准，单位：年人均纯收入）	206411（1067）	191039（1196）	176039（1196）	202000（2300）
贫困发生率	44.9%	40.9%	38.4%	43.8%
农村居民家庭恩格尔系数	52.8%	52.3%	51.8%	51.2%

3. 建始县的贫困状况

贫困面广量大，贫困程度深；地理位置偏远，缺乏区位优势；基础设施薄弱，市场体系不完善；经济发展水平低，没有市场核心竞争力的产业或产业集群；社会事业发展滞后，基本公共服务不足；生态环境脆弱，承载能力有限；贫困对象文化知识水平较低，发展能力不足等是建始县贫困的主要特点。据建始县扶贫开发部门介绍，按照新的农村人均年收入2300元的贫困标准测算，2011年，全县有贫困人口22.2万人，贫困发生率高达43.8%。这些贫困群体绝大部分分布在高山、二高山等高寒边远地区和深山峡谷地区，因地质结构复杂，公共设施建设成本高昂，又因人员居住分散，各种服务设施辐射率较低，区域封闭性突出。恶劣的生存环境和低水平的公共设施条件影响了剩余贫困群体摆脱贫困的进程，增加了减贫难度。除此以外，空间上的封闭与思想上的封闭往往具有若非必然也必定相关的关系，发展能力不足也成为限制这些群体摆脱贫困的主要因素。

建始县作为国家扶贫开发工作重点县是个不争的事实，表3的几项数据集中反映了这个少数民族县的贫困程度。2010年，以人均年收入为1196元标准测算，建始县贫困人口还有176039人，贫困发生率为38.4%。当前这部分群体的绝大部分应该还处于深度贫困状态。2008年，建始县农民人均纯收入仅为全国农民人均纯收入的52.3%，到2011年，经过4年的“追赶”这一比值虽然提高到55.87%，但因2008年人均纯收入基数悬殊太大，建始县农民人均纯收入与全国平均水平实际差距没有下降反而有所上升。2011年，其农民人均纯收入与全国平均水平相差达3079元。

2008年，建始县农村居民家庭恩格尔系数高达52.8%，2009年为52.3%，2011年为51.2%。农民居民家庭恩格尔系数高居不下，也有力地说明建始县的贫困深度。

五、农业产业化扶贫面临的问题

农业产业化扶贫是农村减贫的实践创新。在农业仍然是很多贫困地区的主要产业情况下，走农业产业化扶贫道路无疑是贫困地区发展经济和贫困对象稳定脱贫的必然选择。

1. 贫困地区农业生产面临的特殊困境

贫困地区特殊的自然环境、市场环境和农民经营管理农业水平与经济条件相对较好的地区相比，贫困地区的农业产业发展会面临更多考验。

(1) 贫困地区的农产品销售难的问题更加突出。自20世纪90年代以来，中国经济由全面短缺走向相对过剩，农产品销售由卖方市场变成了买方市场。1986年，山东枣庄初步探索出了“农工商、产加销”一体化经营的路子，正是因为当时枣庄生产的羊毛出现脱销，地方政府和企业为了消除困境做出了农业经营制度上的创新①。目前全国农产品市场相对过剩的大环境没有得到根本改观，面对同样的外部市场环境，在宏观区域层面，不同地方的农产品销售面临的难度系数是不一样的。经济条件较好的地区现代化水平相对较高，受到现代工业技术的辐射影响，这些地区的传统农业向现代农业转型的时间一般较早，转型的效果也比较好。产品质量是产品市场竞争力的核心，经济发达地区的农业产业率先完成了技术转型，无疑增强了该项产业的市场竞争力。而在贫困地区，使用现代生产技术的氛围不浓厚，农民对传统生产技术依赖性强，加之这些地区缺少资本后盾，农业产业转型的难度大、时间晚。面对已改变了的大市场环境，农产品销售难的问题更加突出。除此之外，经济发达地区的非农就业人口数量多，农产品需求市场容量大，同时这些地区城市化水平高，现代物流系统、快捷公路网以及商业信息互动平台也基本得以建立，这些条件为农产品销售奠定了非常重要的基础。而贫困地区显然缺少上述资源。建始县花坪镇的一些农户依托当地高山低温的特殊气候优势，曾尝试发展反季节蔬菜，但后来因为缺少销路，不但没有从中受益，而且先前投入的资金和劳力也多半付诸东流。

（2）贫困地区一般难以享受到农业产业的规模效益和分工效益，同时较小的经营规模也限制了农民的各种创新性行为。规模经济理论是新古典经济学讨论的重点。所谓的规模经济是指某一产品的平均成本随着产出的增加而递减的现象。农业生产的规模化与专业化之间存在着相互影响和塑造的关系。农业规模经营在生产环节更适合采用专业机械、先进技术，在储藏、加工、运输、销售等环节更可能实现低成本的社会化运作，因此，规模化通常能诱发生产过程的分化。反之，因农业生产的专业化提升了农业产业效益，强化了产品的市场竞争力，从而又助长了规模化生产的势头。应该说在经济发达地区，比如我国的山东、河北一带，受资本、市场等因素的影响，其农业生产的社会分工比较明显，农产品规模化生产的较多。但在贫困地区，如建始县，尽管整个县域某些农产品年产量较高，但实际上因受发展基础、经营管理能力、交通等因素限制，具体到每一个农业生产、加工单位，其规模都比较小，分工也不明显。

另外，在市场经济条件下，农业经营主体要面对市场风险和自然风险的双重考验。从改善分散化的农业经营主体在市场和自然风险面前的不利地位角度，他们应

---

① 张学鹏、卢平：《中国农业产业化组织模式研究》，中国社会科学出版社，2011年版，第3页。

该对合作化有积极的反应，但从现实情况来看，这种合作化的制度创新难度很大。这其中的原因在于一项制度变迁不仅仅取决于制度变迁的预期收益，也取决于制度变迁的成本。当制度变迁给经营主体带来的收益大于其所付出的成本时，各主体就会主动接受和认可制度变迁。而如果制度变迁的成本相对较高，实际从中获取的利益极为有限时，农民就缺少参与制度变迁的动力。由于贫困地区单个经营主体的规模很小，收益有限，加之制度创新的主体在思想观念、知识积累和行为模式等方面还不能适应市场经济发展的要求，贫困地区农业生产者的组织化难度很大。这也使得部分学者认为外生型组织是贫困地区合作得以形成的必然选择。①

农业小规模的经营方式还会限制其他方面的创新，比如笔者在调研中发现，政府支持农民发展特色优势产业，但因农民主观上具有较强的风险规避意识和客观上受资金、劳力和土地等因素的限制，每家每户的实际生产规模并不大。在规模有限的情况下，农户对该项产业的预期收益也就不会太高，并直接影响了他们学习新技术和引进新技术的动力。一旦一种新发展的产业缺少先进技术的支撑和精细管理，产业的预期效益就很难实现，最终该项产业也将逐步走向衰落。在贫困地区的农业产业发展中，这种矛盾并不少见。

（3）贫困地区频发的自然灾害对农业产业影响巨大。农业产业对土地、气候等自然环境具有很强的依赖性，农业的这种自然性特点决定了农业发展受到自然条件的影响和制约较大，相应任何自然风险也都有可能对农业产业造成毁灭性打击。这是所有农业产业面对的共同挑战。但在不同的气候带，不同的地质结构以及对自然灾害的应对能力不同的地区，灾害对农业产业的影响也大不相同。从经济维度而言，在我国，贫困地区的农业产业遭受自然灾害破坏的机会更多，影响也更为严重。究其原因主要有三个方面：第一，当前我国贫困地区和自然生态脆弱区高度耦合，贫困地区自然灾害发生频率高、种类多、破坏力度大。以建始县为例。据建始县县志记载，从1959年到1994年间，建始县共遭受过干旱、暴雨、连阴雨、秋风、寒潮、冰雹、大风等7种灾害性天气影响。其中1959年到1980年22年间，共有6年出现过大旱和特大旱天气，有10年出现过中旱天气。建始县西北部和北部地区平均每年有5次暴雨。1983年，全县遭受暴雨袭击，农作物受灾面积达20046.8公顷，其中2778.07公顷的良田颗粒无收。② 第二，贫困地区的农业产业应

① 黄胜忠：《转型时期农民专业合作社的组织行为研究：基于成员异质性的视角》，浙江大学出版社，2008年版，第55页。

② 建始县地方志编纂委员会：《建始县志》，湖北辞书出版社，1994年，第92页。

对自然灾害的能力极为有限。在人类从事农业生产活动早期，因为生产力水平低下，农业劳动者只能被动地承受自然灾害的破坏，但随着农业生产技术的提升，人们逐步地意识到通过建立现代农业生态系统，可以一定程度上规避自然灾害对农业产业的影响，促进农业的可持续发展。这就是在经济发达地区积极推广的避灾农业。避灾农业是一种技术含量高、资金投入力度大，而且需要较完善的基础设施和较高的经营管理能力作配合的农业类型。贫困地区因为经济发展水平等因素限制，很多农业仍然处于被动对抗自然灾害的阶段。

目前，学术界对灾害风险已经做出较为深入的研究，比较具有代表性的灾害风险模型将风险等同于灾害的危险性、受灾对象的易损性、受灾对象在风险中的暴露程度和受灾对象防灾减灾能力四个因素结合，即 R（风险） = H（危险性） · V（易损性） · E（暴露性） · C（防灾减灾能力）①。贫困地区灾害发生频率高，农业自身抗灾能力差，相关避灾性设施缺位以及农民自身的防灾减灾能力、意识欠缺，这些特点集中说明，贫困地区的农业产业遭遇自然风险破坏的可能性更高。

2. 农业产业化扶贫在减贫方面存在的问题

贫困地区农业产业面临的特殊困境进一步说明，目前我国经济落后地区发展农业产业必须要走产业化的道路。但问题在于，目前产业化扶贫的一些办法、方式并没能很好地应对以上问题。而且由于贫困对象和贫困地区的特殊性，农业产业化扶贫在实际减贫方面还存在很多难以应对的挑战。

1989 年，考虑到贫困地区农业产业面临的产品销售难、技术水平低、难以取得规模效益及市场风险和自然风险大等问题，同时基于认为经济实体具有专业技术和专业管理人员，可以组织规模化的经济活动，并可以为贫困农户提供产前、产中、产后服务和创造就业机会等，国务院扶贫办（当时称“国务院贫困地区经济开发领导小组”）与中国农业银行曾联合发文，将扶贫贴息贷款从直接扶持贫困农户调整为支持可能为贫困农户提供系列化服务的龙头企业。于是，贫困地区的农业产业化就走上了公司 + 农户的模式。立足于宏观层面，尽管迄今为止并没有翔实可靠的数据来系统评价这种方式的效率，但很多具体个案都表明，因为对经济实体缺乏严格的认定标准，同时受贫困地区发展基础和农村贫困形势等多种特殊因素限

① 张继权等：《综合自然灾害风险管理——全面整合的模式与中国的战略选择》，《自然灾害学报》，2006（15）。

制，不仅仅贫困对象实际受益极为有限，而且向企业发放的贴息贷款还款率也比较低[①]。因为这些原因，从1996年开始，这项政策基本上被停用了。进入21世纪以后，随着有关决策部门对农业产业化扶贫的重视，国务院扶贫办在制定更加严格的龙头企业认定标准和对龙头企业开展严密监控的情况下，又重新启动了支持扶贫龙头企业发展的政策。据国务院扶贫办统计，到2006年年底，全国经国家和省级认定的龙头企业共计934家，政府在信贷、资金、培训、征地、税收等方面给予这些龙头企业支持，这也意味着“政府将贫困地区稀缺的资金、培训和土地资源配置给了被寄予厚望的龙头企业”。[②] 李周（2005）等人对产业化扶贫政策进行多方面评估后指出，中央政府推出的产业化扶贫政策主要是对国家扶贫龙头企业发放财政扶贫贴息贷款。这项研究也有力地证明了上述论断。

在理论层面，不论是从缓解农产品销售难、消除贫困地区农业产业的市场和自然风险，还是从加快贫困地区农业结构转型等方面，扶持贫困地区龙头企业都应该是产业化扶贫的最优选择，但立足于实际，逻辑上的合理并不意味着现实就按照理想的路径行进。比如国外学者Seeberg（2000）针对一项家禽饲养项目的研究发现收益农户中有一定比例的农户是处境好的家庭，而这些家庭并不是项目的目标人群。Tesen（2002）的研究验证了这一说法，认为许多饲养项目实际实施中是排斥最贫穷农户的。我国学者左停（2006）对内蒙古自治区奶牛饲养业对奶农的影响开展的一项研究发现，奶农与奶牛经纪人、奶站经营者、奶业公司相比，处于一个相对弱势位置。他认为“在经济发展政策的实施中，以权力和物质基础为核心的收益机制有较大作用，结果是政策利益会倾向于权力，其直接影响是贫困人口被排除在经济发展政策实施过程中。在产业化经营中，最贫困人口参与到经济活动中并不容易。”[③] 国内外学者就农业产业化减贫效果所进行的研究是一种特殊情境中的研究，缺乏对该问题更高一个层次的分析。笔者结合在建始县调研获取的数据、信息以及目前已有的文献，就贫困地区农业产业化在减贫方面存在的问题及问题产生的原因作一系统论述。

（1）现有的农业产业化体系对贫困农户存在较大的“排斥性”。

第一，主要源于产业发展资金的限制。因有限的农业产业化扶贫资金主要用于培育经济实体，同时基于为了增强扶贫对象对项目的拥有感，政府一般不会选择全

---

① 据中国农业发展银行统计，1991—1993年，扶贫贴息贷款的年均偿还率只有54%。

② 郭建宇：《农业产业化与减缓农村贫困》，中国财政经济出版社，2008年，第4页。

③ 左停：《奶农收益获取途径及其贫困影响分析——内蒙古自治区某地奶牛发展政策的实证研究》，《农业经济问题》，2006（3）。

额支持贫困对象发展农业产业。在这种情况下，因缺少产业发展启动资金，那些最贫困的农户很可能无法参与产业化经营过程，进而无法享受产业化扶贫政策带来的好处。由联合国开发计划署和中国国际扶贫中心于 2011 年联合组织开展的一项研究也认为，产业化扶贫对贫困人口有排斥效应。报告中以陕西卜家村蔬菜大棚为例，指出即使大棚效益好，项目比较容易争取到，但农户参加项目的门槛很高，真正的贫困户很难参加该项目[①]。关于这方面的案例在建始县也存在。经过政府长期扶持，近几年建始县花坪镇村坊村的关口葡萄十分畅销，经济收益较好。葡萄产业切实增加了当地大多数农户的家庭经济收入。但笔者调研发现，那些贫困程度较深的农户面对在新技术条件下每亩至少 5000 元的投入，最终选择了传统低成本的生产方式。对于贫困农户而言，该产业给他们带来的经济收益十分有限。

第二，主要源于劳动力的限制。撇除制度因素，贫困地区农村家庭劳动力素质与家庭经济水平之间也存在一定相关性。贫困农户因吃住条件差以及“小病拖、大病挨，病倒才往医院抬”的“就医习惯”，家庭成员患顽疾的几率较高，劳动力总体质量相对较差，同时因经济条件限制，贫困家庭的人员知识文化水平普遍偏低，从而降低了农业生产的实际经营管理水平，对精细化农业生产活动构成限制，影响了农业生产的效益。

第三，主要源于贫困农户的偏好是高度规避风险的，贫困农户对发展新型产业的信息和动力不足。贫困农户特别看重当前的收入，而对未来的收入并不很关心。换句话说，贫困农户的折现系数是非常低的。他们一般不愿意改变传统的生活生产习惯，对以往的生活生产方式有较强的依赖性。体现在穷人身上的这种行为特点与其经济水平和对与产业发展相关的关键性信息的获取能力有关。

其一是贫困农户的经济一般是生存经济，贫困家庭的收入只能维持其家庭的正常运转，在这种情况下，任何经济风险都有可能将整个家庭带入更加贫困的境地，从而使得他们很难或再也无法摆脱贫困。从这个角度而言，穷人的偏好是高度规避风险的，主要是基于发生的风险对他们造成的破坏力较大。如针对发展葡萄产业，某农民说：“有些人想只要种好地至少不会饿着。如果把土地拿来种植葡萄，他们就担心没有大米吃，没有土豆来喂猪。”

其二是贫困农户缺少获得与产业发展相关的关键信息渠道。以建始县葡萄产业为例，产业发展之初，有些农户通过熟人，能较早地了解各种优惠政策，明确政府

① 中国国际扶贫中心、联合国开发计划署：《中国新发展阶段中的减贫挑战与对策研究》，2011 年。第 99 页。

对发展该产业的决心。在目前农村各种发展实践中政府仍居于主导地位和国家越来越重视农村发展，向农村提供越来越多实质性支持的情况下，来自体制内的可靠信息对农民行为有十分明显的影响。而另外一些农户决定调整产业结构或发展一种新型产业，与其交往的群体提供给他的信息和支持有关。以往的很多研究主要关注产业发展对市场、技术等信息的依赖，而无视这些信息对农民决策是否发展产业以及发展何种产业的影响作用。如村坊村发展葡萄产业之初，很多农户并没有积极响应政府号召，尤其是贫困农户，因担心市场和自然风险，在没有看到这项产业的收益之前，只会选择驻足观望。时任村坊村的书记介绍说："刚开始的时候，动员一家一户发展葡萄产业很难。1982 年我们这里实施家庭联产承包责任制，将农田统一分配到户。现在要想将农民再组织起来发展产业，难度非常大。为此我们基层党员干部流了不少汗，吃了不少苦。我们让党员、干部带头示范，让老百姓相信我们这个地方可以种植出品质较高的葡萄，而且还能将葡萄卖出去。通过这种方式，老百姓看到了前景，后来便自发地种植葡萄。"

对于贫困农户来说，缺乏冒险精神以及缺少了解产业发展形势的参考信息，并不会像缺少资金、土地、劳动力等硬性障碍那么难以克服。正如上述案例所反映的那样，一旦贫困户的熟人圈中的主体，如本村干部或党员经营的产业实现了预期收益，这些贫困户就会很快消除各种风险顾虑，并加入到产业发展队伍中。但问题在于，一方面，在产品销售市场不能迅速打开的情况下，因产品供应量的增加使得该产品供求关系进入一种新的均衡①，在这一均衡点上，产品利润水平要低于此前的水平。换言之，那些后来进入产业梯队的农户一般难以分享该产业的超额利润。另一方面，分散化的农业产业经营方式易于导致产业发展出现低水平恶性竞争。较早发展某类型产业的农户因已与客户建立起了关系，在低水平恶性竞争状况下，借助此前已建立的销售渠道，他们还可以继续获得稳定收益。当然，如果恶性竞争一直持续，最终要么所有产业经营户走到一起形成联盟组织，由组织代理人对所有产业户统一管理，规范经营，要么部分农户在竞争中逐渐被淘汰，从而无法从产业发展中受益。如果是后一个结局，显然那些贫困户往往就是被市场淘汰的对象。

（2）企业与农户之间的商品契约缺乏稳定性，对农业产业化效果有影响。

相对于农户而言，龙头企业在信息处理能力、市场开拓能力、技术创新能力、

---

① 一般而言，产业发展在缺乏规范管理的情况下，很容易出现"一哄而上"的局面。在很多情况下，这种"一哄而上"一般出现在第一批经营户取得较好的经济收益之后的一段时期。在产品市场还没有完全打开的情况下，"一哄而上"极有可能对市场造成极大冲击，甚至会影响到正常的市场秩序，导致产品滞销，从而有可能将本地区该产业推向终结。

资金融通能力、资产组合能力等方面具有很大的优势，这说明龙头企业的确是产业化链条中的核心环节。[①] 当一个地区形成了多个具有一定规模的龙头企业，或者形成了一个规模庞大的知名龙头企业时，这些龙头企业的确能够起到稳定一个地区产业化基地发展和降低专业化生产市场风险的作用。但立足实际情况，目前大多数贫困地区都无法实现规模化的标准。建始县也不例外。在有关农业产业化研究中，农户与企业的关系形式及其稳定性问题一直都是讨论的焦点。有关资料显示，农业产业化主要形式之一“公司＋农户”，公司和农户之间的契约违约率高达80%[②]。这其中既有公司违约的情况，也有农户违约的情况。但不论是公司违约还是农户违约，一旦出现违约就说明以支持经济实体发展为手段的农业产业化扶贫方式存在纰漏，这种农业产业化扶贫方式实际效果有待提高，相关机制有待完善。

首先，因信息不完全和农业生产的专用性投资等原因造成的公司有违约的机会主义倾向。公司是追求利润最大化的经济实体，从这一点上来说公司绝对是“自私”的，其在收益分配上遵循资本增值最大化为原则，不承担将利润返还给农户或为农户承担经营风险的义务。在信息方面，农民和商人在签订购销合同的过程中，商人一般拥有更加完备的市场信息和法律信息，因此，相关合约内容很有可能将市场风险和自然风险推给农户。这种情况包括商人在已经知道市场需求或价格变化而做好违约准备等情况下，与不了解市场情况的农民签订不能履约的假合约或条款不明晰的合约[③]。在资产专用性方面，由于农业生产投资具有比较显著的专用性特点，加之农民以分散的形式与企业签订契约关系，这为企业的敲竹杠行为提供了可能。比如，烟叶种植对土壤管理和相关配套设施要求较高，而且种植烟叶也需要农户进行专用性的人力资本投资。在烟叶只能卖给当地的烟叶公司时，公司就有可能向农户进行敲竹杠，如压级、压价等。建始县是产烟大县，对于公司的敲竹杠行为，很多农户反映强烈。比如某烟农说，2011 年，他的烟叶起码要达到 4 元一斤，但烟草站工作人员压了级别，只给 3 元一斤。烟农对烟草站的这种做法颇有微词，甚至极度抱怨，但因烟叶经营是地方财政的重要来源，同时烟叶公司为烟草发展也投入了大量的专用性资产，比如电力设施和水利灌溉设施等，所以地方政府一般会借助行政力量，配合烟草公司维持烟叶的专卖权。在这种情况下，由于烟农没有替代选择，烟草公司对烟农的敲竹杠行为发生的可能性就会更高。

---

① 黄胜忠：《转型时期农民专业合作社的组织行为研究：基于成员异质性的视角》，浙江大学出版社，2008 年版，第 55 页。

② 刘凤芹：《不完全合约与履约障碍——以订单农业为例》，《经济研究》，2003（4）。

③ 刘凤芹：《不完全合约与履约障碍——以订单农业为例》，《经济研究》，2003（4）。

目前的很多研究都指出农户和企业之间的多次博弈可以有效解决双方违约行为，周立群等人的研究甚至指出，龙头企业与农户之间进行多次博弈以及企业对农户的农业生产过程进行专用性投资以后，农户与企业之间的商品契约关系可以实现如同要素契约一样的稳定性，有效避免了双方的机会主义倾向①。重复博弈确实能增加缔约各方的信任程度。在一次交易中，各方都有动机在有利于自己时采取违约行为，但倘若是重复博弈，一方违约，另一方就可以在下一次交易中对其实施惩罚。从目前贫困地区的情况来看，农业经营的分散性决定了农民的实际博弈能力十分有限，即使企业出现违约行为，农民也没有能力对企业实施制裁，同时贫困地区距离中心城市较远，交通干线不发达，企业具有地域垄断优势。这导致很多农户在下一次交易时因缺少选择性的交易渠道，而没有能力以拒绝交易的方式对企业违约行为进行惩罚。除此之外，商人是否会违约也与企业的信誉价值有关。企业规模大，在全国市场中有影响力，相应就会更加重视企业自身的信誉问题。贫困地区的龙头企业一般规模都不大，即使违约了，对其信誉也不会造成很大的影响。目前的很多事实都表明，在市场恶化的情况下，贫困地区龙头企业的机会主义行为已成为常态。

其次，农民违约对地方农业产业的可持续健康发展不利。在很多的农业契约违约案例中，都表现出农户具有很强的机会主义倾向，因此目前有关农业契约中研究农户违约的比比皆是。很多人认为，在“公司＋农户”的产业化经济模式中，农户违约是因为农民缺乏市场经济意识，没有信誉。比如，村坊村的前任书记在组织农民合作销售葡萄失败之后，就深刻地体会到“和农民搞事难度很大，很不容易”，原因在于农民信誉不高。那么究竟为何农民不讲信誉呢？赵西亮等人从理论层面对农户的违约行为做了较为全面、系统的解释。赵西亮等人认为，我国的农户是规模非常小的经济个体，这是农民违约的根本原因。首先，小规模的农业生产和较低的经济水平决定，农户的偏好是高度风险规避的，也即他们特别看重当前的收入，而对未来的收益不会太关心。这种现象在此前的案例中也有涉及。换言之，农户的折现系数很低，信誉对于单个农户来说意义不大。其次，在农产品交易中，有关农户信誉的信息很难获取，这导致违约对农户信誉造成的负面影响极为有限。最后，农民小规模分散经营的方式决定，即使农户没有履约，企业也很可能因为诉讼成本太高，选择放弃对农户的违约行为进行控诉。当农户意识到其违约成本很低时，对违

① 周立群、曹利群：《商品契约优于要素契约——以农业产业化经营中的契约选择为例》，《经济研究》，2002（1）。

约自然会肆无忌惮，随心所欲。[①] 从一次交易来看，农户违约能够获得更多收益，是符合自身利益最大化的一种理性行为。但问题在于农户的短期理性往往与长期非理性，个体理性与集体非理性同时存在。农民的违约在很大程度上破坏了市场秩序，使得组织或企业陷入困境，对组织和企业的长期稳定发展造成了负面影响。企业是产业化链条中的核心，企业因农民不讲信誉发展受到限制，将会反作用于农户，对农户农业产业的健康发展构成影响。

六、产业化扶贫与社会资本之间的关系

社会资本是以信任为基础，以社会关系网络为外在形式，是个人、团体可以从社会关系网中摄取的有助于实现行为目标的社会资源。社会资本分为个体社会资本和集体社会资本两种类型。个体社会资本包括微观层次的个人、家庭或组织的社会关系网络，集体社会资本在于发现存在于集体内部的结构要素，这些要素能够强化集体内成员信任关系，解决集体行动困境。结合现有的研究成果，我把个体社会资本又划分为紧密型社会资本和跨越型社会资本两种类型，前者代表个人、家庭或组织的社会关系网是闭合的，构成社会关系网内部的个体相互熟悉，而后者代表这一网络跨越了群体、空间或阶层界限。紧密型社会资本能够促进集体合作，弥合集体行动困境，而跨越型社会资本能够从中汲取不同的信息和资源，有助于行动者寻找和获取异质性资源。

贫困地区的产业化扶贫与社会资本之间的关系主要体现在以下几个方面。

第一，贫困家庭社会关系网络规模小，跨阶层之间的交往较少。贫困家庭社会资本的这种特征决定其发展新型农业产业的信心不足，收益有限。

经济、教育等要素都是影响个体社会关系网络特征的重要因素。同拥有较高收入和受过较高教育的人相比，较低收入和较低教育水平的人更可能是孤立的，他们拥有较小的个人社会关系网络，而且社会关系网络具有明显的封闭性特点（张文宏，2006）。[②] 洛温塔尔和鲁滨逊的研究也发现，经济条件较差和教育水平低的人在社会交往和互动方面不太活跃。穷人的社会关系网络规模小，既限制了其获取影响产业发展的重要资源和关键信息，同时也影响了贫困户进入产业化扶贫体系的积极性和主动性。在传播理论中，比较著名的理论之一是“门槛理论”（格兰诺维

---

① 赵西亮、吴栋、左臣明：《农业产业化经营中商品契约稳定性研究》，《经济问题》，2005（3）。

② 张文宏：《中国城市的阶层结构与社会网络》，上海人民出版社，2006年版，第28页。

特）。该理论预设每个人都有一定的动机参与集体行为，但每个人的动机也会受到外部环境的影响。这主要是因为一方面别人的行为具有示范效果，另一方面在每一个人都预定有一个风险值，而参与的人数与参与的风险在个人看来是成反比的，于是在每个人心中都有一个门槛——多少人参与了我就跟着加入，这个“多少人”就是基于示范效果与风险考虑后设定的心中门槛。[①] 贫困对象风险规避意识强，加之贫困户社会关系网络规模小，交往范围狭窄，交往圈子封闭，贫困户在参与新型产业发展的时间点上晚于其他类型的农户必然是一种普遍现象。在贫困地区农产品交易网络尚不发达、产品缺乏大型深加工企业带动的情况下，新型农业生产的先入者和后入者在产品收益以及抵御市场风险方面都存在明显差异。比如，位于建始县长梁乡的某农民说：“越穷的人对发展新型产业的信心越低。近几年长梁乡空心李很赚钱，但以后发展的多了，赚不赚钱很难预测。很可能因为产品太多，在产品的深加工还没有形成情况下，后发展的那些农户很可能赚不到钱，甚至会赔本。”笔者在调研花坪镇的关口葡萄产业时也发现了类似问题。目前关口葡萄主要是在地销售，市场销售范围有限，那些早期发展的农户因为有“老客户”，在当前葡萄产量成倍增长的情况下，他们还能以较高的价格将葡萄销售出去，但那些后期发展的农户，因为没有这样的“老客户”，不仅其销售价格比以前低，而且销售的风险也越来越大。贫困地区分散化的农业经营方式，很容易导致产品的低水平竞争，很多事例都说明，那些“后入者”往往将成为低水平竞争的牺牲品。

第二，贫困农户社会资本规模小，交往群体同质性高，能够从社会关系网络中汲取的资源有限。有关农业产业化扶贫益贫性的研究，都指出那些最贫困的农户很可能难以享受到产业化扶贫政策。贫困地区特殊的地理环境、气候条件和分散化的耕地结构，决定了这些地区的农业产业必须走特色优势产业的道路。特色优势产业一般具有劳动力投入量大、单位面积资金投入高等特点，在这种情况下，贫困农户极可能因缺少启动资金而无法享受该产业政策。以往的很多研究只关注单个农户的经济水平和能力等个体性要素对其发展行为的影响，而没有将贫困户放置在社会网络环境中对其行为进行深入考察。在产业发展的过程中，即使是经济条件好的群体，他们也需要资金等其他方面的支持。按照社会交往的同质性原则，经济条件较好的人，社会关系网中的群体经济条件一般也较好，所以他们可以轻而易举地从关系网中借取资金，换言之，蕴含在社会关系网络中的社会资源能有效帮助富裕群体缓解危机或抓住发展机会。而对于穷人，其社会关系网中的群体经济条件一般较

---

① 李培林：《社会学与中国社会》，社会科学文献出版社，2008年版，第344页。

差，即使与穷人有亲缘关系的个别家庭经济条件较好，也常因为担心穷人“还不起”，很难给予贫困户实质性的帮助。关于产业发展资金方面，国家虽已出台政策支持农民进行小额贷款，但由于资金属于稀缺资源，资金的分配很容易受到“中国式关系”的影响。经济条件好很容易通过“关系”的运作，最终建构起一条通往金融部门的关系渠道，而这对于穷人来说十分困难。类似于这样的重要部门对产业发展很关键，富人通过社会关系网的运作能够动员到各种资源支撑其产业发展，但穷人因关系网狭窄，交往能力有限，自然也就很难从社会关系网中动员到重要的社会资源。

第三，贫困地区成立农业经营合作组织难度很大。不论是从实现农业生产的规模化和专业化效益、提升生产者获取市场信息的广度、增进农民的博弈能力、提高契约双方的履约率，还是基于应对贫困地区多发的自然灾害、贫困人口缺少产业发展启动资金以及对产业发展信心不足等问题，都决定了贫困地区发展农业产业必须以合作经营组织为载体。但由于单个经营者的规模小，收益有限，加之贫困对象的知识积累和行为模式等方面还不能适应市场经济发展的要求，组织难度很大，成本高昂。在这种情况下，走外生型合作组织道路成为贫困地区的必然选择。外生型合作组织的一大特点是各参与主体的资源禀赋和角色不同，组织运行成本主要由某个或某几个主体承担，小规模经营的农户承担很少的成本或基本不需要承担成本。

近些年，国家各层面也意识到农业经营合作组织的重要性，并于2006年颁布了《中华人民共和国农民合作社法》具体规范指导我国合作经营组织的运行。在贫困地区，国家有关方面出台了一系列支持贫困地区农业经营组织发展的政策。如《纲要（2011－2020年）》明确指出通过扶贫龙头企业、农民专业合作社和互助资金组织，带动和帮助贫困农户发展生产。但从实际出发，贫困地区农民经营合作组织“有名无实”的多，“名副其实”的少，组织化程度很低，对农民，尤其是贫困农户的实际带动能力有限。建始县的很多合作社都是由以前的产业大户或小商贩主导成立的，合作组织的这种发展模式虽然印证了贫困地区必须走外生型组织的模式，但从合作社的实际运行情况看，这些组织大多数没有明确的社员，与农户之间的关系也基本上是纯粹的市场交易关系，在部分农户缺少产品销路的情况下，这些“合作社法人”也会以压价、压级的方式从中获取最大限额的利润。笔者在询问一些农户为何不加入当地由以前商贩主导成立的合作组织时，他们都答复说想加入的是一个“真正”的合作社。由此可以看出，在政府各种优惠政策的支持下，尽管极大降低了贫困地区成立合作组织的成本，但由于普通农户和合作社主导者之间缺乏合适的纽带关系，贫困农户实际也很难从该项政策中受益。作为政府工作人员，在认识到贫困地区合作组织的可行路径时，关键还得考虑如何让合作组织成为代表贫困农户利益的组织。在这一方面，通过利用和培育贫困群体内部各种社会资本，发挥内聚型社会资本作用也是应对这类问题的必然的选择。

七、贫困地区农业产业化扶贫的出路

当前我国贫困地区农业产业发展面临前所未有的机遇，这些机遇既包含市场的变化、政策的调整，也包含源于农民的社会化为小农的农业生产带来的新活力。近些年，中国人的食品消费结构发生了很大变化。黄宗智等人研究认为，中国人的食品结构正在经历由植物纤维为主向兼重动物脂肪及高蛋白的转变，同时水果的消费量也呈现出逐年上升趋势①。结合外部市场环境的变化以及贫困地区内在独特的自然条件、气候条件和劳动力资源优势，发展劳动力投入强度大、对气候条件要求独特的特色产业类型应当是贫困地区农业产业的首要选择。建始县的关口葡萄从早期只是在农家房前屋后零星种植到2011年发展到3500亩，成为名符其实的带动农民增收致富的产业，就是一个很好的例证。但在贫困地区，产业发展面临诸多困境，这种困境有些是所有农户都将面临的难题，比如自然灾害多发、产品交易市场网络体系不健全、龙头企业实际深加工能力弱、分散经营的农户获取市场信息难、技术创新成本高、与经济实体博弈能力差、企业和农户之间履约率低等问题；有些只是因贫困对象的特殊性，而对贫困农户的农业产业发展构成了门槛限制，如缺少产业发展启动资金、对发展新型产业信心不足、产业发展滞后、应对市场风险和自然风险的能力更差等问题。从社会资本的角度看，实现贫困地区农业产业化的健康运行并提高农业产业化扶贫的益贫效果，需要从三个方面予以应对：一是贫困地区要形成组织化程度比较高的经济合作组织，以该组织实体为载体，政府和社会力量帮助其构建跨越型社会资本，促使其与外部大市场接轨；二是帮助贫困户建构社会资本，使贫困户免遭因缺少社会关系网而被产业化扶贫体系排斥；三是将农户进行组织化，以组织化的力量来应对贫困地区更加严峻的自然和市场风险。

将以上三个方面归于两点：第一是增强贫困地区农户的组织化程度，利用紧密型社会资本帮助贫困农户和其他农户建立合作关系，缓解贫困户社会关系网络规模小、资源少、农户社会支持不足问题。以建始县为例，贫困地区内聚型社会资本至少包括亲缘网络、象征性团体网络、功能性网络和地缘网络四种。亲缘网络又包括

① 黄宗智、彭玉生：《三大历史性变迁的交汇与中国小规模农业的前景》，《中国社会科学》，2007（4）。

宗族网络和姻亲关系网络；象征性团体网络是指因少数民族地区特殊文化，也即共享价值观念、仪式等对少数民族群体起到的社会整合作用，通过这种文化和仪式的整合建构起人与人之间的网络关系；功能性网络主要体现为现有的社会组织成员之间的已经存在的人际关系；地缘网络是指以地理位置为联结纽带而形成的网络关系。这些社会资本能够有效弥合集体行动的困境，为农民经营合作组织提供了可供选择的路径。第二是以贫困地区的合作组织为载体，政府和其他社会力量帮助合作组织建构跨越型社会资本，通过合作组织来解决贫困地区跨越型社会资本不足问题。在构建跨越型社会资本方面，贫困地区的合作组织可以学习借鉴西方发达国家农民合作的方式，与其他地区的组织联合创建二级组织。在社会学上，二级组织是一种社会系统，指的是带有特殊结构特征的组织——也就是在超越社区层面上联合几个基层团体的组织。它们有能力将强势团体内部关系和弱势团体外部的网络连接起来，并采用一种能够使上述两种关系更为积极配合的方式①。贫困地区可通过构建这种二级组织或更高级别的组织进一步增强合作组织的市场竞争力和抵御风险的能力②。

① C. 格鲁特尔特：《社会资本在发展中的作用》，西南财经大学出版社，2004 年版，第 317 页。

② 黄祖辉：《农民合作：必然性、变革态势与启示》，《中国农村经济》，2000（8）。

专题报告六：地方生态优势与武陵山片区可持续发展

——以恩施州建始县为例

李利玲

一、良好的生态系统在区域可持续发展中的重要性

随着经济社会的繁荣发展，人类越来越认识到生态环境的重要性，自然界蕴含着丰富的资源，人类生产生活的基础来自自然界，生态系统调节和保持着地球生态过程，生命的维持与延续都是建立在平衡稳定的生态系统之上的。但是，科学技术的发展在带给世界高度发达的物质文明的同时，也造成了一系列生态环境问题，如自然资源和能源过度消耗、生态环境恶化、生物多样性减少等。特别是早期发达国家的工业化走的是一条先污染后治理的道路，使得生态环境遭到了严重破坏，前车之鉴，我国在经济发展过程中也越来越重视对生态环境的保护。例如，政府在“十一五”规划中就已提出要在降低消耗、保护环境的基础上增强发展的协调性，实现经济的又好又快发展。但是，由于长期受传统思想观念的影响，生态保护意识仍然较弱，目前我国的生态环境仍面临着十分严峻的挑战，主要体现在以下几个方面：第一，生态系统失衡，生态破坏范围扩大；第二，生物多样性锐减，许多珍稀动植物濒临灭绝；第三，生态环境脆弱，制约了经济社会发展，特别是在农村贫困地区，经济发展与生态建设陷入恶性循环。基于目前我国生态环境形势的严峻性、复杂性和紧迫性，必须采取一切强有力的综合措施，在生态建设的基础上发展经济，以实现经济、社会、环境的可持续发展。总之，把现代经济发展建立在生态系统的良性循环的基础上，这是实现21世纪现代经济社会与生态环境相协调的可持续发展的必由之路。

在扶贫开发过程中，为了发挥不同地区各自功能中的“主体”功能，按照“将国土空间开发从占用土地的外延扩张为主，转向调整优化空间结构为主；以生

态保护为前提，以水土资源承载能力和环境容量为基础，有度有序开发；提高空间利用效率，引导人口相对集中分布、经济相对集中布局；促进人口、经济、资源环境的空间均衡”的具体要求，我国“十一五”规划提出：“将国土空间划分为优化开发、重点开发、限制开发和禁止开发四类主体功能区，按照主体功能定位调整完善区域政策和绩效评价，规范空间开发秩序，形成合理的空间开发结构”，实施主体功能区战略，而划入武陵山片区的建始县则为限制开发区，“限制开发区域是指资源承载能力较弱、大规模集聚经济和人口条件不够好并关系到全国或较大区域范围生态安全的区域”。国家发展改革委发展规划司前司长李守信表示：限制开发并不是限制所有的开发活动，而是限制在一定区域进行这种大规模、高强度的城镇化、工业化的活动。对于限制开发区域的发展，将加大中央财政转移支付，提高基本公共服务的能力，逐步改善这些地区的生活水平。限制开发区里明确的一类是重点生态功能区，这一类区域是全国生态系统十分重要的组成部分，同时也是为全国提供生态安全的保障。它的主体功能在主体功能区规划当中就是要提供生态产品，提供生态安全的保障。这些区域一般来讲，生态环境比较脆弱或者是生态功能非常重要，资源环境的承载能力也较低，不具备大规模、高强度的工业化和城镇化开发的条件，实际上也不宜进行这一类的开发活动，以便为全国提供可持续的生态产品供给的能力。所以把这一类区域划定为限制开发区域，实际上就是为了全国整体的发展，也是为了全国的可持续发展。武陵山区由于山区面积广大，山势高低不等，以山地为主的各种自然地理风貌保存完整。位于其中的建始县虽然经济发展缓慢，但这也正是其在发展生态经济大趋势下的优势体现：经济欠发达，交通运输、通讯设施等不完备，因此整个地区自然生态破坏比较小，还存在着大量原始的自然风貌和社会人文风貌，这些都使得建始县及周边区域成为我国不可多得的生态宝库，这里丰富的自然资源和多彩的民俗传统，良好的生态环境质量，正是该地区未来的开发建设方向。

二、树立“生态立县”意识，谋求可持续发展

我国是世界上最大的发展中国家，人口众多、资源相对不足，处于社会主义初级阶段的主要矛盾是人民日益增长的物质文化需要同落后的社会生产之间的矛盾，目前可持续发展已经成为我国正确协调人口、资源、环境与经济间相互关系的重要发展战略。可持续发展是一种以可持续利用资源和环境物质为基础的发展战略，包括社会经济的增长和以可持续方式使用资源，在发展中提高社会生活质量和改善环

境质量等。它是一个关于社会、经济和环境问题三者相互影响的综合的、动态的概念，包含两个基本内容：第一，发展首先是满足生存需要，是消减贫困，不能为了保护环境，而使贫困者的生存状态恶化，也不能因为某些人的生存需求而损坏了其他人和后代人的发展能力；第二，发展不能超过环境的承载能力，要提高资源的利用效率，降低资源的消耗水平，减少环境污染物的排放。简言之，发展必须建立在人与自然良性互动的基础上，不能以牺牲生态环境来谋求经济的发展，进而影响到人类自身的生存与发展。而生态经济，是指在生态系统承载范围内，运用生态经济学原理和系统工程的办法，改变原有的生产和消费方式，挖掘一切可利用的资源潜力，发展经济高效、生态平衡的产业，建立社会和谐、生态健康的环境，从而形成开发与保护并重，物质文明与精神文明并举，自然与人高度统一的可持续发展模式，即绿色经济。[①] 发展生态经济即是对可持续发展战略的具体实践，以生态系统为基础，实现资源环境与社会经济的可持续发展。

发展生态经济，就是要把经济发展建立在生态环境可承受的范围内，在保证自然再生产的前提下扩大经济再生产，实现经济发展与生态建设双赢局面。由于武陵山区山势连绵，平地稀少，使得该地区交通运输尤为不便，有限资源难以实现优化配置，经济社会发展水平相对滞后。另外，除了经济发展所必须的公路之外，该区域的居民用水、用电等许多基本生活生产条件还没有完全具备，其他诸如网络设施、通讯设施、科教文卫设施等更不完备，经济社会的发展始终处于较为缓慢的状态，人们的生活水平和质量也较低。2010 年 3 月，由国家发改委牵头编制《武陵山经济协作区发展规划》。该规划以旅游产业为先导，统筹协调区域基础设施建设、生态环境保护、社会事业发展与特色产业布局，提出保障武陵山经济协作区发展的有效机制和政策措施（刘源，2011）。[②] 目前我国已经划分了武陵山区等 14 个连片特困地区，2011 年政府工作报告中明确要“启动集中连片特殊困难地区扶贫攻坚工程”。新十年纲要（2011 - 2020 年）提出：要深入贯彻落实科学发展观，提高扶贫标准，加大投入力度，把连片特困地区作为主战场，把稳定解决扶贫对象温饱、尽快实现脱贫致富作为首要任务，坚持政府主导，坚持统筹发展，更加注重转变经济发展方式，更加注重增强扶贫对象自我发展能力，更加注重基本公共服务均等化，更加注重解决制约发展的突出问题，努力推动贫困地区经济社会更好更快发展。以“区域发展带动扶贫开发，扶贫开发促进区域发展”的基本思路制定发展

① 龚高健，《中国生态补偿若干问题研究》，中国社会科学文献出版社，2011 年版，第 3 页。
② 刘源：《武陵山区民族文化、特殊类型贫困群体发展与减贫战略》，内部研究报告。

规划，是武陵山区经济社会发展的重要指南。建始县位于鄂西南山区北部，山地特征明显，自然资源丰富，但同时也基于这样的地理环境，山地林地多，耕地分散，且生产能力低，土地承载力较弱。现有耕地面积为38.65千公顷，占土地总面积的14.49%，人均占有耕地只有0.076公顷（约1.14亩），[①] 加之当地居民的生产生活方式较落后，建始县的生态环境脆弱性较强，该地区在发展过程中应该更加注重对生态环境的保护，在生态保护的基础上实现自身的发展。而该县不适合也不宜进行大规模、高强度的工业化和城镇化开发，因此，立足当地生态优势，发展生态经济，是实现经济、社会、环境的可持续发展重要途径。

建始县是全国14个连片特困地区扶贫特色优势产业试点县之一，在2011年开展的整村推进工作中，建始县立足于群众最现实、最迫切的需要，把交通建设、饮水安全、环境改善等作为优先实施的项目，促进该县基本面貌的改观；依托国家财政资金支持及本地资源优势，大力发展基础产业，农民收入大幅提高。首先是在农业产业方面，连片产业带基本形成。把贫困村产业发展与全县的“三线一区”产业布局统筹结合起来，着力建设烟叶、猕猴桃、关口葡萄、茶叶四大产业带。国务院扶贫办将建始县定为武陵山连片特困地区扶贫特色优势产业发展试点县，该县立足自身生态优势，确定了将猕猴桃、魔芋、茶叶、景阳鸡等四个具有地方特色的产业作为扶贫特色优势产业进行规划，并积极发展壮大农业龙头企业，形成品牌效应。在林业建设方面，建始县结合石漠化综合治理试点项目实施，通过人工造林、封山育林、退耕还林、林木改造等项目，紧紧围绕特色产业发展，在改善生态环境的同时，为当地农民提供了大量就业机会，直接增加了农民收入，促进了新农村建设及县域经济发展。在旅游业发展方面，该县认真编制旅游发展规划，结合本地旅游行业发展实际，坚持以旅游规划为先导，以旅游景区为平台，以旅游项目为载体，切实将旅游专项规划与其他发展规划有机结合，从而发挥旅游业的辐射带动作用。目前该县整合各种资源，重点围绕特色民居改造、生态家园建设、生态植被修复、旅游配套服务体系建设、旅游景区建设等项目，多渠道全方位打造生态文明景观带。在交通运输方面，该县通过优化路网结构、延伸公路里程、提升运输能力等措施完善交通运输体系，提高乡村各级公路通达率，以带动地方发展。

建始县在地方开发过程中，充分利用国家财政、政策等支持，立足地方优势，将本县的经济利益与生态保护结合起来，以生态优势推动经济社会的发展，目前已取得一定成绩，如形成了关口葡萄、景阳鸡等“小而精”的特色产业。将种植、

① 《建始年鉴（2011年）》，建始年鉴编辑委员会，2011年版，第57页。

养殖产业与本地实际结合起来，充分利用当地的地理环境、气候条件等，在不破坏自然环境的前提下发展特色产业，不仅能促进农民就业，增加农民收入，而且还能促进生态再生产，实现自然资源的循环利用。

三、建始县生态环境与经济发展

（一）建始县经济发展概况

首先，建始县经济获得一定增长，但区域间差距依然较大。作为试点县之一，新一轮扶贫攻坚战略为建始县的经济发展提供了更多的支持，并在该县各部门协同作用下，建始县的基础设施得到改善，生态建设和环境保护取得了可喜成绩，生态产业的发展加快了该县脱贫致富的步伐；但是作为民族地区和边远贫困山区，其经济发展、收入水平与东部等发达地区还有很大差距。其次，建始县贫困问题突出，可持续发展能力较低。解决贫困问题是我国实现全面小康构建和谐社会的重要内容，经过多年的反贫困工作，我国的扶贫攻坚任务取得显著成绩，但由于自然和历史原因，我国仍有相当数量的贫困人口。建始县贫困成因具有复杂性，贫困成因既有自然、社会的，也有民族、宗教的，还有历史、政治方面的。主要是因为该县地理位置偏远、交通信息闭塞，多为石山区、生态环境脆弱，各民族聚居夹杂着民族宗教问题，贫困居民自我发展能力和抗风险能力较弱、返贫率高，贫困程度深且代际传递性强等等，因此基于建始县贫困成因的复杂性，要解决该县的贫困问题仍是一项长期工程。

贫困与环境紧密相连，建始县地处偏远山区，人均耕地少且有较大面积石漠化地区，恶化的生态环境致使农牧林业生产率下降，农民收入增长缓慢甚至下降，返贫率不断上升，农民陷入贫困；而贫困又加剧了生态的恶化，贫困人口为了生存，在粗放生产条件下，加大了毁林开荒、加剧了水土流失，导致了资源的浪费和生态的恶化，从而陷入了“贫穷－粗垦－生态破坏－返贫”的恶性循环怪圈。事实上，摆脱贫困与生态保护之间没有必然的矛盾，发展经济消除贫困与生态建设之间应该是一种相互促进的关系，因此，解决建始县的贫困问题必须建立在保护生态的基础上，这样才能实现可持续发展。

（二）生态补偿不足，经济发展缺乏助力

中共十七大报告指出：“建设生态文明，基本形成节约能源资源和保护生态环

境的产业结构、增长方式、消费模式。主要污染物排放得到有效控制，生态环境质量明显改善。生态文明观念在全社会牢固树立。”① 生态文明是建立在人类和自然相互依存基础上的一种新的文明，人类在利用自然界获得自身发展的同时又主动保护自然界，以实现人与自然的可持续发展。而生态文明观，是以把握自然规律、尊重和维护自然为前提，以人与自然、人与人、人与社会和谐共生为宗旨，以资源环境承载力为基础，以建立可持续的产业结构、生产方式、消费模式以及增强可持续发展能力为着眼点，② 是以人与自然平等为道德原则的生态伦理观。③ 树立生态文明观、建设生态文明，就是要在环境可承受的范围内，更好地促进经济社会的可持续发展。生态补偿则是一种新型的环境管理机制，在协调生态环境保护中各方利益关系、维护社会公平等方面起着日益重要的作用，从而引起了各国在制定发展战略时的高度重视，而尽快建立生态补偿机制也已成为我国社会各界关注的热点问题。对于生态补偿的概念的界定，因众多学者对其的理解和研究的侧重点不同，也从不同学科角度进行了解释和定位。总之，生态补偿以保护生态系统功能、促进人与自然和谐为目的，依据生态系统服务价值、生态保护、生态破坏和发展计划成本等因素，运用财政、税收、补贴等市场手段，调节生态保护者、受益者、破坏者的利益关系。④ 在以中国特色社会主义理论为指导，贯彻落实科学发展观，全面建设小康社会的关键时期，研究和建立生态补偿机制具有重要战略意义，它不仅是进行生态建设的有效手段，也是协调区域发展、促进社会公平的重要举措。

我国的生态补偿实践开始于20世纪80年代，目前已有的补偿形式主要包括直接补偿和可持续能力补偿，如直接的资金实物补偿、政策补偿、项目补偿等。武陵山区是全国重要的生态功能区和资源富集区。该区域不仅是我国内陆难得的生态良好地区，而且是长江中下游地区重要的生态屏障。因此建立适合武陵贫困山区的生态补偿机制刻不容缓。武陵山区的山地生态系统主体功能区生态补偿是一种以主体功能区为主体，以主体功能塑造为方向，以生态保护为目标，以公共服务均等化为标尺的生态补偿方式。作为一种新型生态补偿方式，主体功能区生态补偿旨在通过经济、政策和市场等手段，促进限制开发区和禁止开发区生态修复并调动其生态保护积极性；旨在通过激励性和协调性制度安排，实现生态补偿的社会化、市场化和

---

① 胡锦涛：《高举中国特色社会主义伟大旗帜 为夺取全面建设小康社会新胜利而奋斗——在中国共产党第十七次全国代表大会上的报告》，人民出版社，2007年。

② 中国21世纪议程管理中心编著，《生态补偿原理与应用》，社会科学文献出版社，2009.4，第103页。

③ 张琳：《论生态文明观》，《烟台大学学报》，2000年第2期，第234页。

④ 中国21世纪议程管理中心编著，《生态补偿原理与应用》，社会科学文献出版社，2009.4，《序》第1页。

法制化（栾胜基，2011）。[①]

建始县地处新华夏系第三隆起带内，跨大巴山脉南缘分枝末端与武陵山脉分枝余脉结合部，县境水系发达，清江横穿县境，把县境分为南、北两个部分，地貌形态以岩溶地貌和构造地貌为主，是生态较为脆弱的限制性开发区。建始县境内山峦起伏，旱地占耕地83.32%，[②] 且人均耕地较少，宜林面积较大，退耕还林是我国政府在对建始县的扶贫开发过程中采取的主要措施之一，国家按照核定的退耕还林实际面积，向土地承包经营权人提供补助粮食、种苗造林补助费和生活补助费等，通过中央及地方政府的财政转移支付，以解决退耕农民的生活困难问题。退耕还林工程的实施就是为了改善生态环境，而建始县在保持水土、治理石漠化方面取得了一定生态效益，而直接的资金补偿和林业收益也使农民的收入呈上升趋势，同时也促进了该县产业结构的调整，已初步形成了一条特色产业带。但是，我国的生态补偿机制仍处于探索阶段，贫困地区的生态补偿不足，还有诸多需要完善和解决的问题，如政策本身的不完善，缺乏长效机制，由于政策缺乏连续性，增加了管理的难度，这就影响了实施生态补偿的整体效益，特别是现在实行连片整体开发，如果政策摇摆、缺乏一致性，既不利于已退耕还林地区的后续管理，又影响了当地整体生态效益的发挥。还有就是在政策制定过程中缺乏利益相关者的充分参与，生态补偿机制的重要作用之一就是调节利用、维护和改善生态系统服务的利益相关者的经济利益，但我国生态补偿政策制定过程中缺乏他们的参与，如补偿标准不合理、补偿过程不公平等，影响了他们参与的积极性，所行政策的效果也将大打折扣。

建始县是我国生态脆弱区，面临着生态贫困和经济贫困双重压力，在扶贫开发过程中，建立生态补偿机制，对建始县的脱贫致富有着十分重要的意义。首先，建立和完善生态补偿机制，可以为建始县的生态建设环境保护提供强有力的政策与资金支持，保证生态建设的可持续性。其次，建立和完善生态补偿机制，有利于协调各区域的利益关系，平衡生态受益者和保护者的分配，增强人们的生态环保意识。第三，建立和完善生态补偿机制，也有利于巩固民族团结，促进区域协调发展。建始县有汉、土家、苗等15个民族，其中，少数民族占总人口的36.3%，[③] 这里生态环境脆弱、地理位置偏远、自我发展能力差，建立和完善生态补偿机制，有利于改善当地的生态环境状况，促进民族地区经济发展，缩小差距，加强民族团结。

---

① 栾胜基：《集特困地区（武陵山区）“生态扶贫”研究报告》，内部研究报告。

② 《建始年鉴（2011）》，建始年鉴编辑委员会，2011年版，第57页。

③ 《建始年鉴（2011）》，建始年鉴编辑委员会，2011年版，第63页。

（三）生态资源丰富，但生态产业开发不足

建始县境内属亚热带季风湿润型山地气候，立体气候特征十分显著，从高山到低山年均无霜期在203～260天，年平均气温在11.7℃～15.5℃，年平均降雨量1400～2000毫米左右。建始县境内主要有材林、经济林树种约231种，是中国南方最大的日本落叶松生产、科研基地县，人工营造的日本落叶松达50万亩，已成为中国南方日本落叶松最大的“种子园”和“基因库”；是全国的重点产煤县，含煤面积占全县国土面积的73%，初步探明优质无烟煤储量约1.9亿吨；是全省的铁矿储量大县，总储量24亿吨，有工业开采价值的铁矿储量约9亿吨，铁矿品位达到42%～53%；是“恩施州地道药材”的主产区，已发现的药用植物有1100多种，药材种类多、蕴藏量大、地道性强，药材种植面积现已达5.5万亩；建始县境内水系发达，主要河流有清江、野三河、马水河等10条，流域面积均在100平方公里以上，水能储备丰富。[①] 概言之，建始县生态环境复杂，自然地理差异性和生态系统多样性明显，具有丰富的森林、动植物资源和矿产资源。虽然目前社会经济发展相对滞后，但其受现代工业文明的影响较小，形成了该地区的“后发优势”，同时山地生态系统多样性和生物多样性为该地区的发展提供了可利用的价值。

贫困问题是历史、经济、地理、自然等诸多因素综合影响的结果，在武陵山区，生态因素则在很大程度上导致了该区域的贫困现象，即由其特殊的地理位置、脆弱的生态环境所引发的。脆弱的生态环境给当地社会经济发展带来许多直接的和间接的影响。地理位置、自然环境特点，使得当地交通通讯建设成本高，严重制约了公共基础设施的发展和与外界的信息交流，进而导致信息闭塞和教育不足，居民文化素质偏低、思想观念落后、小农意识严重；植被破坏、水土流失和石漠化使得耕地数量和质量不断下降，造成土地资源稀缺；山地地理环境限制使得农业结构单一，效益低下，青壮年多外出打工增加收入，内生性经济收入缺乏。武陵山区扶贫开发的目标应当是发掘该地区内生发展动力，使得贫困居民加快脱贫步伐，并能依靠自身的力量维持和巩固扶贫成果。将该地区潜在的比较优势发展为现实的经济优势。要充分发挥武陵山区内部不同区域丰富的自然资源优势，发掘特色资源，使得本地区资源得到充分利用，同时避免产业同构，重复建设造成的资源浪费；因地制宜地打造高效生态农业模式，例如旅游观光、多样化养殖、高附加值的农产品深加工、绿色产品生产和加工等，延伸当地的农业产业链。

---

① 《建始年鉴（2011）》，建始年鉴编辑委员会，2011年版，第56—59页。

我国从武陵山区等贫困地区实际情况出发，坚持综合治理原则，发挥政府各相关部门优势，积极开展行业扶贫工作。要求各行业部门要把改善贫困地区发展环境和条件作为本行业发展规划的重要内容，在资金、项目等方面向贫困地区倾斜，并完成本行业国家确定的扶贫任务。按照全国主体功能区规划，合理开发当地资源，积极发展新兴产业、特色产业，承接产业转移，调整产业结构，增强贫困地区发展内生动力。围绕特色产业发展，加大科技攻关和科技成果转化力度，推动产业升级和结构优化，并培育一批科技型扶贫龙头企业，以起到带动作用。而在专项扶贫方面，为促进贫困地区经济社会全面发展，建始县在扶贫纲要的指导下逐村制定包括基本农田、人畜饮水、道路、贫困农户收入、社会事业等内容的扶贫规划，整合各类支农惠农资金和扶贫专项资金，统筹安排，结合整村推进、连片开发试点和科技扶贫，扶持贫困农户，建设产业化基地，扶持设施农业，发展农村合作经济，推动贫困地区产业开发规模化、集约化和专业化。如充分发挥贫困地区生态环境和自然资源优势，推广先进实用技术，培植壮大特色支柱产业，大力推进旅游等产业扶贫；促进产业结构调整，通过扶贫龙头企业、农民专业合作社和互助资金组织，带动和帮助贫困农户发展生产。依据新一轮扶贫开发工作的总体规划，建始县提出“突出重点、打造亮点”的思路，着力建设重点示范村，以起到带动作用，争取早日实现“一村一品牌”的建设目标。目前已经在县境内建设了烟叶、猕猴桃、关口葡萄、茶叶四大产业带，并确定了将猕猴桃、魔芋、茶叶、景阳鸡等四个具有地方特色的产业作为扶贫特色优势产业进行规划。该县结合国家长防林工程及“天保”工程，发展速生丰产用材林基地40万亩；规模种植与庭院种植相结合发展高效经济林35万亩；另外全县还有小水果面积2.5万亩，形成规模的品种有柑橘、桃、猕猴桃、关口葡萄、柿，尤其是花坪乡的猕猴桃最具发展潜力。① 这些结合地方优势的“小而精”的特色产业都是建始县发展生态经济产业链中的重要一环。虽然目前建始县在生态产业方面已取得一定发展，并树立了要以“生态立县”的发展意识和提出了要建设生态产业链的发展思路，但是仍有诸多因素制约着它的进一步发展，该县的生态产业尚未形成体系，生态产业开发不足。

生态产业是生态经济的核心和基础，按生态经济原理和知识经济规律组织起来的基于生态系统承载能力、具有高效的经济过程及和谐的生态功能的网络型进化型

---

① 参见《国务院办公厅扶贫办开发工作督察资料汇编》，2012年5月。

产业。[①] 其实质是利用生态技术体系，通过物质和能量多层多级利用或循环，把投人生态系统的资源尽可能地转化为生态产品，实现废物最少化，从而保证生态产品能够创造更多的物质和能量，促进生态与经济良性循环，实现生态环境与经济社会相互协调和可持续发展。[②] 但人们对其理解主要停留在生态农业方面，农业生产过程是与生态和环境关系最密切的过程，农业是生物（作物、牲畜、鱼类等）与自然环境、生态系统和人工经济系统相结合的产业，天然地利用生态系统物质循环再生、能量多级利用、生态位相互配置而形成的产业系统。[③] 绿色农业、有机农业等生态农业模式正在逐步取代以破坏生态环境为主的农业生产模式。但生态旅游、生态工业、生态建筑等其他生态产业形式则起步较晚，生态产业作为一个整体，发展尚不平衡。拥有如此之多的生态资源的建始县，许多生态产业领域尚处于空白和半空白的状态，目前生态旅游正在兴起，发展生态经济，形成生态产业链，是建始县在今后发展的方向，必须坚定地走下去。

四、立足生态优势，实现经济社会的可持续发展

（一）以可持续发展思想和生态文明观为指导，加大“生态扶贫”力度

我国生态环境脆弱地带与贫困区域之间存在着极为显著的相关性，针对上述特征而提出的一种新的可持续扶贫方式——“生态扶贫”正受到社会的广泛关注。受自然环境的制约和传统农业发展思想的影响，我国大多贫困地区长期以来对自然资源的开发利用都采取粗放方式，这种生产方式导致生态环境恶化、资源枯竭、土地生产力下降，最终陷入了生态环境恶化与贫困的双重恶性循环中。而“生态扶贫”将脱贫与生态环境保护和资源可持续利用紧密结合起来，将经济效益与生态建设紧密结合起来，兼顾了减贫与生态环境双重目标，而且还体现了减贫效果的可持续性。“生态扶贫”是新一轮扶贫攻坚战略思路之一，是解决武陵山区等集中连片特殊困难地区贫困问题的重要途径。

武陵山区地理环境复杂，山势连绵，生态环境脆弱，各种资源组合不协调，土

① 方一平著：《山区生态产业的开发与组织研究》，四川科学技术出版社，新疆科学技术出版社，2003.6，第124页。

② 方一平著：《山区生态产业的开发与组织研究》，四川科学技术出版社，新疆科学技术出版社，2003. 6，第139页。

③ 方一平著：《山区生态产业的开发与组织研究》，四川科学技术出版社，新疆科学技术出版社，2003. 6。

地承载能力低，贫困地区的生存发展和生态环境保护矛盾突出，人口压力大，毁林开荒，广种薄收，生态环境逐渐恶化，使当地农民深陷生态环境恶化与贫困的双重恶性循环中，进行“生态扶贫”是新时期开展扶贫工作的必然选择。落实生态扶贫的理念需要技术措施和项目投入，首先需要对该项目的具体政策予以保障，如建立“国家级武陵山地生态系统扶贫规划区”，则是实现武陵山区“生态扶贫”所需要基本政策保障，该政策的实施大致可以分为区域的管理机构、生态扶贫资金运行和管理以及可持续生计的规划等（栾胜基，2011）。[①] 规划区专项“山地生态系统”补偿基金运行与管理。根据规划的内容和要求，设立国家级“山地生态系统”专项补偿基金。将“山地生态扶贫”资金定义为专项扶贫基金，强调生态意义的扶贫，将该地区的生态致贫转为生态扶贫，用于抵抗该山地生态系统的原生态脆弱给农户带来的贫困。由于国家的生态主体功能区划已经为国家层面的生态补偿机制明确了空间架构，可以利用激励机制鼓励农户发展生态友好型产业，保护山地生态系统的多样性。一方面，提供必要的生态风险担保，保护农户或合作社发展适合该区域生态系统多样性的产业的积极性；另一方面，鼓励开发适合山地生态系统休养生息的可持续生计。[②] 充分发挥国家扶贫政策、区域发展规划在产业结构调整、生态产业发展、土地流转、环境保护和生态建设方面的宏观控制与引导性，将生态功能与经济功能相结合，实现经济效益、社会效益和生态环境效益的协调统一。

（二）树立大局观念，坚持生态与整体最优原则

发展社会经济，首先必须有一个明确的战略定位，武陵山区是我国扶贫攻坚主战场之一，地理环境复杂、生态系统脆弱、社会经济发展滞后，贫困发生面积广且程度深。因此，武陵山区的扶贫攻坚规划必须立足于当地实际，建设生态产业的发展战略目标。由国家发改委牵头编制的《武陵山经济协作发展规划》及各区域根据扶贫纲要编制的具体发展规划，都体现了要加强生态建设的发展方向。发展生态经济，建设生态示范区，则是武陵山区扶贫攻坚与区域发展的目标。生态产业的建设不能脱离整体的发展，不能只顾局部利益，必须从整体上，按具体规划、布局、分步分期实施。在对经济和生态环境均有利的前提下，形成产业链，使产业吸附更多技术、工艺，发展整体的经济和生态效益。为维护整体效益，要协调生态产业的形成和生态建设、发展生产的各部门及地区建设之间的关系，通过编制发展规划，

---

① 栾胜基：《集特困地区（武陵山区）“生态扶贫”研究报告》，内部研究报告。

② 《关于未来十年武陵山区扶贫开发的政策建议》，内部研究报告。

使之协调交融为一体，促进环境保护与经济发展的结合。因此，应充分发挥规划在产业结构调整、生态产业发展、环境保护和生态建设等方面的宏观控制与引导作用，以增强武陵山区的综合竞争力和可持续发展能力。

（三）突出独特优势，因地制宜发挥地域特色

实现贫困地区经济社会的发展，必须因地制宜，根据当地区位、自然、资源、人才、技术、社会经济基础条件等因素，充分发挥当地的区域优势，扬长避短，选择和较优势产业，使该产业的发展与区域社会经济优势等条件有机结合，发展有市场、有潜力的产品，形成自己的特色，带动当地社会经济的发展，且能维护生态环境、促进生态建设。

以建始县“关口葡萄”品牌为例，花坪镇关口乡村坊村（关口）在2002年以前交通闭塞，信息不畅，发展非常落后。但深受中外游客青睐的关口葡萄生长地仅限于这里，关口地处建始景阳河与花坪交界的一个山垭，这里群山蕴林，气候温和，雨量充沛，土地肥沃，境内地势平坦，槽田居多，得天独厚的小气候因子，却孕育了独特的“关口葡萄”。

实践证明，关口葡萄生长地仅限于建始县花坪乡村坊村关口，在充分考虑当地地理生态条件、环境质量状况等条件下，“关口葡萄”这一品牌取得了显著效益。即使是在同一县乡，种植同样的葡萄种苗，但由于地质条件和气候条件的不同，这些葡萄的品质就要差很多，特别是在口感上与关口葡萄相比差距很大。虽然关口葡萄市场前景广阔，但因其生产的地质、气候条件的限制，难以大面积推广，不过正是因其“量少而质优”，才具有独特开发优势。即使没有地域环境的限制，其他村落见“关口葡萄”效益显著而争相种植，大量出产也只会造成市场需求饱和，“关口葡萄”不再是稀有产品，经济效益亦会下降，甚至退出市场。而建始县在扶贫开发过程中，立足各乡、各村实际，制定了“一村一品牌”建设目标，即在扶贫开发过程中，立足县域整体实际，制定发展规划，以村为单位，依托本村优势资源，以整村推进的方式在各村培育特色品牌，共同开拓市场，实现共赢共生。

（四）以生态旅游为牵头，推动产业联动

任何产业的存在与发展，都是多种自然的、社会的、经济的因素相互作用的结果，区域产业结构的形成与发展，不能脱离本地区的客观条件，特别是当地的自然生态条件和原有经济基础条件，这决定着本地应该发展什么产业、形成什么样的产业结构。武陵山区是我国重要的生态功能区和资源富集区。武陵山区由于山区面积

广大，以山地为主的各种自然地理风貌保存完整。虽然区域经济发展缓慢，交通运输、通讯设备等基础设施缺乏，但也因此整个地区自然生态破坏比较小，还存在着大量原始的自然风貌和社会人文风貌，这些都使得武陵山区成为我国不可多得的生态宝库，这里丰富的自然资源，良好的生态环境质量，为发展生态产业奠定了基础。

武陵山区旅游资源丰富，该地区有神奇的自然风光，例如，武陵源世界自然保护遗产和张家界、巴东三峡为代表的自然山水风光；还拥有厚重的历史文化、浓郁的民族风情，如以凤凰国家历史文化名城和里耶秦简为代表的历史文化遗存，有以土家风俗和苗族村寨为代表的民族风情等旅游资源，发展旅游产业具有得天独厚的比较优势。发展生态旅游，就是为了科学的利用好现有的旅游资源，防止资源的破坏和浪费，在旅游开发中是建设性的、保护性的，同时也是可持续发展的。目前，生态旅游作为一种宣传主题和产品品牌，已经为大多数人接受，也是旅游者现在普遍追求的放松、猎奇方式。立足区域实际，探索旅游产业与扶贫开发结合的路径及模式是推动武陵山区经济社会发展的重要途径。整合旅游、民俗资源，培育生态旅游区，加快脱贫致富步伐，应该遵循以下五个原则：一是注重从政策倾向、资金投入、基础设施、技术支持等多层面支持，探索利贫的旅游产业发展模式；二是突破行政区域限制，树立武陵山区为单元的大旅游产业发展观。旅游资源的规划、开发布局应以武陵山区各民族特色风俗文化为基点，形成一条旅游产业链；三是树立整体发展意识，充分发扬自身民族文化特色，避免重复建设和恶性竞争；四是注重旅游获益共享机制建设，特别是贫困少数民族地区对于旅游收益的合理分享机制，以推动利贫的民族旅游发展；第五，要加大对区域生态优势的宣传，创立生态旅游品牌。

在生态旅游业的蓬勃发展同时，开发设计富有浓郁地方色彩和情趣的生态旅游产品，包括食品、饮料、保健品、日用品、纪念品等土特产品和工艺品，不仅能直接增加经济收益，而且能丰富旅游内容，加强对外宣传作用，有利于促进经济社会的发展。发展生态旅游，开发设计生态旅游产品，能很好地带动其他生态产业的发展。如具有民族风情的西兰卡普、背篓，利用当地林木制作的根雕、漆筷，药材加工而成的各种保健品，等等，体现了对当地生态农业、生态工业等产业的开发促进。生态农业等与生态旅游是相互联系、相互促进的，发展其他生态产业，能有效推动生态建设，为生态旅游奠定基础，而生态旅游又反过来推动其他产业的进一步发展，逐渐形成一整条生态产业链。

建始县地处武陵山区腹地，县境内的旅游景点上百个，具有旅游资源品类多、品位高、差异性强、分布广泛的特点，目前建始县的旅游资源主要集中分布在三大区域，即以“建始直立人”遗址、野三河峡谷、景阳河画廊为主的野三河旅游景区，以朝阳观、小溪口、代陈沟为代表的城郊休闲旅游区，以石门河、石柱观、长岭岗林场为中心的生态文化度假旅游区。[①] 建始县按照全县经济工作会议确定的“一节两区三线四品”的发展思路，加快推进景区基础设施建设，逐步完善旅游配套服务功能及拓展旅游宣传推介空间，如启动特色旅游商品开发，组织建始县首届旅游商品设计大赛，积极开展旅游宣传推介，展示本县文化旅游特色，增强旅游知名度，提升旅游影响力，已基本构建起了大景区、小景区、旅游新村同步推进的旅游开发新格局。[②]

发展生态产业，则是建始县在扶贫攻坚和区域发展过程中的战略选择，而生态旅游则是其中发展辐射能力最强的产业，以发展生态旅游为牵头，能在很大程度上推动各产业联动，相互促进，协同发展。以发展生态农业为例，随着生活水平的提高，人们愈发注重食品安全，绿色有机食品越来越受到广大消费者的青睐，以市场为导向，发展生态农业，不仅能保护当地生态资源，还能增加经济效益。发展生态旅游，吸引大批游客，通过体验田园生活等方式展示当地生态产品，能起到很好的宣传效果。武陵山区地理环境复杂，山势连绵，平地稀少，该地区交通运输受阻严重，而大多农村处于偏远深山和高寒地带，很多地方还没有被开发或刚进行开发，正是因为有此自然条件，才使得那里的生态环境没有或很少遭到破坏和污染，这种相对封闭的生态环境现已成为该地区发展生态农业、开发绿色有机食品的有利条件。实践证明，发展生态农业，是这些地区摆脱贫困的重要途径，同时也有助于改进其脆弱的生态环境，落实可持续发展战略。建始县应该以县域为单位，依托生态优势，形成“公司—基地—农户”的生产模式，建立以绿色有机食品为主的生态农业，从而辐射、带动整个县域的生态建设和农产品开发。在利用生态环境优势发展生态农业的同时，要加大科技投入、模式创新，如将电脑农业推广应用作为新型农业的技术支撑，通过科学、高效的生产方式来减少建设生产过程中对环境的污染，提高生态生产洁净度，改善生态环境。很多游客慕名前来，欣赏当地奇丽的自然风光，品尝原生态绿色有机食品，过一把“生态瘾”。

---

① 《建始年鉴（2011）》，建始年鉴编辑委员会，2011 年版，第 59—60 页。

② 《建始年鉴（2011）》，建始年鉴编辑委员会，2011 年版，第 175 页。

五、基本结论

区域发展战略是现阶段我国实现全面建设小康社会的重要战略。“十二五”期间我国的区域发展战略提出了要“加大对革命老区、民族地区、边疆地区和贫困地区扶持力度”的具体策略。要继续深入推进兴边富民行动，进一步加大扶持力度，加强基础设施建设，强化生态保护和修复，提高公共服务水平，切实改善老少边穷地区生产生活条件。加快武陵山区的扶贫开发步伐，实现脱贫致富，是我国区域发展战略的重要组成部分。通过加大对其的政策扶持、资金投入，增强其自我发展能力，破解发展瓶颈，促进该地区发展。而基于对武陵山区现状的考虑，在扶贫攻坚和区域发展过程中，应统筹兼顾经济发展与资源环境保护，坚持可持续发展道路，在促进经济发展的同时，把资源节约、环境友好和生态安全放到更加重要的位置，发展生态经济，探索走出一条人与自然和谐相处的区域发展道路。

参考文献：

[1]《建始年鉴（2011）》，建始年鉴编辑委员会，2011 年版。

[2]《建始统计年鉴（2011）》，建始县统计局编，2012.5。

[3]《关于未来十年武陵山区扶贫开发的政策建议》

[4]《国务院办公厅扶贫办开发工作督察资料汇编》，2012 年 5 月。

[5] 方一平著，《山区生态产业的开发与组织研究》，四川科学技术出版社，新疆科学技术出版社，2003. 6。

[6] 栾胜基：《集特困地区（武陵山区）“生态扶贫” 研究报告》，2011。

[7] 中国 21 世纪议程管理中心编著，《生态补偿原理与应用》，社会科学文献出版社，2009. 4。

[8] 龚高健著：《中国生态补偿若干问题研究》，中国社会科学文献出版社，2011. 3。

[9] 刘源：《武陵山区民族文化、特殊类型贫困群体发展与减贫战略》，2011。

[10] 胡锦涛：《高举中国特色社会主义伟大旗帜 为夺取全面建设小康社会新胜利而奋斗——在中国共产党第十七次全国代表大会上的报告》，人民出版社，2007 年。

[11] 张琳：《论生态文明观》，《烟台大学学报》，2000 年第 2 期。

[12] 陈祖海著，《西部生态补偿机制研究》，民族出版社，2008. 12。

[13] 李文华，王如松主编，《生态安全与生态建设》，气象出版社，2002. 8。

[14] 孙忠良，吕学芳：《对武陵山区农村发展生态农业经济的思考》，《商业研究》，2008. 12。

[15] 黄元山：《恩施州的生态优势与生态立州战略选择》，《清江论坛》，2009 年第 1 期。

[16] 廖福霖：《发挥生态优势 发展生态生产力》，《南平师专学报》，2004 年第 4 期。

[17] 徐建利：《立足生态优势 坚定科学发展 全力打造生态经济强镇》，《中共济南市委党校报》，2011 年第 1 期。

[18] 章力建，吕开宇，朱立志：《实施生态扶贫战略提高生态建设和扶贫工作的整体效果》，《中国农业科技导报》，2008 年第 1 期。

[19] 段美萍，刘敏：《完善生态补偿机制 加强生态环境建设——西部地区生态补偿机制探析》，《内蒙古财经学院学报》，2008 年第 1 期。

[20] 张英：《武陵山区域旅游开发合作的思考》，《湖北社会科学》，2007 年第 6 期。

[21] 黄小俊，王亚飞：《武陵山区资源整合与战略性产业的培育》，《安徽农业科学》，2010 年第 17 期。

专题报告七："雨露计划"创新与片区人力资本建设

——基于湖北省建始县"雨露计划"实施情况的调查

刘　欣

一、研究框架

（一）背景及意义

经济学将人类生存的资源系统划分为自然资源、经济资源和社会资源三种形态，其中人力资源是最主要的社会资源。在人类生存和发展过程中，经济资源由自然资源通过人力资源转化而成，自然资源是最基本的条件，处于基础地位、前提地位，人力资源是关键，是最活跃、最具弹性的，因此人力资源的开发应放在首要位置，通过人力资源的优先开发来实现自然资源向经济资源的高效转化。[①]现代反贫困理论认为，贫困不仅表现为物质资本稀缺，更重要的是人力资本匮乏，在大面积解决温饱之后，素质贫困、能力贫困是贫困人群脱贫的最大障碍，因此扶贫开发重在扶智、重在扶本、重在扶人。

"十五"规划以前，我国的扶贫政策总体上强调通过完善贫困地区的基础设施、提升贫困地区的经济发展水平、增强其市场参与能力来提高贫困人口的收入，进而实现脱贫。《中国农村扶贫开发纲要（2011－2020年）》（以下简称：新纲要）指出，目前我国扶贫开发已经从以解决温饱为主要任务的阶段转入巩固温饱成果、加快脱贫致富、改善生态环境、提高发展能力、缩小发展差距的新阶段。因此，扶贫开发在指导思想上更加注重转变经济发展方式，更加注重增强扶贫对象的自我发

① 周彩娟．《生态小康——中国山区可持续发展路径分析——以湖北咸宁市为例》．太原：山西经济出版社．2008年5月第一版

展能力，更加注重基本公共服务均等化，更加注重制约发展的突出问题。

《中国农村扶贫开发纲要（2001－2010年）》实施以来，全国扶贫系统努力提高贫困地区劳动力的素质，积极开展贫困家庭劳动力外出就业技能培训和农业实用技术培训，使之与整村推进和产业化扶贫一起构成扶贫开发的“一体两翼”①。2004年8月，国务院扶贫办发出了《关于加强贫困地区劳动力转移培训工作的通知》，标志着贫困地区劳动力转移培训工作正式开始。2006年10月，国务院扶贫办正式启动了以提高农村贫困人口整体素质和自我发展能力为核心的专项扶贫措施——“雨露计划”，以职业教育、创业培训和农业实用技术培训为手段，以促进转移就业、自主创业为途径，旨在帮助贫困地区青壮年农民解决就业、创业中遇到的实际困难，最终达到提高贫困地区劳动力素质、增加贫困农民收入的目的。随后国务院相继出台《关于在贫困地区实施“雨露计划”的意见》和《贫困青壮年劳动力转移培训工作实施指导意见》，规范“雨露计划”的实施开展。2011年国务院进一步启动“雨露计划”实施方式改革试点工作，积极推进“十二五”期间的工作规划。据不完全统计，“十一五”期间，中央和地方共投入培训资金46.66亿元，其中用于劳动力转移培训资金34.29亿元，占培训资金的73.49%；农业实用技术培训资金6.85亿元，占14.68%；产业骨干和致富带头人（创业培训）培训资金2.2亿元，占4.71%。在培训规模上，完成贫困家庭青壮年劳动力转移培训641.71万人，占目标任务的128.3%，转移率达到90%以上；产业开发骨干和创业培训24.4万人次，占目标任务的229.3%；完成实用技术培训706.81万人次，有效促进了贫困地区劳动力转移和脱贫增收，提高了贫困地区的劳动力素质，是新时期扶贫模式的有益探索，也是中国特色开发式扶贫的重要成果。

“雨露计划”重视培育和提高贫困人群的社会适应能力和自我发展能力，体现了扶贫开发从重视开发物质资源到同等重视开发人力资源的转变，是我国开发和积累人力资本的一项长期性投资战略，也是对新阶段扶贫开发现实需求的及时、准确回应。

同时，新纲要将集中连片特殊困难地区作为扶贫开发主战场，确立了包括武陵山片区在内的14个集中连片特困地区。2011年11月15日，国家启动武陵山片区区域发展和扶贫攻坚试点工作，旨在为全国扶贫攻坚发挥示范引领作用。现阶段对片区“雨露计划”实施情况进行评估和反思，对于其深入推进和改革创新，尤其是对其他片区推广和完善“雨露计划”以及新阶段各项扶贫开发工作的有效开展

---

① “一体两翼”是指以整村推进为主体，以产业扶贫和贫困劳动力转移培训为两翼。

具有积极的借鉴意义。

（二）相关研究及主要内容

1. 相关研究

人是社会生产力的第一要素，任何生产活动的开展都要依靠人来进行，经济的发展必须依靠人来推动。人的实践性和能动性特征，使人力资本在与物质资本的有机结合中发挥主导作用。[①]人力资本是通过对人的投资而形成的资本。二元经济结构使我国农村长期处于发展缓慢的落后状态，一方面，农村人口扩张、农业技术进步以及城市发展挤占耕地加剧了农村劳动力的剩余，另一方面，与城市相比，农村人口长期以来在教育、培训、医疗保健、流动迁移等方面不平等，农村人力资本投资及存量不足，人力资本外溢效应明显。劳动力流动既是个人面对现代部门高收入的理性选择，是增加农民收入的重要途径，也是我国城市化、工业化和现代化过程的必经阶段，同时农村劳动力的外流和回流，也增加了农村与城市在资金、信息、资源等方面的交流和沟通。而农村劳动力低学历、低技能的状况，城市不断上升的生活成本、心理适应成本也减慢或制约着劳动力流动。反之，城乡之间人力资本的“闭路”效应[②]和农村的“空壳化”[③]也制约了农业现代化和农村社会经济发展。从人力资本投资以及劳动力转移的视角分析，农村人力资本投资与积累具有提高农民自我发展能力，顺利实现剩余劳动力转移的双重效应。尤其是针对贫困落后地区的人力资本投资与积累，对于减贫和扶贫开发更具特殊意义：对贫困家庭青壮年实施技能教育和转移就业培训，有利于增加收入、缩小收入差距；引导和鼓励贫困家庭新生劳动力接受职业教育培训有利于斩断贫困文化的代际传递；提高贫困劳动力的产业发展技能、培养产业发展带头人有利于贫困人口立足地区发展，主动参与当地特色产业发展、实现共同富裕。

由于我国地区间实施“雨露计划”的时间及具体方式存在差异，针对其进行的理论研究较少，实证研究多为各地区“雨露计划”的实施现状，总体上肯定了

---

① 霍丽：《城乡二元经济差异的人力资本研究》，中国经济出版社，2008 年 10 月第一版。

② 闭路效应指政府和城市市民在城市进行的人力资本投资及由此所形成的人力资本，在城市具有内溢效应，而对农村发展则难以形成有效的支持。详见霍丽著《城乡二元经济差异的人力资本研究》，中国经济出版社，2008 年 10 月第一版，第 166 - 167 页。

③ 空壳化指农村生产要素的外流导致农村的凋敝。详见张秀兰，徐月宾著《中国发展型社会政策论纲》，中国劳动社会保障出版社，2007 年 7 月第一版。

其在提高贫困人口素质和增加农民收入方面的成效，总结指出了目前存在的一些问题：如资金投入有限、农民参与积极性不高、培训质量监管困难等。作为一项专项扶贫措施，“雨露计划”的理论基础涉及人力资本理论、劳动力转移以及贫困问题研究等，以下笔者将就农村劳动力转移以及人力资本投资方面的研究进行述评。

（1）农村劳动力转移研究

李春生（2007）对湖北省农村劳动力转移就业的现状作了实证研究，针对农村劳动力素质低、受教育程度低、就业技能缺乏、信息不畅、职业技术教育薄弱、适宜岗位选择面太窄等突出问题，提出加快发展职业技术教育，重点开发小城镇、中小企业、乡村旅游业、服务业、特色农业、农产品加工业，促进农村城镇化、工业化、产业化以提供适宜劳动力转移就业的岗位，加快劳动力转移就业。杨达（2008）基于江西省九江市的实地调查，以村级社区建设为研究框架，研究农村劳动力转移尤其是留守劳动力问题，提出并部分验证了风筝假设和后冰期社区假设，通过建立工业化、城市化和农业现代化进程间的良性互动机制来实现劳动力有序和双向流动。李恒、彭文慧（2009）研究集聚经济提升农村剩余劳动力转移能力的内在机制，分析产业集群的劳动力转移模式及绩效，在此基础上分析剩余劳动力转移对传统农区经济发展、农民增收和经济社会转型的影响，认为区域经济结构转换和区域经济协调发展都与农村劳动力的跨区流动密切相关，培育产业集群和注重发挥地方比较优势有利于农村剩余劳动力转移。周彩娟（2008）分析山区当前经济社会发展面临的主要矛盾和问题，论证生态小康建设不仅是山区21世纪实现可持续发展的必然选择，也是发挥生态优势、实现生态建设与经济发展双赢目标的必然选择，在此过程中应积极进行人力资本建设，解决其基本生产要素丰富与高等生产要素短缺的矛盾。谭志松（2008）以民族教育为视角，研究湖北民族地区农村劳动力转移问题，认为该地区现行劳动力转移效应具有积极和消极的二重性，探究通过独特的民族爱乡教育、义务教育、民族技术教育和维权教育有效解决农村劳动力转移、推进地区本身经济和社会发展的路径。惠宁、霍丽（2007）将劳动力转移与农民增收问题相结合，论证农村剩余劳动力转移的效应、机制和对策，通过优化产业结构、加快农村工业化、城市化与城镇化进程和增加农村人力资本投资促进农村剩余劳动力转移。

（2）人力资本理论研究

西方有关人力资本理论的研究最早可以追溯到古典经济学及其以前的经济理论，经过新古典经济学的进一步论述，最终形成了现代人力资本理论。西奥多·舒尔茨第一个系统论述了人力资本理论，在《改造传统农业》一书中，他提出建立适用于改造传统农业的制度，即从供求两方面为引进新生产要素创造条件，对农民进行人力资本投资。舒尔茨把人力资本看作是对劳动者投资所形成的能力，对人力的投资可分为用于教育训练、卫生保健以及迁移流动的支出，投资人力资本可以提高劳动力的质量、增加未来劳动力的数量，并通过迁移流动合理配置劳动力资源，减少人力资本浪费，从而增加国民收入。加里·贝克尔进一步发展了人力资本理论，其著作《人力资本——关于教育的理论和实证分析》分析正规教育的成本收益问题以及在职培训的经济意义，研究人力资本投资与个人收入分配的关系，被西方学术界认为是"经济思想中人力资本投资革命"的起点。加里·贝克尔注重微观分析和人力资本投资与收入分配的结合，弥补了舒尔茨过于宏观的缺陷，但他仍缺乏对人力资本本质的分析。20 世纪 90 年代，人力资本理论被引入我国农村发展问题的研究，目前国内学者的研究主要包括农村人力资本的内涵、特征和现状，农村人力资本与农民转移就业、家庭收入增长、地区经济发展的关系，农村人力资本的投资、开发、提升、培育和形成机制等。

白菊红、袁飞（2003）认为农村人力资本是指通过教育、培训、健康投资和劳动力迁移流动等形式而凝结在农村劳动力身上的资本量。霍丽（2008）将人力资本因素引入传统二元人口迁移模型，实证分析了城乡人力资本的收入差距、投资差异，提出农村劳动力的迁移依赖于劳动力的人力资本水平，人力资本溢出效应是导致城乡差距拉大的重要原因，人力资本不仅给投资主体带来收益，而且给整个社会带来进步和发展，城乡收入差距的最终消除依赖于城乡之间生育率水平、人力资本存量水平与积累率的趋同和小城镇的快速发展。郭欣（2007）从人力资本理论出发，通过印度、马来西亚等国开发人力资源、增强贫困者文化水平和体能等自身条件来缓解贫困的具体案例，总结分析发展中国家针对人力资本贫困所进行的实践经验：建设知识基础，提高贫困人口的"意识性"、"自觉性"、"积极性"，开展非正规成人教育，获得技术和管理技能，教育与培训，医疗保健，政府支持，与国际非政府组织合作等，从中得出对中国扶贫开发的启示。刘朝臣、鲍步云、郑丽丽（2006）对农村人力资本投资的一般环境和特殊环境进行聚类分析，把我国农村人力资本投资环境分为五种类型，运用人力资本理论探讨农村人力资本投资环境与投资模式间的内在联系，揭示其基本规律，提出不同投资环境下投资模式的可能性选择。赵国友（2009）认为增加农民收入的传统解决措施是依靠外部力量——政府及其政策来实现，提出应从"三农"问题本身寻找解决方案，从农村人力资本投资、提高农民获取收入能力的视角寻找缩小差距、构建和谐社会的方案和方法。

农村劳动力转移与人力资本的研究紧密联系，在贫困落后地区农村的扶贫发展过程中，人力资本建设是促进劳动力转移的有效和必要途径，劳动力转移就业对于人力资本建设具有保障和推动作用；劳动力转移就业是实现贫困地区脱贫的重要途径，贫困地区发展也必须立足当地的发展基础和比较优势，依赖贫困人群自我发展能力和整体素质的提高。

2. 分析框架及研究内容

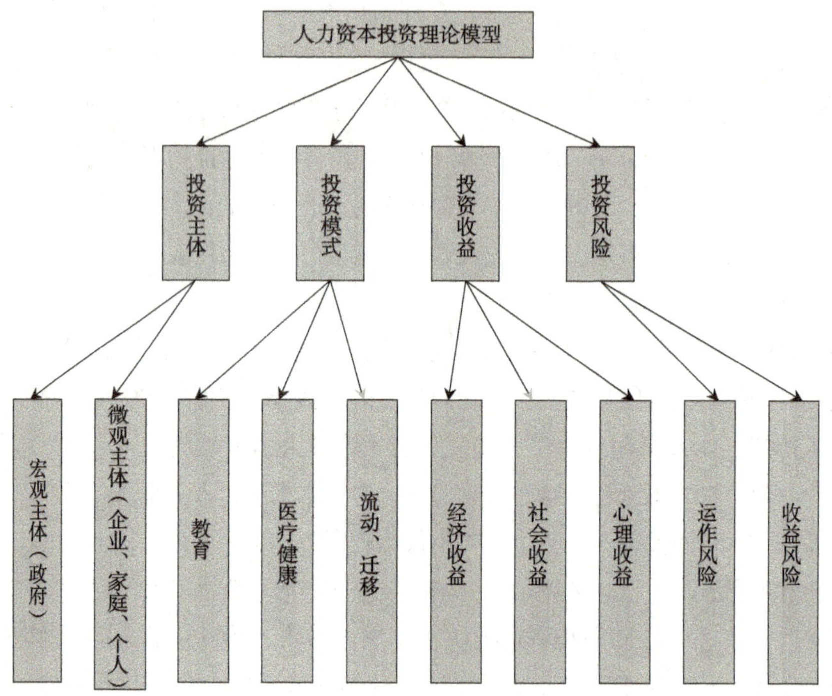

人力资本投资模型是人力资本理论的重要内容，农村人力资本投资是指在对全体农民进行分析的基础上，确定农民为主的不同人口类群中的质量（知识和技能）差别，利用教育、培训等多种渠道有效地进行人力资本投资，提高农村人口素质。人力资本投资的最终目的是提高人力资源的利用效益。[①]人力资本投资的主体包括宏观主体和微观主体，前者主要是国家，后者包括企业、家庭和个人等。投资形式主要有三种：教育投资、健康投资、劳动力流动和迁徙投资。就物质资本而言，投资主要受经济利益驱动，无论是政府投资还是个人投资，其目的都是获取利润，追求经济的快速增长；人力资本投资同样以经济效益为目标，但也受非经济利益的驱动，尤其是微观主体的人力资本投资，在一定程度上也是为了获取知识和技能，从

① 刘朝臣、鲍步云、郑丽丽：《论农村人力资本投资的环境与模式选择》，《科学大众》，2006（08）。

而获得公众认可和较高的社会地位，因此人力资本投资因主体不同而受多元目标驱动，[①] 因此也具有不同的经济、社会和心理收益。人力资本投资与物质资本投资一样具有风险，包括投资过程的运作风险和投资结果的收益风险。除人力资本投资的差异性外，人力资本还具有与物质资本不同的特征，即所有权与其载体的不可分性、价值难以判断性、增值性和收益递增性等。

本报告基于“武陵山片区区域发展和扶贫攻坚相关问题研究”在湖北省建始县的调研，通过文献分析、问卷调查、深度访谈等方法，分析研究地区专项扶贫模式——“雨露计划”的实施现状，以人力资本投资理论模型为基础，提出创新和完善“雨露计划”、促进贫困地区人力资本建设的政策建议。报告共分为四部分，第一部分为综述，包括研究背景、研究意义以及相关研究述评；第二部分基于调研结果，分析“雨露计划”的实施现状，包括现有模式的实施成效以及存在的困难和问题；第三部分以人力资本投资理论模型为基础，将“雨露计划”作为一项具体的人力资本投资，结合《武陵山片区区域发展与扶贫攻坚规划》，立足片区发展基础和自身特色，论述“雨露计划”专项扶贫模式的经济和社会文化意义，在投资主体、投资模式以及投资过程等方面提出改革和创新的政策建议，探讨其进一步深入完善的可行模式，以期进一步发挥其在提高贫困地区尤其是连片特困地区劳动力的自我发展能力、实现贫困劳动力转移就业、增加贫困人口收入和促进片区扶贫攻坚与区域协调发展的积极作用；第四部分对该研究进行了总结和讨论。

二、湖北省建始县“雨露计划”实施现状评估

（一）湖北省建始县“雨露计划”实施和改革历程

建始县位于鄂西南山区北部，隶属湖北省恩施土家族苗族自治州，国土面积2666平方公里，辖5乡5镇，410个村（社区），总人口51万人，其中农业人口45. 8万人，土家族、苗族等少数民族人口占全县总人口的36.72%，是国家新阶段扶贫开发工作重点县和2008—2009年国家“整村推进、连片开发”试点县。全县农村贫困人口19.01万人（其中纳入农村低保的有3.47万人），绝大多数分布在高山、二高山等高寒边远地区和深山峡谷地区，脱贫成本远高于丘陵、平坝地区。境内自然资源丰富，是全国重点产煤县、铁矿储量大县、魔芋种植大县、优质白肋

---

① 霍丽：《城乡二元经济差异的人力资本研究》，中国经济出版社，2008年10月版。

烟出口基地县、日本落叶松生产科研基地县，是鄂西生态文化旅游圈的重要组成部分，世界经典民歌《黄四姐》的发源地，也是贺龙、关向应等老一辈革命家曾经战斗过的革命老区。宜万铁路、沪渝高速公路、清江黄金水道横穿县境，是中南地区西进和西南地区东出的交通要塞。

自2009年开始，建始县认真贯彻落实湖北省扶贫开发工作会议和"雨露计划"项目监管工作会议精神，与相关部门密切配合，以中、短期劳动力技能培训为主，整合县职业技术学校、党校、劳动力培训中心等培训资源，累计培训贫困劳动力37495人次，安置转移到本地企业和外地务工就业，拓宽了贫困人口的就业渠道和增收途径。同时结合"新型农民培训工程"，对整村推进重点贫困村的种植、养殖、加工、营销大户进行就地培训，保证每个贫困户有1个科技明白人、掌握1—2门实用技术，为产业发展、规模经营、增加收入奠定智力基础。

2011年6月，建始县被确定为国家"雨露计划"实施方式改革试点县。按照"计划指导、资金到县、培训到户、直补到人、部门协作、全程监管"的总体思路改革实施方式，通过对贫困家庭子女接受职业教育和贫困劳动力参加技能培训进行直接补助，引导和鼓励贫困家庭子女在完成义务教育和普通高中教育后，继续接受中、高等职业教育或职业技术培训，进一步提高贫困家庭新生劳动力的整体素质，增强其稳定就业和持续增收能力。目前建始县已完成对全县符合条件的1712名对象的资金补助工作，并结合地方实际研究制定了2012年度"雨露计划"实施方式改革工作方案。正在进行中的贫困劳动力培训需求调查，将推荐基地名录、培训专业菜单、培训补贴政策送到农户手中，对有参加技能培训意愿的贫困劳动力进行登记造册，建立培训需求信息库，与"两项制度"贫困人口信息管理系统对接，摸清符合补助条件对象的数量及分布情况。①

由于建始县"雨露计划"改革试点工作推行刚一年，目前接受资助的绝大多数学生尚未转化为实际的社会劳动力，前期以培训基地为主进行的中短期技能培训与现行的改革模式存在较大区别，因此对"雨露计划"的总体成效评估为时尚早，与前期成效对比也存在一定困难。

（二）建始县"雨露计划"实施成效

单从此次调研所掌握的数据及资料来看，建始县"雨露计划"以下几方面的成效比较显著：

---

① 根据湖北省建始县扶贫办相关资料整理。

1. “雨露计划”得到了相关部门和基层干部普遍认可

早在2005年，湖北省就在全国率先组织实施了“雨露计划”，出台了一系列贫困劳动力培训转移的政策措施和管理办法，指导各地市开展劳动力转移就业培训，收到了良好的增收和脱贫效益。2006年8月，湖北省还率先开通了“农村贫困劳动力转移培训雨露网”，公布劳动力转移培训的相关政策信息，进行转移培训劳动力的台账管理。建始县在这一契机的带动下，通过多年来“雨露计划”的实施开展，已经形成了有益的政策环境，尤其在扶贫开发等相关部门对政策认知度比较高，上至扶贫机构，下至乡村基层干部，对“雨露计划”都有相关了解，这为“雨露计划”的深入开展和改革推进创造了良好的政策氛围和社会环境。

2. “雨露计划”在运行程序、资金管理上积累了有益经验

“雨露计划”实施过程中，建始县以扶贫办、县财政局主要领导为组长，相关部门负责人为成员成立了“建始县‘雨露计划’实施方式改革试点工作领导小组”，专门负责组织协调和实施试点工作。全县统一按照农户申请、乡（镇）初审、县扶贫办和财政局审核、社会公示、确定对象五个程序操作，确保规定动作不走样，标准程序不漏项。对各乡镇提送的申请和证明材料严把四关，一是依据“两项制度”建档立卡信息，审核其是否贫困户；二是依据就读学校（培训机构）签字盖章证明认证，审核其是否在读的职业教育和培训学员；三是依据往年“雨露计划”补助资料，审核其是否重复享受补助；四是依据公示和监督举报情况，审核是否弄虚作假，确保补助资金落实发放到每一个贫困户家庭。在资金管理上参照政府信息公开的有关规定，在县政府网站和政务公开栏上向社会公开资金发放及管理情况，自觉接受监察、审计部门和社会的监督，杜绝虚报、套取、截留、私分补助资金，确保试点资金专款专用，着力实现专项扶贫资金透明、独立、封闭式运作。

3. “雨露计划”在一定程度上缓解了贫困家庭的经济压力

改革后的“雨露计划”旨在引导和鼓励贫困家庭子女在完成九年义务教育和普通高中教育后，继续接受中、高等职业教育或职业技术培训，将重点放在了对贫困家庭的经济补助上，对于扶贫开发与农村低保“两项制度”衔接、贫困人口建档立卡识别出的贫困庭中接受中高等职业教育和一年以上（含一年）技能培训的贫困人口（年龄在16－45周岁）以及接受过半年以上技能培训并取得双证的贫困人口进行资金补助，前者的补助标准为每人1500元/年，同时补助对象也可享受国

家中等职业学校减免学费和生活补贴政策以及一年以上职业培训优惠政策；后者每人每年补助600元。据悉，就读当地县市级培训学校，除个别专业外，学费一般不超过5000元/年，每年1500元的补助标准虽然不是很高，对一般家庭子女选择继续教育的吸引力并不大，但是对于农村贫困家庭子女接受职业教育并完成学业还是具有一定的帮助。

（三）建始县“雨露计划”实施面临的新问题

总体上，建始县实施“雨露计划”在促进劳动力转移培训，提高劳动力整体素质方面取得了一定的成效，但是其实施过程中仍然存在一定的困难和问题，政策改革过程中也出现了新问题，集中表现在以下几个方面：

1. 政策认知“上热下凉”，农民参与积极性、主动性不高

与其在决策层、领导层的高度重视和宣传理解不同，“雨露计划”的直接受益群体——贫困人口对这一扶贫模式却知之甚少。调研表明，囿于资金、人力等方面的限制，很多政策宣传只能下达到乡镇一级组织，农村基层组织管理人员的素质、能力有限，加之当地“山大人稀，居住分散”的客观制约因素，有效的政策宣传和动员往往难以实现。“雨露计划”的大多受助者都是村干部主动联系办理资助手续，或由学校提醒学生留意相关政策，贫困家庭主动去了解政策、争取政策支持的意识极为淡薄。没有有效的政策宣传和沟通，缺乏扶贫对象的基本认知和主动参与，再好的扶贫模式也难以发挥其最大效用。此外，调查中在过去五年内参加过农业技术培训的比例仅为17.7%，82.3%的调查对象没有参加过技能培训，98.7%的调查对象没有参加过劳动力转移技能培训。96.7%没有参加过文化技能培训。这与调查对象的年龄结构和认识水平有一定关系，地区内农村青壮年劳动力大多外出务工，留守在家的多为妇女、老人、孩子或体弱多病不适于外出务工者，即使是留守在家的部分青壮年劳动力，也因时间、资金、交通等各种原因没有参加培训或认为培训无用，这也影响了培训规模和培训质量的有效提高。

2. 改革后培训模式单一，覆盖范围缩小

2011年“雨露计划”实施改革前，建始县主要以中短期劳动力培训为主，同时对接受中职、高职阶段教育的农村贫困家庭进行一定的资金补助；改革后加大了对于后者的补助标准，以期更大程度上鼓励农村两后生继续接受职业技能教育和培训，从而在整体上提高农村劳动力的素质，更好地促进农村劳动力稳定转移和社会

流动。然而，新模式在建始县既有条件下的实施，尚未取得显著成效。长期以来，由于社会对职业教育存在一定偏见，重“大学”而轻“大专”，一部分初高中毕业生不太愿意就读职校，另一部分直接辍学打工，加上严格的资格限制和并不高的补助标准，改革后的“雨露计划”对于贫困家庭子女接受职业教育的激励作用并不明显，而对自主参加培训的补助对象有严格的资格限制，实际受到补助的对象非常少，大部分受助对象为职校学生，并未起到鼓励广大农村劳动力接受职业技能培训的作用。与先前扶贫部门和当地职校联合，将技能培训搬到农民家门口进行农业实用技术或短期技能培训相比，先前的培训模式更多样，覆盖面更广，并且与职校建立良好的合作关系，有利于进一步推进校企合作、订单式培训，进一步扩大劳动力转移就业培训的范围。目前形势下，职校失去了利益，因而也丧失了主动承担培训任务的积极性，中短期技能培训难以为继，培训形式减少了，接受培训的贫困人群范围也缩小了。此外，与“两项制度”衔接直接挂钩也使得许多靠近两项制度标准的贫困家庭不能享受到“雨露计划”的补助。目前“雨露计划”的指标虽有剩余，但实质上还有相当数量的贫困家庭无法享受优惠政策。

3. 培训质量与培训效果评鉴困难

培训质量是“雨露计划”实施的灵魂，实现劳动力转移尤其是长期稳定转移是“雨露计划”的目标和就业脱贫的归宿。目前“雨露计划”单纯以资金补助贫困家庭，未对受助对象制定长远细致的培养计划和就业规划，扶贫办对职业学校的资格审查与甄别尚缺乏具体标准，操作上存在很大困难，职校质量参差不齐，难以保证教学质量。在受助对象毕业后的就业去向上，目前还没有建立完善的台账信息管理系统，对其就业的引导、维权、回访等尚缺乏系统有效的跟踪服务，对培训质量和效果难以进行评鉴。短期开展的技能培训常常具有不确定性和非系统性，培训内容大多是简单的、基本的技能操作，侧重参训人员基本操作技能的培养，轻视或忽视参训人员工作意愿、职业道德等综合素质的提高。人力资本投资具有长期性，要实现农村劳动力的长期稳定转移和贫困人口整体素质的有效提高，绝不能仅仅依靠象征性地搞几次培训、做几次讲座，而是需要长期性、持续性、联动性、系统性的政策、资金、人员支持，保证培训质量和培训效果。

附：访谈资料1

访谈员：目前许多地区的“雨露计划”大多是采取对学生的资金补助，缺乏对学生后期就业方面的引导教育，建始这方面怎么样？

访谈对象：我估计也是这样，很多参加培训的学生对于自己需要加强哪些方面的技能很多都是盲目的（不清楚的意思），而这种现象山区的学生比平原地区的学生体现得更加明显。

4. 重转移、轻开发，与其他扶贫模式连结性不强

以转移劳动力为目的，根据市场需求制定培训内容，是“雨露计划”应遵循的基本原则，但农村目前的现状是：除了初高中毕业生或青壮年是待流或已流出群体外，农村中还存在着不流或回流群体，包括绝大多数的留守妇女、儿童以及通过打工已实现脱贫致富并积累了一些资本的“成功人士”，由于现存土地、户籍制度的制约，即使是离乡打工创业，他们依然是线头被牵在土地上的一只只“风筝”，且外出务工存在固定的生命周期，目前的已流出群体也是潜在的回流及不留群体，农村这种复杂的人员结构在我国推进城市化和工业化的过程中仍将持续。目前“雨露计划”的实施模式更重视青壮年贫困劳动力的技能培训和转移就业，忽视了对留守妇女、中老龄群体等现有人力资源的开发，忽视了对返乡创业人员的技能素质培训以及与地方优势相结合的农业技能人才的培养。建始县目前进行的扶贫开发模式还有整村推进、产业扶贫、连片开发等，“雨露计划”这一针对贫困人口的专项扶贫举措理应为各项扶贫开发模式培养各类人才，开发人力资源，充分发挥贫困群体在各项扶贫开发建设中的人力资本效应，更好地实现脱贫致富和新农村建设，而事实上，目前“雨露计划”在实行中还是作为单项的扶贫模式，未能与其他扶贫模式开展有效结合，与农村的其他劳动力培训或教育项目实现有效沟通和配合，在整合资金、人力、组织等方面存在一定困难。

三、创新和完善“雨露计划”，促进片区人力资本建设

过去我国政府在财政、税收和对外贸易等方面给予贫困地区的一些特殊优惠政策很少考虑到贫困人口自身的因素，“输血式”的扶贫策略往往忽视贫困地区人力资本的存量水平和贫困人口的智力结构，即使解决了短期的贫困问题也难以遏止其返贫趋势。因此，向贫困落后地区进行人力资本投资是反贫困的根本途径。“雨露计划”是一种以政府为主体，社会广泛参与的人力资本投资模式，本部分将结合人力资本投资理论模型分析其对于连片特困地区区域发展与扶贫开发建设的经济、社会文化意义，并从投资主体、投资模式及投资风险的角度思考进一步改革和完善

“雨露计划”的对策建议。

（一）连片特困地区实施“雨露计划”的意义

1. 经济意义

农村劳动力转移是一个国家或地区实现工业化和现代化的必然过程，实现劳动力有序转移也是现阶段武陵山片区扶贫攻坚与区域发展战略贯彻“坚持自力更生与国家支持相结合”基本原则的具体要求，把提高劳动者综合素质和培养自我发展能力作为促进就业与农村人力资源开发的着力点，大力发展劳务经济，积极推进农村劳动力转移和人力资源开发。武陵山片区自然条件复杂、人均资源占有量过少、基础设施落后、农产品商品化程度不足、政府转移支付困难、农民收入增长缓慢，2010 年，片区人均地区生产总值和农民人均纯收入分别是全国平均水平的 33.76% 和 59.1%，与 2001 年的 37.3% 和 62.68% 相比，差距进一步拉大，城乡居民收入比达到 3.04:1，城乡差距明显。调查数据显示，外出务工是农民家庭收入的主要来源，在家庭收入来源中占比 59.7%，远高于务农的 26.6%。研究表明，劳动力的教育和培训水平与工资收入具有正向相关关系，劳动力的文化和技能水平越高，工资收入越高。实施“雨露计划”，针对不同贫困主体开展教育助学、转移就业培训，有助于提高劳动力的技能水平，促进贫困劳动力顺利实现转移和就业，增加贫困家庭收入，缩短城乡居民之间的差距。将人力资源从回报率低的农业转移到能提供高收入的现代工业和服务业，在提高贫困人口收入水平的同时，农业劳动力向非农产业转移，也带动了农产品需求，增加了农民人均资源占有量，有利于促进农业内部的结构调整。“雨露计划”重视农业技能和扶贫产业发展技能培训，在整体优化农业产业结构的基础上，有利于发展农村集约高效的现代农业和特色产业，提高土地和人力资源的产出水平，进一步增加农业经营收入。因此，片区实施推进“雨露计划”，提高贫困地区的人力资本投资和积累水平，具有增加贫困人口收入和促进农业发展的正向经济意义。

2. 社会文化意义

农村劳动力转移是推动城乡经济协调发展的重要途径，农村现代化、城市化或城镇化建设顺利进行的关键在于提高农民的素质和技能水平。对农村劳动者进行素质和技能培训，通过教育和引导，不仅使贫困人口因能力欠缺造成的与城市及农民之间的经济收入差距得到收敛，提高贫困人口的生存能力，改善他们的生活状况，而且会消除在民主政治及其他领域的权利歧视，从起点平等上根除社会不公的路径依赖，有利于加强城乡间各种互动关系——合作、沟通，实现社会心理和谐以及人与人之间的和谐相处，增强社会的凝聚力，[①]有利于转移农民更好地融入现代化的城市生活。人力资本投资具有心理收益和文化收益功能，贫困人口通过“雨露计划”获取了知识和技能，有利于增加其自信心和主动参与发展的意愿，形成积极向上的心理品质，进而转化为具体的反贫困行动，通过自身发展获得一定的社会认可和社会地位，从而改善贫困地区长期存在的“听天由命、消极无为、安于现状、好逸恶劳、不求更好、只求温饱、固守田园、安土重迁、小农本位、重农轻商”等消极的贫困文化以及“等、靠、要”的惰性扶贫心理，[②] 从心理和文化环境上斩断贫困文化的代际传递链条，创造有益于社会发展的精神财富和社会氛围，促进农村社会经济和谐发展。同时，“雨露计划”通过实施一些特殊形式的培训如民族工艺培训或传统民族民俗文化教育，既契合武陵山片区民族发展的特色和实际，充分发挥了文化产业优势，也有利于传统民族民俗文化的保护和传承。因此，投资人力资本具有不可忽视的社会文化意义，片区开展“雨露计划”，对于贫困人口个体来说具有积极的心理收益，对于整个片区的扶贫攻坚与区域发展来说则具有营造和谐进取社会环境的文化收益。

（二）创新和完善“雨露计划”，促进片区人力资本建设的对策建议

1. 政策实施与村民发展意愿相结合，提高模式实施的系统性和持续性

培训内容与市场需求之间的错位、培训形式单一或不符合农村实际、部分干部应付了事，导致了农民被动参与、政策实施“上热下凉”的尴尬局面。从投资模式和投资过程来看政府应充分尊重和调动贫困人口参与培训的意愿和积极性，合理安排培训内容和形式，避免因培训与市场需求、与村民意愿脱节而造成的资源浪费。注重培训前期的信息收集和评估，利用广播、电视、村民大会等多种形式进行有效的宣传引导，尽量克服地区“山大人稀，居住分散”造成的信息传达困难，充分调动贫困人口参与的积极性；地区劳动部门和基层组织应加强合作，通过定期调查了解本地区农村劳动力资源的输出输入和就地就近就业状况，建立健全服务网络和信息统计制度，做到基础台账清晰、动态数据清楚、就业状

---

① 赵国友：《农村人力资本投资对构建和谐社会的影响研究》，西南财经大学出版社，2009 年 11 月版。

② 孙哲：《贫困文化——探寻西部农村贫困恶性循环的根源，〈理论界〉》，2009（02）。

况准确，逐步实现农村劳动力就业状况的动态管理，解决地区剩余劳动力底数不清、基层服务机构不健全、劳务对接效率不高等问题，为了解村民发展要求和意愿，分析判断市场需求供给形势，开展有针对性的就业培训服务提供有力支持。从长远看，今后二三十年，农村劳动力向非农产业转移，是经济和社会发展的必然规律，也是我国就业的重大任务。贫困家庭劳动力实现转移就业也是当前扶贫开发工作的重要任务，因此“雨露计划”在实施过程中应充分尊重和激发当地贫困人口的发展意愿和积极性，注重实施的系统性和持续性，将前期调查、评估和培训过程中的监管、培训效果的检验反馈和后期维权保障相结合，充分发挥其实施的有效性。

访谈资料2

访谈员：贫困人群会主动要求参与到扶贫开发中来吗？有没有这个意识？

访谈对象：要求，还是有这个意识。

访谈员：有什么办法能够改善贫困人口的素质，提升其个人能力吗？

访谈对象：现在是松散式的管理，我们以前尝试过搞一些培训，但是贫困人口要根据他自己的时间来定，我们不可能为每一个人单独培训，都是一些集中培训。应该说有些办法，但是很有限。我们可以搞一些产业知识培训，其他相关知识培训，都可以搞，但是效果有限。他们主动接受知识的意识不够，都是被动的。现在能够读一个初中，高中更好，自我发展的需求越大。现在这些人不能够主动接受知识，主要是因为读书不多。

2. 发展地方优势与促进转移就业相结合，创新和丰富培训内容

劳动力转移除异地转移外，还包括就地就近转移。农民工异地转移就业在增加家庭收入的同时也带来了土地抛荒、家庭关系紧张以及留守子女教育问题等，而且常常因拖欠工资、缺乏保障而损害农民利益，调查中24. 7%和21.8%的调查对象表示不太愿意、很不愿意通过外出务工增加收入，虽然这与参与调查者的年龄结构有关，但在访谈中还是有一些农民反映外省打工经历曾令自己“很受伤”。另一方面，从理论和实践来看，仅仅依靠劳动力外出务工，是不能从根本上解决劳动力转移和就业问题的，必须立足地区自身的经济发展，鼓励部分劳动力就地就近转移就业和兼业型就业，才能更好地满足地区发展和个人就业的协调发展。武陵山片区丰富的自然资源和突出的生态优势为发展特色生态产业和农产

品加工业奠定了基础，丰富多彩的民族民俗文化为发展乡村旅游及相关产业提供了资源和素材。立足高山生态优势发展绿色生态农业以及绿色有机农产品加工业，以旅游业为契机发展农家乐服务、民族工艺品加工、建筑装潢、物流配送、文化表演等，发展当地中小企业和乡镇工业，创造更多的就业岗位，吸纳农村劳动力就地就近转移就业。为此，“雨露计划”应根据地区发展优势和产业规划，创新和丰富实施模式，针对特色农业、生态农业绿色生产的要求进行有针对性的专业农业技术培训，针对旅游业及相关产业，结合目前农村留守妇女、中老年人居多的特点，开展服务、餐饮等专业人员的技术培训和转移，开展民族工艺如土家布鞋、竹艺编织、蜡染、石雕等手工艺品加工培训以及民族文化从业人员培训。结合地区发展优势，充分开发和利用当地的人力资源，开展契合市场需求和地区人力资源结构的专业技术培训，探索校企联合、订单培训等新型模式，重视培育农业龙头企业，培养和发挥特色农业发展能人的带动效应，增加劳动力创业培训，鼓励和扶持返乡农民工自主创业，吸纳劳动力实现就地就近转移。

3. 扶贫部门与其他部门相结合，推进人力资本投资的资源整合

“雨露计划”作为一种人力资本投资模式，其投资主体主要是政府，具体来说是各级扶贫部门。近年来我国不断推进劳动力的转移就业培训力度，由农业部、教育部、共青团、妇联等组织实施的“阳光工程”“特别技能培训计划”“金蓝领工程”“青春富康行动”等，在提高劳动力技能、促进劳动力转移就业方面发挥了积极作用，然而也存在着资源浪费、重复培训以及争夺培训资源等问题，因此片区应探索合力攻坚的大扶贫工作机制，在培训资金筹集、劳动力就业信息收集共享及培训模式上开展合作，整合资源平台，统筹相关部门共同推进。人力资本投资和实现劳动力转移就业是一项长期性、系统性的工程，离不开完善的工作体系和有效的部门协作，因此应在建立和完善农村公共服务平台的基础上，由政府总览，整合多部门力量，分工协作，有效开展“雨露计划”及其他各专项培训措施。同时规范发展农业经济合作组织，使农民与组织间形成契约关系，实现培训对象的整合和集中以及内部互帮互助，也发挥企业、合作组织等在人力资本投资中的作用，构建新的人力资本投资积累机制，填补农村人力资本投资主体的一项空白。①

---

① 赵国友:《农村人力资本投资对构建和谐社会的影响研究》，西南财经大学出版社，2009 年 11 月第一版。

4. 短期扶贫效益与长远区域发展相结合，不断改革调整“雨露计划”

武陵山片区规划指出，要率先在武陵山片区启动重大政策和项目贫困影响评估工作，在重大政策和项目实施前，要将其对贫困群体造成的影响进行专门评估，并在实施过程中进行跟踪监测。这是我国扶贫开发工作的创新，对于片区“雨露计划”专项扶贫措施的实施也具有启发意义，将国家扶贫政策与贫困群体利益、地区扶贫效益与长远经济社会发展尤其是区域发展乃至国家整体发展战略相结合，是政策人文性、现实性与前瞻性相结合的体现，有利于社会经济的和谐发展。因此武陵山片区在“雨露计划”在实施过程中，应充分考虑政策模式的适应性，考虑不同贫困地区客观存在的路径依赖及文化堕距，考虑其与产业扶贫、整村推进等其他扶贫模式的协调发展与有效结合，考虑实现劳动力转移就业与地区农业产业发展、与原生态民族民俗文化保护与传承、与环境保护及可持续发展相结合，在不断评估和监测“雨露计划”模式实施的过程中，具体问题具体分析，因时因地进行调整和改革，以利于片区扶贫攻坚与区域发展协调进行。

四、结 语

贫困问题是人类社会发展中难以消除的社会问题，作为世界上最大的发展中国家，我国自 1949 年新中国成立以来，一直都在和贫困作斗争，历经计划经济体制下的广义扶贫、制度性变革作用下的大规模缓解贫困、高速经济增长背景下的开发式扶贫、全面建设小康进程中的扶贫开发等多个阶段，[①]取得了显著成效，积累了丰富经验，也为全球减贫做出了突出贡献。人是一切发展的动力，阿玛蒂亚·森认为能力贫困是制约贫困人群发展的关键因素，我国著名社会活动家、教育学家晏阳初曾深有感触地说过：“平时人们只想到开发金矿、煤矿，但最重要的还是开发‘脑矿’，充分发掘几亿中国人民无尽的智慧和潜在力，就是对人类最大的贡献。”贫困人口既是扶贫开发的受众，也是重要参与者和最终受益者，因此通过人力资本投资和积累来提高贫困人口的素质和能力，是实现扶贫开发和社会发展的关键。本报告基于人力资本投资理论模型，以“武陵山片区区域发展和扶贫攻坚相关问题研究”在建始县的调研为基础，根据“雨露计划”专项扶贫模式实施过程中的有益经验及问题分析，提出改革和完善的相关对策建议。但

① 张磊主编：《中国扶贫开发政策演变（1949—2005 年）》，中国财政经济出版社，2007 年 3 月第一版。

鉴于笔者能力有限，研究尚存在很多漏洞和不足，比如现行“捆绑式”的资金助学模式对贫困家庭子女的激励性如何准确测定、有无必要对模式改革安排专项发展资金以及如何监督其使用、如何提高农村基层组织人员的素质和能力以推动扶贫模式的具体、有效落实等等，这些问题与“雨露计划”的实施和贫困地区人力资本的投资积累密切相关，亟待进一步研究和解决。

参考文献：

[1] 霍丽．城乡二元经济差异的人力资本研究［M］．北京：中国经济出版社．2008 年 10 月第一版

[2] 惠宁、霍丽．中国农村剩余劳动力转移研究［M］．北京：中国经济出版社．2007 年 12 月第一版

[3] 李恒、彭文慧．劳动力转移与传统农区发展［M］．北京：社会科学文献出版社．2009 年 10 月第一版

[4] 谭志松．湖北民族地区农村劳动力转移研究——以民族教育为视角［M］．北京：民族出版社．2008 年 12 月第一版

[5] 杨达．赣南 90 村——劳动力转移背景下的村级社区考察［M］．北京：社会科学文献出版社．2008 年 3 月第一版

[6] 张磊、黄承伟、李小云编．中国扶贫开发政策演变（1949——2005 年）［M］．北京：中国财政经济出版社．2007 年 3 月第一版

[7] 张秀兰、徐月宾．中国发展型社会政策论纲［M］．北京：中国劳动社会保障出版社，2007 年 7 月第一版

[8] 周彩娟．生态小康——中国山区可持续发展路径分析——以湖北咸宁市为例［M］．太原：山西经济出版社．2008 年 5 月第一版

[9] 赵国友．农村人力资本投资对构建和谐社会的影响研究［M］．成都：西南财经大学出版社．2009 年 11 月第一版

[10] 加里·贝克尔著，郭虹等译．人力资本研究——关于教育的理论和实证分析［M］．北京：中信出版社．2007 年 11 月第一版

[11] 西奥多·舒尔茨著，梁小民译．改造传统农业［M］．北京：商务印书馆．2006 年 4 月第二版

[12] 白菊红、袁飞．农民收入水平与农村人力资本关系分析［J］．农业技术经济．2003（01）

[13] 郭欣．论“人力资本理论”在发展中国家扶贫开发中的应用［J］．科学与管理．2007（01）

[14] 洪绍华．雨露计划加快转移脱贫进程［J］．老区建设．2007（01）

[15] 胡跃明．对深入推进“雨露计划”组织实施的几点认识［J］．老区建设．2008（01）

[16] 江西省九江市扶贫办综合科．“雨露计划”工作存在的问题及建议［J］．老区建设．2009（11）

[17] 李春生．加快农村劳动力转移的对策研究［J］．中国农学通报．2007（10）

[18] 刘朝臣、鲍步云、郑丽丽．论农村人力资本投资的环境与模式选择［J］．科学大众．2006（08）

[19] 马达文．“三个联合”创新农民技能培训模式［J］．中国培训．2008（01）

[20] 孙哲．贫困文化——探寻西部农村贫困恶性循环的根源［J］．理论界．2009（02）

[21] 魏下海．试析中国农村人力资本投资［J］．经济与管理．2007（02）

专题报告八：推进产业扶贫开发需加大县域金融改革创新力度

——对湖北省建始县的调查报告

马久杰

金融在产业扶贫中具有重要作用，金融发展和创新对贫困地区的特色产业发展、贫困缓解具有重要的意义。但是，在偏远贫困地区特别是连片特殊贫困地区，如何有效扩展金融机构和金融服务的覆盖面，如何激励金融机构为贫困地区提供更多的金融服务，如何促进金融产品与服务方式创新，如何完善国家扶贫贴息贷款政策、提高扶贫贴息贷款政策的效果，还需要深入研究、探讨。为了了解连片特殊贫困地区的金融发展状况，以及金融在产业扶贫开发中所发挥的作用和存在的问题，以便为推动贫困地区农村金融改革和创新提出政策建议，课题组对地处武陵山区的湖北省建始县进行了实地调研。调研中，与县域金融机构和组织、县直相关部门、农业产业化龙头企业、农业中小企业、农民专业合作社进行了座谈，同时对重点涉农金融机构、资金互助组织、政府有关部门、典型的农业龙头企业、农民专业合作社、农户进行了实地访谈。基于这些调研资料，课题组对建始县的金融需求、供给状况、存在的问题进行了剖析，然后，提出了深化县域金融改革、完善农村金融体系、加大金融创新力度的政策建议。

一、县域存贷比低，存在明显的资金外流现象

自上个世纪90年代中后期以来，国内金融机构纷纷进行商业化和股份制改革，由于涉农贷款风险高、交易成本高，各大金融机构均上收贷款审批权，撤离农村地区。以中国农业银行为例，1994年，国家成立了农业发展银行，剥离农业银行的政策性业务；1996年年底，农信社与农行脱离行政隶属关系。经过这“一分一脱”等商业化改革之后，农业银行上收了贷款审批权限，大部分县域机构失去了贷款审

批权限，同时需要将在县域吸收的存款按比例上存市一级分行。信用社是农村金融服务特别是贷款服务的“主力军”。而农村信用社自2003年开始进行改革，经过产权改革、以县为单位统一法人、向商业化金融机构转型，其趋利性增强。同时，通过成立省联社强化对农村信用社的管理和风险处置。省联社成立以来，在建章立制、清收不良贷款、案件防控、协调政策等方面起了很大的作用。但是，省联社受利益驱动，开展资金自营业务，而自营业务资金大部分来源于基层社，因而自营业务规模的过快增长，必然削弱信用社的支农服务能力。

虽然2007年始，中国农业银行进行了三农事业部试点改革、下沉经营中心，扩展了县域分支机构的贷款权限；中国邮政储蓄银行也于2007年挂牌成立，开展了资产类业务。但是，总的来讲，县域金融机构提供的信贷服务远小于其储蓄服务。

作为贫困地区，建始县也存在这种存贷比低的情况。2011年年末，建始县金融机构各项存款余额47.98亿元，比上年增长21.4%。其中：城乡居民储蓄存款余额31.29亿元，比上年增长21.6%。金融机构各项贷款余额21.17亿元，比上年增长26.0%。其中：短期贷款余额8.42亿元，比年初增加2.10亿元；中长期贷款12.75亿元，比年初增加2.48亿元。县域存贷比为44.12%，县域主要金融机构的存贷比都不高（详见表1），农村金融机构作为“抽血机”的现象仍然存在。

表1　建始县2011年末主要金融机构存贷款情况

机构名称	存款余额（亿元）	贷款余额（亿元）	存贷比（%）
农村信用联社	15	9.364	62.43%
中国农业银行	9	4	44.44%
中国工商银行	4.1	1.8	43.90%
中国银行	3.3	1.1	33.33%
中国建设银行	12.1	3.6	29.80%
中国邮政储蓄银行	3.8	0.6	15.79%

资料来源：2012年7月与建始县县域金融机构座谈

由表1可见，建始县各家金融机构存贷比均不高，即使作为农村金融服务主力军的信用社，其存贷比也只有62.43%。邮政储蓄银行的存贷比只有15.79%。这表明建始县存在明显的资金外流现象。

那么，金融机构存贷比低、资金外流，到底是由于当地资金需求不足还是由县域金融机构供给的慎贷、惜贷呢？下面，课题组将根据对建始县的实地调研，对金融需求状况、存贷比低的原因进行剖析。

二、产业发展中经济主体具有较为旺盛、没有得到满足的金融需求

（一）当地产业具有很好的发展势头、对区域增长的拉动力和对贫困农户的带动作用，但资金是重要的限制因素

1．建始县产业发展概况

2011 年，建始县实现县域生产总值（GDP）47.87 亿元，比上年增长 15.1%。其中，第一产业增加值 15.25 亿元，增长 4.5%；第二产业增加值 13.76 亿元，增长 23.3%；第三产业增加值 18.86 亿元，增长 19%。人均生产总值 11633 元（按年均汇率折合 1801 美元），增长 14.8%。目前建始县产业发展态势良好，主要发展的产业有：矿业、农业和旅游业，计划招商引资 60 亿元。

境内已发现的矿产资源有 48 种，已探明储量的达到 10 种，主要有煤、铁、硫铁矿、矿泉水、耐火土、石灰石、铅、锌等矿种。全县保有煤炭资源储量 6331 万吨外，现有 16 个煤炭勘查项目预计可求得煤炭资源储量 3000 万吨以上。现有煤矿采矿权 30 个，年生产规模约 150 万吨，年产值约 10 亿元。另外铁矿探明储量 5.58 亿吨以上；硫铁矿探明储量 1860 万吨等。

2011 年全年建始县农林牧渔业总产值 24.63 亿元。农林牧渔业增加值达到 15.25 亿元，按可比价计算比上年增长 4.5%。粮食总产量 21.09 万吨，比上年增长 1.5%。畜牧业生产良好。年末牲猪存栏 51.4 万头，增长 4.2%；牛存栏 2.17 万头，增长 2.5%。全年出栏肉猪 65.07 万头，增长 6.6%；肉类总产量 6.13 万吨，增长 6.8%，其中猪肉产量 5.39 万吨，增长 3.8%。全县共有耕地 51 万亩，种植面积 90 万亩。主要种植粮食作物和经济作物，种植马铃薯 33 万亩、玉米 22 万亩、水稻 5.7 万亩；种植魔芋 8 万亩，6 万吨；茶叶 3.1 万亩，550 吨，产值 3200 万元 - 3500 万元；水果，3.5 万亩，2 万吨，产值 3800 万元；商品蔬菜 10 万亩，其中高山蔬菜 4 万亩，食用菌 300 万袋。目前全县共有农业企业 39 家，其中农业龙头企业 17 家，农业龙头企业产值在 3 亿元左右。农业企业主要经营农产品加工和销售，在增加农产品附加值的同时也在一定程度上控制了农产品的市场风险。

目前全县正处于产业结构调整和升级的关键阶段，2011 年一二三产业比重

为31.9∶28.7∶39.4，与2010年的34.8∶26.9∶38.3相比，二、三产业比重上升。

白烟、魔芋、猕猴桃、景阳鸡是当地确定的四个农业特色产业，具有很好的发展前景。

2. 资金缺乏抑制产业发展

县域矿产资源丰富，由于资金的缺乏大部分并没有得到很好地开发。煤矿的开发比例不到5%；而铁矿的开发直到前两年才开始启动，武钢集团公司投资2.85亿元进行开发，但是还存在很大资金缺口。

而在农业领域，资金的缺乏使得农产品流通、加工以及规模生产得不到实现，无法形成农业全产业链，加大了农业的市场风险。以猕猴桃为例，目前全县现有猕猴桃基地1.6万亩，惠及农户2000多户，2011年生产了560多吨，2012年将达到1000多吨，需要收购资金将达到1亿元左右，并且需要至少800吨左右的保鲜库。2011年财政支持建成一个猕猴桃保鲜库，但最多只能容纳500吨猕猴桃。所以，2012年猕猴桃的储存问题将给该县的猕猴桃产业带来市场风险，在流通和收购环节如果没有得到资金支持，将会抑制全县猕猴桃产业的发展。

当然，为了促进产业发展，目前建始县已经实施了一些金融创新政策，如：推动成立小额贷款公司、进行动产抵押贷款登记、推动企业股权质押贷款、倡导商标质押贷款等。但是这些创新存在以下几个问题：1）融资额度小。近三年通过以上创新而发生的金融行为涉及金额仅为2亿元左右；2）农业企业遭到排斥。由于农业企业股权结构并不明晰、经营的产品流通风险较大、商标培育能力不强，以上创新很难惠及到农业企业，也难以实现扶贫效果。

（二）农民专业合作社、农业产业化龙头企业贷款难，存在明显的资金短缺、金融约束

1. 农业龙头企业、合作社发展在农业供应链的成长、产业扶贫、带动农户发展中具有重要作用

农业龙头企业、农民专业合作社的发展，在贫困地区农业特色产业发展、带动农户参与农业特色产业的发展、增加农民收入、缓解贫困中具有重要的作用。从产业链的各个环节来看，农户一直处于不利的地位。以建始县的猕猴桃产业为例，首先，农户没有信息和能力去引进新的猕猴桃品种；其次，在生产环节，农

户缺乏种植技术和管理经验，生产出来的猕猴桃品质不高；再次，猕猴桃容易腐烂，农户缺乏储藏设备，也没有深加工技术。因此，即使对收购价格不满意，农户也只能将猕猴桃尽快销售完毕；最后，农户的生产规模较小，组织化程度较低，无法形成规模经营，难以形成自己的品牌。猕猴桃种植户经常遭遇“销售难”问题。而且，销售价格只能随行就市，无法规避市场风险。

由此可见，面对市场时农户完全处于弱势地位。而农户通过与农业产业化龙头企业签立订单，则可以提高自己的市场可得性，获得更多的收益。首先，按照订单要求，企业会免费为种植户提供优质的猕猴桃种苗，并对种植户进行免费的技术指导和田间管理培训，这就保证了种植户能够生产出品质高的猕猴桃；其次，企业自己建有猕猴桃加工厂和冷藏库，这可以大大提高猕猴桃的附加值，为企业提高优质猕猴桃的收购价格提供了经济条件；最后，按照订单规定，企业的收购价格高于猕猴桃的市场价格，这就提高了种植户的收入。而且，种植户最担心的就是猕猴桃的销售问题。企业有实力建立起自己的品牌和营销网络，这就解决了猕猴桃的销售难题，保证了猕猴桃种植户的收益。

农户只有与企业合作，并与企业形成利益共同体，才能规避市场风险，获得更好的市场机会，分享到产业发展的成果。因此，产业扶贫应该支持农业龙头企业、合作经济组织的发展，使得企业更好地发挥出对农户的带动作用，才能使产业发展的成果惠及更多的农户。但是，即使是组织化的农民专业合作社和农业龙头企业，也遭遇了融资困难。

近年来，建始县委、政府围绕当地得天独厚的资源优势，大力发展了各种专业合作组织，以实践证明了“建一个组织、兴一个产业、活一方经济、富一批群众”的成功。通过公司 + 合作社 + 基地 + 农户的形式带动了当地产业的发展，促进了农民增收。

2. 农业龙头企业、合作社由于面临资金约束，其自身发展和对农户的带动作用弱化

随着农业特色产业的进一步发展，农业龙头企业及农民专业合作社遇到了很大的资金难题，主要表现在收购、保鲜及加工设备购买上的资金短缺。这抑制了其自身的发展，也使其对农户的带动作用大打折扣。

益寿果品专业合作社联社、金璐农业合作社是当地发展较早、带动作用较强的两个合作社。两个合作社都是2000年成立的，而且都是合作社与农业企业一

体的。成立合作社，对于农户的品种引进、栽培技术的改进、生产资料购买和使用、产品的销售，等等，能够提供更好的服务；通过合作社的二次返利，能够提高农户的收入；通过合作社能够更好地协调农户和企业的订单关系，有效地管理订单。而农业企业则在农产品加工、销售、市场拓展、品牌打造、商标的申请和维护等等方面，发挥更大的作用。2007 年农民专业合作社法正式实施以后，两家合作社在工商部门登记注册。

近年来，在益寿果品合作社和公司的带动下，建始县猕猴桃生产产能快速扩大。农户通过合作社包销售、包最低保护价的服务，可以获得一个稳定的收入。从 2010 年开始，种植猕猴桃的农户迅速膨胀，猕猴桃基地达到 10000 多亩。尤其是自 2011 年以来，政府将猕猴桃产业纳入产业扶贫范畴，益寿果品合作社与政府联合进行参与式扶贫。由政府出资 1000 元、农户出资 1000 元作为猕猴桃前期生产投入，这极大地增进了农户种植猕猴桃的积极性。

但是，益寿果品公司（合作社）在发展中面临较为严重的信贷约束，主要表现在收购资金、保鲜、加工设施建设资金难以筹集，影响了其收购规模的扩大和加工深度的提升，也影响了其对农户的带动作用。

目前，由于农民专业合作社规范化程度难以符合银行的要求，缺乏银行要求的抵押品，难以从银行等金融机构贷款。建始县还没有一家合作社能从银行获得贷款。

一些合作社以理事长个人名义、提供个人资产抵押进行贷款，如，三里香米合作社理事长曾经以私人名义获得过银行贷款。

有的合作社则以社员的名义向金融机构借款。如：东湖魔芋专业合作社为了满足资金需求，曾经与农户签订协议，通过农户联保贷款的形式以农户的名义向信用社申请贷款，但是这种贷款形式不仅操作困难，而且不符合银行监管部门的规章制度。

农业企业由于其资产在乡镇以下，资产变现能力差，难以符合银行对抵押资产的要求，所以，农业龙头企业也难以从金融机构融资。比如：益寿天然果品有限公司以公司 600 万元的资产做抵押，只能获得 240 万元的贷款，其主要原因是公司用来抵押的资产在乡下，不能作为优质资产抵押。而益寿果品仍有 600 万元的资金缺口不能得到满足。

金璐农业发展有限公司是一家以魔芋收购、加工为主业的农业龙头企业。该公司领办了东湖魔芋农民专业合作社、金璐养殖合作社等。在当地魔芋产业发展中，具有很强的带动作用。该公司反映从银行贷款面临很多困难。2010 年、

2011年，公司分别在中国银行和邮政储蓄银行获得400万元和200万元的贷款。但是申请贷款手续非常繁琐，而且贷款审批时间长，2010年8月开始准备向邮政储蓄银行申请贷款，于12月19日获得批准，2011年2月份才获得贷款；2011年11月开始准备向中国银行申请贷款，2012年的5月份贷款才到位。而且，公司自身的资产难以充当抵押物直接从银行贷款，需要通过担保公司担保才能获取贷款。而建始县担保公司注册资本金额度小，银行不愿意与其合作。金璐公司贷款是通过恩施州农发信用担保公司担保的。目前，金璐农业发展有限公司仍有1000万元的资金缺口。

（三）农户在产业发展中存在信贷约束和小额支付结算困难

通过对农户的实地调研，课题组发现：在产业发展的过程中，金融机构提供的服务无法满足农户的金融需求，主要表现如下：

1. 金融服务可及性差

在建始县各个乡镇，发放贷款的金融机构主要是农村信用社。中、农、工、建等大型金融机构在乡镇都没有营业网点，邮储银行在乡镇设有代理网点，不办理贷款业务，只经营存款、汇兑等业务。

在建始县，一方面，为农户提供金融服务的网点较少；另一方面，恶劣的地理环境使得农户获得金融服务的条件变得更差。建始县位于武陵山脉与巫山山脉交汇处，是个典型的山区县。全县最高点海拔2090米，最低点海拔213米，落差达1877米。县内道路高低曲折，交通极为不便。据大部分农户反映，从家里到乡镇上的农村信用社，他们需要骑1个多小时的摩托车。而且山区道路崎岖不平，行车安全性也不是很好。农户去一次信用社需要花费不小的时间成本和交通成本。

2. 信用贷款额度太小、抵押贷款条件苛刻

农村信用社已经对农户进行了信用评级，信用级别高的农户可以去信用社申请信用贷款。农户申请此类贷款时，不需要提供抵押品，只需贷款户夫妻双方同时到场即可。农户申请信用贷款的手续很简便，甚至当天就可以拿到贷款。但是，信用贷款的额度太低，一般不超过5000元。建始县内种植的经济作物主要为白肋烟、猕猴桃以及魔芋等。白肋烟、猕猴桃和魔芋都是需要高投入的经济作物，每亩白肋烟的投入大约2000元、每亩猕猴桃的初始投入将近3000元，而且

三年之后才能有可观的收益；每亩魔芋的初始投入更是高达5000元。信用贷款的额度无法满足农户种植经济作物的资金需求。

农村信用社也发放抵押贷款，抵押贷款的额度较大，可以达到10万元以上。但是，抵押贷款的发放条件比较苛刻，一般要求农户以位于集镇上的商铺作为抵押，信用社不接受普通农户的住宅为抵押物。只有做生意的农户才满足这样的贷款条件，普通的种植农户显然无法申请到抵押贷款。

3. .金融工具种类很少

调研结果显示，农户普遍具有农村信用社发放的“一本通”，但是惠农卡在农户中的普及率很低，很多农户没有听说过惠农卡。只有乡镇上才有信用社和邮储银行设置的ATM机等自助设备，村内没有ATM机，也没有安装POS机等支付工具。

4. 农业保险缺乏

建始县地处山区，全县自然灾害频发。风灾、水灾、旱灾、冰雹、霜冻灾以及虫灾等灾害时常给农户的农业生产带来严重的不利影响。白肋烟、猕猴桃以及魔芋是当地主要的经济作物。白肋烟最容易遭受的自然灾害是风灾，烟草公司已经为烟农种植的白肋烟投了农业保险，有效地保障了烟农的利益。但是，目前保险公司还没有推出针对猕猴桃以及魔芋的农业保险。猕猴桃易遭受溃疡病、褐斑病、斑衣蜡蝉等病虫害以及霜冻灾的影响，而魔芋一旦染上黑心病、白娟病以及软腐病之后，几乎没有收成。在建始县，每年自然灾害和病虫害都给农户带来不小的损失。在当地，种植猕猴桃和魔芋已经成为了一种高投入、高风险的行业。农户都迫切需要针对猕猴桃和魔芋的农业保险，然而，保险公司还没有相关险种。

（四）金融约束对当地产业发展、产业扶贫的影响

1. 产业龙头企业、合作经济组织能有效缓解贫困，提升农民获取资源的能力

产业龙头企业、合作经济组织是农产品价值实现的主要途径，也是农民收入增加的关键环节。虽然两者是不同性质的组织，但是在边远的贫困地区，两者发挥的作用却无较大差异，有时候两者同为产业供应链的某个环节，为供应链的问

题做出贡献。在边远的贫困地区，产业龙头企业、合作经济组织的扶贫功能主要体现在以下几个方面：1）促成农民生产方式的改变。为了缓解贫困，农民一般选择放弃传统作物种植而改种附加值比较高的经济作物，而促使农民做出这一选择的则一般是农业龙头企业或者合作经济组织。2）增加农民在整个产业链中的利润分配。产业龙头企业为了保证自身有充足的原料供给，而合作社为了方便与企业对接，一般会事先与农民签订采购合同，合同价格一般高于市场价格，这实质上是将加工、销售环节的部分利润返还给生产环节，熨平农产品价格的剪刀差。3）提升农民生产经营的能力。产业龙头企业、合作经济组织在与农户签订订单的同时，一般也会提供技术指导。农民通过产业龙头企业、合作经济组织不仅了解到生产经营技术，同时对产业链各个环节的利润进行了充分的了解，为其向下游行业进军提供了基础性条件，提升了其生产经营能力和议价能力。

建始县共有农业龙头企业 17 家，产值在 3 亿元左右。共有农民专业合作社 351 家，其中运行比较良好的只有 58 家，没有运行的大概有 80 – 90 家。龙头企业和合作经济组织对农民种植方式的改变起到了至关重要的作用，建始县农民传统种植的作物是玉米和马铃薯，但是由于益寿果品有限公司、东湖魔芋专业合作社、弘发公司、烟草公司等龙头企业和合作经济组织的发展，使得建始县农民改变了传统种植结构，发展了猕猴桃、魔芋、花菇、烟叶等产业，农民收入大大提高。同时产业的发展也促成一部分农民转变为收购商，并通过熟人社会网络提高了农民的整体能力和素质。同时，龙头企业、合作经济组织通过技术指导、提供生产资料、信贷资金等使得贫困农户跳出贫困陷阱。

2. 产业发展需要金融支持

产业的发展过程实质上是要素的整合和资本化过程，在要素整合中，需要大量的资金投入；同时，要素的资本化过程也需要大量的资金和基础性金融服务。

产业的形成及发展初期需要大量资金的投入，尤其是基础设施建设。根据建始县商务局估计，要推动建始县产业全面发展计划需要 60 亿元的投资额度。这些资金不可能全部由财政支付，财政资金的全额注入还可能会影响扶贫的效果，因此必须要有金融的加入。以建始县猕猴桃产业为例，在种植猕猴桃时，需要投入种苗、土地、石柱、铁架网等，一亩地约需投入 2000 元左右，1．6 万亩就需要 3200 万元左右的初期投资。同时，产品的储存、产品的流通、全产业链的形成、产业的升级改造需要大量资金。

同时，产业链形成之后，物资流、资金流和信息流在产业链内部的流动需要现代基础性金融服务的支持。快捷的支付、结算、汇兑等便利了下游产业的发展，同时促进了产品价值的实现。

3. 金融约束将制约产业发展、产业扶贫

一般认为，在贫困地区，劳动力资源和土地资源相对丰富，而资金极度稀缺，资金回报率应该会相对较高，资金应该会主动流入到贫困地区。但是由于交易成本高、信息不对称等因素的存在，商业资本不会主动流向金融贫困地区，使得资本原本稀缺的贫困地区更加贫困，从而无法将其他资源资本化，产业发展得到抑制，经济发展水平低下。因此，一直以来，资金要素的缺乏是贫困地区产业发展的主要障碍。

（1）农户资金的缺乏抑制了上游产业的形成和发展，影响产业扶贫效果

农户资金的缺乏导致产业投入低，无法实现规模效应；进而使得下游产业的原料供应极不稳定，抑制了整个产业链的形成和发展。这反过来又会加大农业产业的市场风险，影响农民的生产积极性，最终将会影响到产业扶贫的效果发挥。

（2）合作组织、中小企业资金的缺乏抑制了下游产业的形成和发展，降低产业利润

涉农的合作组织与中小企业一般负责农产品的收购、流通和加工，是农产品价格和农民利润实现的关键环节，同时也是产业扶贫开发的关键阶段。合作组织和中小企业的资金缺乏，使得（农）产品收购资金紧缩、企业规模无法扩大、产品附加值无法提高，导致：1）农产品价格下降；2）赊销、打白条；3）收购量减少。这些都会使得农民的经济利益受损，抑制农民的生产积极性，影响下一期原料供给，最终会影响到整个产业的发展。

4. 基础金融服务的缺失导致产业成本高、利润率低，进而加剧了资金短缺

涉农企业一般都分布在离农产品产地较近的农村或者乡镇，而这些地区的基础金融服务极度缺乏，金融服务网店不足，甚至有的地方根本就没有金融服务网店。而农民对现代电子化的金融服务了解较少，不愿意使用。这就使得在农产品收购等产业扶贫的关键环节风险较高、交易成本也较高，导致农民生产的利润率较低，进而加剧了资金短缺。

三、县域金融机构对涉农产业存在明显的慎贷、惜贷

基于对金融机构、扶贫互助合作社、担保机构等访谈调查，对金融机构在县域的金融服务供给行为、导致金融机构慎贷惜贷的主要原因等进行分析。同时，分析不同金融机构的优劣势，特别是对扶贫互助合作社的优势和劣势进行分析。

（一）金融机构对涉农产业的金融服务不足，存在信贷配给行为

1. 涉农信贷和产业扶贫信贷供给规模偏少、比例偏低

截止到2011年年末，全县金融机构各项存款余额47.98亿元，比上年增长21.4%。其中：城乡居民储蓄存款余额31.29亿元，比上年增长21.6%。金融机构各项贷款余额21.17亿元，比上年增长26.0%。其中：短期贷款余额8.42亿元，比年初增加2.10亿元；中长期贷款12.75亿元，比年初增加2.48亿元。虽然存贷款余额均有增长，但是存贷比较低，尤其涉农供给严重不足（详见表2）。

表2　建始县主要金融机构涉农贷款供给情况

金融机构	贷款主要对象	涉农贷款产品种类	截止2012年6月涉农贷款余额	涉农贷款占总贷款比例
农村信用联社	中小企业、个体工商户、农户	抵押、担保	4.00532亿元	93.95%
邮政储蓄银行	中小企业、个体工商户、农户	抵押、保证	3000多万元（成立不久，贷款总额小）	50%
农业银行	中小企业、农户	抵押、担保	约1亿元	25%
工商银行	中小企业	抵押、担保	3000万元	16.7%
建设银行	中小企业	抵押	1200万元	3.3%

资料来源：2012年7月与建始县县域金融机构座谈及调查

由表2可以看出，建始县金融机构的涉农贷款供给存在以下几个方面的问题：

首先，从贷款对象上，县域金融机构涉农贷款的主要对象还是中小企业，没有直接对合作经济组织的贷款。对中小企业的贷款只用通过订单等供应链形式才能惠及到农户。因此，在产业扶贫中，对中小企业的贷款还必须要相应的配套措

施来确保金融的扶贫效果。

其次，从贷款方式上，县域金融机构提供的贷款大部分都是抵押贷款，信用贷款比较少。农村信用社涉农贷款方式主要是抵押贷款、担保贷款、质押贷款，三者大概分别占到总贷款的65%、32%和3%。但是，资金极度稀缺的农户缺乏金融机构要求的抵押品，因此，在农户贷款中，贫困农户遭到排斥，扶贫效果受到抑制。

再次，从贷款额度上，县域金融机构的涉农贷款额度都较小，涉农贷款占总贷款的比例较低。

2. 针对涉农产业、贫困人口的金融产品和服务单一，不适合需求主体的特点和要求

涉农企业以及贫困人口的金融需求具有“小、短、急”的特性：资金需求规模相对较小、借款期限较短、贷款需求紧急。而金融机构在设计金融产品时，忽略了对于涉农金融需求特征的分析与考量，设计出的金融产品大多不符合涉农经济主体的要求，缺乏有针对性的、个性化的、灵活多样性的涉农金融产品和服务。

（1）审批条件“一刀切”，涉农贷款遭遇信贷配给

多数银行的县级支行没有贷款的审批权，贷款审批与发放由上级行严格管控，涉农资金需求主体与大型企业面对相同的贷款发放条件，极易遭遇信贷配给：一方面，受制于农业的弱质性，涉农贷款的风险相对较大；另一方面，涉农贷款往往是为了解决农业生产中暂时性的资金需求，需求规模相对较小，需求期限相对较短，贷款的单位成本也相对较高。银行对于涉农经济主体与大型企业的“无差别对待”，从实际来看就是对涉农贷款需求主体的“隐性歧视”，极易导致信贷配给。

（2）担保抵押要求苛刻，涉农经济主体难以满足

出于风险的考量，金融机构在放贷时往往要求涉农经济主体提供一定资质的担保人或者提供充足的抵押品。对于担保人的资质，银行在担保人资格、财务实力、保证意愿、法律责任等方面都有严格的要求。涉农经济主体由于自身实力薄弱、社会资源有限，很难提供符合银行要求的担保人。对于抵押品，银行除了要求抵押品的自身价值之外，还会顾虑抵押品的流动性以及变现价值。由于农业企业、农民专业合作社、农户等涉农经济主体的资产一般位于乡村，市场接受程度低、资产流动性差、变现价值低，不符合银行对抵押品要求。担保抵押要求与涉农经济主体资产特征的矛盾，严重制约了涉农金融需求的满足。

（3）资金需求期限较短，银行金融产品难匹配

涉农贷款往往是为了解决农业生产周期中短期的流动资金需求，需求期限一般较短。例如涉农企业对短期收购资金的贷款需求，其期限往往不足一个月，在农产品卖出之后，企业便可重新拥有流动资金。而银行并没有针对此种超短期的资金需求设计相关产品，也即银行现有的贷款产品期限不能与农业生产周期相匹配，不符合涉农经济主体金融需求的特征。

（4）审批周期过长，难以满足贷款时间需求

对于涉农企业、专业合作社、农户等涉农经济主体，不论是对收购资金的需求还是对农业生产资金的需求，都带有很强的季节性，一旦错过最佳用款时机，将会影响整个生产周期的正常运转，带来不可弥补的损失。银行为了控制风险，设计了严密的贷款审批发放流程，从客户申请到贷款发放，银行会进行严格的调查与审核。而且，除了贷与不贷的考量之外，银行还会考虑贷款的金额、期限、还款安排等其他贷款条件。审批环节复杂、放贷周期过长，不能有效满足涉农经济主体在借款时间上的需求，制约了农业生产的稳定与发展。

3. 资金价格（实际利率）偏高

目前，县域涉农贷款的利率一般是基准利率上浮一定比例，但是由于涉农贷款主体缺乏抵押品，还需要担保和保险。在建始县涉农贷款利率一般是基准利率上浮10%－30%，担保费一般为1.2%，保险费为2‰。因此，涉农贷款的实际年利率（不计算分期还款产生的利息差和贷款过程中所产生的费用）大概为10%－15%左右，如果算上贷款过程中所产生的费用和分期还款产生的利息差则更高。而农业行业的利润率就在15%左右，这使得涉农企业难以承受。为了解决这一问题，国家推动了扶贫贴息贷款政策，但是目前扶贫贴息贷款的运行存在一些问题：1）扶贫贴息贷款不能瞄准穷人，利益主要被富人攫取，并不能实现其设立的目的；2）扶贫贴息贷款的还款率很低与县域扶贫贴息贷款额度用不完的现象并存。

（二）金融服务供给不足的原因分析

1. 面向涉农产业和贫困农户服务的金融机构少，县城以下的金融机构网点少，基础金融服务远离贫困人口、偏远地区

从金融机构来看，建始县拥有较为全面的金融供给体系：四大国有银行、邮政

储蓄银行、信用社以及农发行均设有网点，村镇银行、贷款公司、资金互助社等新型农村金融机构陆续设立。各个金融机构都在不同程度上为县域经济的发展提供了金融支持。但是，受限于网点数目及其布局、贷款决策权、金融服务定位等方面的因素，真正面向涉农经济主体的金融资源供给者严重不足。为数不多涉农金融供给主体，有的因基层网点不足，有的因起步较晚、经验有限、规模偏小，等等，不能充分有效地满足涉农经济主体的金融需求，基础金融服务远离贫困人口以及偏远地区。

（1）农信社改制，乡镇信用社权限减少，统一法人后，有贫困乡镇资金外流现象

建始县各乡镇信用社成立于1952年左右，先后经历了几次变革。主管部门也经历了地方财政部门——地方人民银行——银监会——湖北省联社的几次变化，2005年9月划归湖北省联社主管之后，2005年12月开始进行县级联社统一法人改制。目前县联社有10个乡镇信用社，4个分社，3个储蓄所，1个营业部，9台ATM机，近800名联络员。县级统一法人改革之后，主要存在以下几个方面的变化：

1）乡镇信用社权限减少。掌握贷款主体相关信息的乡镇信用社并没有信贷决策权，县联社对借款对象的统一要求使得贫困农户处于劣势。

2）贷款审批流程变得复杂。超过乡镇信用社审批权限的贷款发放则需要到县联社进行贷款的审批，相比较审批权限范围内贷款的发放增加了“联社客户部→联社分管主任→贷款审批组→联社信贷部”这一联社审批环节。

3）限制信用贷款的发放，不利于贫困农户。划归省联社管理之后，省联社规定不允许大量发放信用贷款，要求县级联社的担保抵押率不超过70%，更多地推广使用抵押贷款这个产品（目前建始县信用联社信用贷款和保证贷款所占的比例分别为35%和65%），这不利于那些没有抵押品且又难以找到保证人的农民获取贷款，也不利于扶贫。

4）县域内进行资金调配，贫困乡镇资金外流。县级统一法人改革之后，县镇信用社没有贷款审批权，并且需要将存款上存到县联社统一使用，这使得贫困乡镇在县联社的资金分配中受到配给。

5）规定存款上存，导致资金外流。改革后，省联社规定县级联社需要将吸收存款的20%上存到上一级信用联社，以控制基层信用社的风险。但是这就导致了县域（尤其是贫困县）资金外流。

（2）农行县域网点收缩，三农金融部服务有限

上世纪末，农行进行了商业化改革，这是符合市场经济发展方向的必然选择。按照市场经济原则和金融效率原则，农行大幅度收缩县域网点和业务，撤销了绝大部分的乡镇基层分支机构。这样的做法是农行实行向城市和非农产业集中的经营战略的必然选择，但是这也造成了农行没有能力直接为农户及涉农产业提供金融服务。近年来，虽然开展了三农事业部制改革，但是县域网点少、人员不足且老化等问题没有得到解决，面向三农的服务不足。

建始县农行虽然成立了三农事业办公室，但是为农户提供金融服务的能力非常有限。首先，建始县农行缺乏面向农户的业务人员。建始县共有 10 个乡镇，51.35 万人，其中农村人口 37.01 万人。然而，建始县农行只有 3 名为农户提供贷款服务的客户经理，加上 2 名营业室主任和 2 名审批人员。该行所有从事涉农贷款的业务人员总共才 7 人，为农户提供贷款服务的人员极其不足；其次，建始县农行仅有的 2 个营业网点全部位于县城，在 10 个乡镇都没有网点。由于建始县农行没有乡镇基层分支机构，因此该行缺乏深入农村地区的触角，很难直接为分散的农户提供金融服务。这也严重影响了农行在农村地区拓展金融业务。例如：农行已经在全县发放了 2 万张惠农卡，但是开卡率很低。建始县农行没有乡镇网点是造成这种现象的主要原因。由于乡镇没有农行网点，因此如果农户使用惠农卡，只能去信用社或者邮储银行选择跨行服务，而跨行服务的手续费往往较高，这就加大了农户的负担。在建始县，农户使用惠农卡的积极性不高。

农行不仅直接为农户及涉农产业提供金融服务的能力有限，而且意愿也不是很高。首先，对于农行而言，抵押品可以保证在出现贷款不能被偿还时，通过变卖抵押品回收或部分回收贷款，减少风险损失。因此，要求贷款申请者提供有效抵押品是农行规避风险的重要手段。农户最大的资产是土地，然而在国家现行制度下，土地属于集体所有，无法作为抵押品。涉农企业的资产大部分位于乡镇，本身价值不高而且变现能力很差，银行并不认可其为优质的抵押品。这种现象在全国范围内普遍存在，建始县也不例外。在建始县，农户和涉农企业缺乏有效抵押品成为了农行不愿向其发放贷款的重要原因；其次，建始县虽然发展了猕猴桃、魔芋、柑橘等特色产业，但是这些产业缺乏大型龙头企业的引导和带动，没有形成完整的产业链。在生产环节，这些农产品没有达到规模化种植，多采用一家一户的生产方式，抗风险的能力很低。在加工环节，也没有实力雄厚的大企业对这些特色农产品进行深加工和建立销售网络。在销售环节，这些农产品也没有树立起著名品牌。由此可见，建始县当地的农业产业发育程度低，产业链不完善，这就导致了产业链上各个主体的抗风险能力不强，出于规避风险的考虑，农行不愿意为产业链上的农户和涉农企业发放贷款。

总之，一方面由于基层网点和业务人员严重不足；另一方面当地农户和涉农企业的有效抵押品很少，再加上当地农业产业发育程度低，因此，农行没有能力、也不愿意向农户和涉农企业提供信贷供给。建始县农行在当地存在明显的慎贷和惜贷现象。

（3）邮政储蓄银行乡镇自营网点少，贷款业务经验不足

虽然邮储银行在乡镇网点较多，但多数属于代理网点①，乡镇自营网点较少。以建始县为例，建始县邮储银行共有网点14个，其中自营网点3个，位于乡镇的自营网点仅有1个②。显然，相对于邮储银行"服务三农，服务社区"的定位，建始县邮储银行的乡镇自营仍然较少，没有形成对乡镇有效的金融供给。而且，邮储银行贷款业务开展时间较短，在服务三农的过程中略显经验不足。以合作社贷款为例，2011年，恩施州邮储银行在全州发起了"两亿贷款扶千社，邮储银行真情惠三农"的合作社贷款业务，并效仿农户联保贷款，设计了合作社联保贷款。但在实际运行过程中，此项设想能够得到大力推广的贷款品种却没有得到广泛接受，原因在于：首先，合作社之间因为信息不对称程度相对较高，相互联保积极性低；其次，合作社的重要事宜需要由理事会、监事会、社员大会来批准，出于合作社安全稳定运行的考量，相互联保的决定通过的难度较大。

（4）农发行服务对象有限，集中于基础设施建设项目及大型企业

农业发展银行自营商业性业务的服务对象是法人机构或组织，不面向个人。而且，由于农发行县级支行没有贷款审批权限，上级行出于风险的考量，所批准的贷款业务主要为基础设施建设贷款和大型企业贷款，极少为县域中小涉农企业提供金融服务。以农发行建始县支行为例，截至2011年12月31日，该行贷款余额为3.56亿元，政策性贷款的业务占7.4%，基础设施建设中长期贷款占80%，剩余部分全部为龙头企业贷款。虽然农发行有针对中小涉农企业贷款品种，但在实际施行过程中，中小企业很少享受到农发行的金融服务。

（5）工行、中行与建行对涉农经济主体的金融服务缺位

工商银行、中国银行与建设银行在建始县都仅设有一个网点，而且三大行的网点全部位于县城，在乡村没有网点。从地理位置上来看，难以为农村地区提供

① 邮政储蓄银行的基层网点有代理网点与自营网点之分：代理网点是由邮政公司负责管理，仅可以吸收储蓄，不能从事其他资产业务；自营网点为邮储银行的网点，与一般支行无异，可以从事资产负债业务。邮储银行对县域的金融服务主要依靠自营网点开展。

② 建始县共有10个乡镇。

便利的金融服务。而且，即使县级支行愿意为县域农业产业服务，也是“有心无力”。因为三大行的县级支行没有贷款审批权，所有的贷款都由上级进行调查审批。而县域的涉农经济主体因为自身实力有限，其资质难以得到上级行的认可，金融需求往往得不到有效满足，信贷配给现象严重。

（6）新型农村金融机构起步较晚，服务效果有待观察

近年来，村镇银行、贷款公司等新型农村金融机构蓬勃发展，在弥补农村地区金融服务空白方面发挥了一定的积极作用。建始县现有一家村镇银行，为恩施州村镇银行的下属支行，于2012年6月26日正式对外营业。其起步晚、成立时间短，对建始县的涉农经济主体的金融支持仍有待进一步观察。

（7）扶贫互助合作社数量少，而且规模很小

为了解决贫困农户的融资难题，建始县从2008年开始进行扶贫互助合作社的试点。扶贫互助合作社是由中央财政扶持资金（配套资金）、农民入股资金共同组成，实行“民有、民用、民管、民受益和民承担风险，促进乡村生产发展，有偿使用，入股分红”的原则。

扶贫互助合作社与农业产业发展相结合，向社员提供产业发展资金，解决了农户的资金难题。例如，擦擦坡村成立互助社之后，擦擦坡村村民以扶贫互助合作社为依托，开始发展白烟产业。互助社为烟农产前投入及产后加工都进行了贷款支持。近三年来，互助社分别向烟农提供了2.9万元，5.5万元及8万多元前期投入资金，解决了农户种植白烟投入资金问题。烟农收获烟叶后，烟叶需要在晾房晾干。但是，有些烟农没有足够的资金建设晾房，烟农可以向互助社申请贷款。自从引进白烟产业后，擦擦坡村烟农平均每年增收4000元。烟草公司还通过烟水配套工程，为擦擦坡村建立了人畜用水水池，解决了擦擦坡村民祖祖辈辈的饮水难题。同样，杨柳村扶贫互助合作社也推动了杨柳村农业产业的发展。杨柳村资金互助社不仅支持烟农发展白烟产业，该村还引进了花菇产业。目前，该村30多户农户加入了“弘发食用菌专业合作社”，互助社已为菇农进行菇棚的建设提供了五到六万元的贷款，该村菇农平均一年增收8000元左右。

近几年，扶贫互助合作社带动了当地农业产业的发展，实现了农民增收，缓解了农村贫困。但是目前只存在三家扶贫互助合作社，即2008年在三里乡成立的擦擦坡村扶贫互助合作社、杨柳村扶贫互助合作社及在2011年新成立的店子坪扶贫互助社成立。而且这些互助社存在着一些问题，制约了互助社的发展。第一，经费不足。按照互助社章程，只能计提互助合作社社员占用费10%作为互助社工作人员（主要是理事会成员）的开支，但是这些资金并不能满足互助社

工作人员办公开支的需求，这样就会降低互助社工作人员的积极性；第二，规模小。不能满足当地农户的资金需求。随着产业的发展，农户对资金的需求越来越大。扶贫互助合作社的股本金只有20万元左右，互助社章程规定不能将股本金全部用于发放贷款，需要预留40%以防范风险。所以，互助社可贷资金只有12万元左右，这完全不能满足社员对资金的需求；第三，身份不明。目前扶贫互助合作社仍不能被纳入金融机构的范畴，没有获得银行监管部门的批准，这大大制约了互助社的发展。

2. 历史“教训”导致金融机构“心有余悸”、贷款谨慎

建始县各个金融机构不愿意发放农户贷款也是有“历史原因”的，其中农行的感受最为深刻。

（1）“发放农户扶贫贴息贷款是一部心酸史”

“发放农户扶贫贴息贷款是一部心酸史……”建始县农行行长用这样一句话来回忆建始县农户扶贫贴息贷款的发放历史。20世纪80、90年代，在建始县，农行和扶贫办共同承担农户扶贫贴息贷款的发放工作。当时，农行和扶贫办在一起联合办公，扶贫办负责农户扶贫贴息贷款的材料申报工作，农行负责发放扶贫资金。农户扶贫贴息贷款支持农户发展了很多项目，例如：柑橘、魔芋、草场、养羊、养牛等。这些贷款的金额累计达到了约1亿元，但是，贷款偿还率非常低。这样的经历使得建始县农行对于开展小额农户贷款业务至今还“心有余悸”。

（2）“上级行对我们不放心也是有历史原因的”

“上级行对我们不放心也是有历史原因的……”这是谈到涉农贷款时建始县农行行长的第二句评论。目前，建始县农行的审批权限非常有限，只能审批不超过5万元的小额农户贷款。建始县农行不能审批其他贷款，只是负责贷前调查和上报工作。超过5万元的农户贷款以及企业贷款都要由恩施市农行甚至湖北省分行来审批。

对于极其有限的贷款审批权，农行行长认为这也是有历史原因的。历史上建始县的呆坏账所占比例相当大。上市前，农行对不良资产进行剥离，当时建始县农行的呆坏账率高达近90%。在对不良资产进行剥离后，为了防控风险，农行全面上收了县级支行的贷款权限。县级支行曾经一度没有任何额度的贷款审批权限，后来，随着三农金融事业部改革，为了更好地服务三农，农行开始授权县级支行发放不超过5万元的小额农户贷款。但是，上市前将近90%的呆坏账率使得建始县农行在发放农户贷款以及涉农企业贷款时，变得非常谨慎。

（3）“只要是直接面向千家万户的贷款项目一般都会失败”

“20 年来的扶贫经验表明：只要是直接面向千家万户的贷款项目一般都会失败！”这是建始县农行行长通过亲身经历，对建始县历年扶贫经验的总结。从 20 世纪 80 年代以来，为了支持农民增收，农行发放了大量的农户扶贫贴息贷款，帮助农户发展柑橘、魔芋、金银花、山羊等项目。但是，这些项目的可持续性很差，基本上都以失败告终。这些贷款项目失败的原因在于分散的小农户无法与大市场进行有效地对接。小农户的经营非常分散，无法进行规模经营。没有实力雄厚的大企业来带动小农户，整个产业发展不起来。一家一户的小农户单靠自己很难适应市场的变化，他们抵御风险的能力非常弱，这就造成了项目的可持续性不强。因此，近 20 年以来，大多数直接面向小农户的贷款扶贫项目都没有成功。

纵观建始县将近 20 年的扶贫历史，当地支持的农户贷款项目多以失败告终，农户扶贫贴息贷款的不良率非常高，这些历史“教训”使得当地金融机构为农户以及涉农企业发放贷款的积极性不高。

3. 国有大型商业银行的县域基层分支机构、网点缺乏贷款决策权，县信用联社的权限也受到一定的限制

正是由于历史“教训”，同时，也是股份制改革的要求，大型商业银行上收了贷款决策权限，防止“一放就乱”。地方基层机构即使有放款的意愿，也没有贷款决策权力，难以实施。贷款审批权的上收虽然在一定程度上控制了信贷风险，但是对于偏远的贫困地区却会产生以下问题：1）偏远贫困地区的个性化、地方化信息不能得到充实利用，难以利用“熟人社会”所具有的软信息收集和处理机制；2）审批决策周期拉长，使得贫困地区客户的资金需求周期与贷款资金使用周期不匹配；3）基层网点缺乏搜集信息的积极性。

对于信用社而言，虽然县级联社是独立法人，但是自 2005 年划归省联社统一管理之后，为了控制风险，省联社规定要将吸收存款的 20% 上存到省级联社，并且要求减少信用贷款的比例等。这一方面使得县级联社的流动性减少，另一方面使得县级联社对没有抵押品和担保人的资金需求进行配给。

4. 信贷人员的个人责任制度不合理

一些农村金融机构为了控制风险而将集体责任个人化，在放款时实行信贷员责任制，如果放出去的款项出现滞账、呆账，信贷员负有终身追偿以及经济上的责任，这在一定程度上控制了银行的风险，但却造成了金融机构在农村金融服务

提供上的“慎贷”、“惜贷”，导致信贷员对有资金需求的贫困人口进行配给。建始县信用联社为了控制风险，就对信贷员有终身责任制。信用联社要求贷款到期当月的贷款回收率为95% -96%，12 个月收回率最低99%。如果达标了就奖励给分社主任1000 元，不达到的就罚款1000 元。每低于一个百分点扣发1%的工资，也即如果到期当月的回收率仅为94%，则扣发信贷员1%的工资，依此类推。这种激励和约束的不对称（奖励给信用社主任、而却扣发信贷员的工资）一方面使得农户在接受金融服务是遭到排斥，另一方面也不利于农村金融市场的开拓。

5. 贫困地区涉农企业、农民合作社规模小、利润率低，缺乏合格的抵押品

（1）农业是上游产业，利润率低

虽然建始县拥有具有一定特色的农业产品。但是，贫困地区的农业企业先天不足，没有大公司的引导，技术水平比较低，规模不大，实力不强。同时，农业作为产业链中的上游企业，利润率很低，有时农业企业的利率只有2%，最高也不过5%的利润。这些都会影响银行对涉农企业的贷款。

另一方面，由于建始县的涉农企业规模小，不能吸引外面大的企业与这些企业合作，目前还没有涉农企业的产品进入大型的超市。由于没有形成稳定的产业链，影响了金融机构依托农业产业链的金融工具的运用。如，建设银行建始县支行可以办理一些应收账款质押业务，对于出口业务还可以办理保函。由于当地涉农企业规模过小，导致银行不能运用这些工具为中小企业贷款。

（2）涉农企业规模小

建始县各种级别的农业产业化龙头企业共有17 家，但是，规模较小。银行提供服务的交易成本高，因而提供的服务较少。且贷款的规模很少，400 万元以上的农业企业贷款很少。

（3）农民专业合作社不规范，难以成为承贷主体

目前，建始县有登记注册的专业合作社351 家，完全按照《农民专业合作社法》运作的很少。然而有一些合作社虽然没有完全按照合作社法运作，但是运行良好的，即有产品、有牌子、有章程、有合作意识、有一定的收入、为了共同富裕建立起来的，有60 家左右。在工商等级注册但是运行的也有90 家左右。由于合作社正处于起步阶段，运行比较艰难，所以很难从银行获得贷款。

（4）涉农企业、合作社缺乏合格的抵押资产

为了避免风险，金融机构在发放贷款时往往要求借款人提供抵押品。但是对于涉农企业、合作社及农户缺乏合格的抵押品。有些农业中小企业可能具有符合要求的抵押品，但是一般这些资产都在乡镇，银行认为这些抵押品资质不好。即使这些小企业能获得贷款，贷款的数量要远远低于抵押品的资产，而不能满足企业的资金需求。对于合作社来讲，一般没有可以用来抵押的资产。虽然银行可以要求房屋作为抵押，但是农户的房屋也不能作为抵押品获得贷款。总之，抵押品的缺乏严重阻碍了农村借款人的贷款可得性。

（5）农户分散、组织性差

首先，农户贷款规模小，对农户进行贷款不具有规模经济效应，会给金融机构带来很高的放贷成本；其次，农户居住分散，尤其是在山大人稀的贫困山区，使农户难以与金融机构打交道。金融机构对这些农户贷款的甄别成本和监督成本很高。而且，现在农村人口流动比较严重，尤其是贫困山区外出务工人员较多。有些农户获得贷款以后，有可能就出去打工了，贷款难以收回。

（6）农产品加工深度不够、能力不强，农业供应链整合度有待提高

由于受到资金瓶颈制约和市场拓展能力的约束，农业企业的农产品加工能力不足、深度不够，一方面限制了农业产业链的升级和龙头企业对农户的带动作用，一方面导致农业供应链整合不够，供应链金融创新受到一定的影响，从而导致农业企业难以进一步获取资金。

6. 农业风险大，且抗风险能力弱，缺乏风险化解手段

不管是涉农企业、合作社还是农户，收入来源主要来自农业。农业作为弱势产业，本身风险比较大。涉农企业、合作社及农户主要靠天、靠市场吃饭。但是农业收成好时，市场不好；市场好时，农业收成不好。涉农企业、合作社尤其是农户如果没有好的收入，就不会偿还贷款，银行就会出现慎贷、惜贷。

近年来，建始县开展了政策性农业保险，对农业自然风险起到了一定的缓解作用。但是由于投保难、查勘难，交易成本高等原因，政策性保险的覆盖面不大，覆盖的作物、牲畜种类非常少。

同时，农业生产受到市场影响很大。建立健全农产品流通市场对农业收入的稳定性具有重要作用。目前，农产品流通基础设施、批发市场建设力度还不够。农产品市场风险不能得到有效化解。

7. 县担保公司融资性担保能力不足、担保机制不健全

（1）资本金规模小，担保能力不足

建始县仅有一家融资性担保公司，为聚信担保公司，其注册资本不足5000万元①，资本金规模较小，担保能力薄弱：第一，即使将放大比例扩大到10倍，聚信担保公司的最大担保额仍不足5亿元，相对于全县中小企业的贷款需求而言，担保能力明显不足；第二，受注册资本规模的限制，聚信担保公司单笔最大担保额不足500万②，不能满足一些企业对贷款规模的需要，这些企业不得不绕过本县域的担保机构，寻求更大担保能力的担保公司；第三，聚信担保公司不能满足商业银行对融资性担保公司最低资本金的要求③，仅仅可以与信用社开展银担合作，制约了担保公司担保能力的发挥。

（2）内部控制机制不合理，有待进一步改善

县域担保公司多缺乏科学规范的内部控制机制，在担保贷款的期限结构、受保企业的信用评判标准、反担保资产的评估等方面缺乏明确详细的制度规定和操作规范，给自身经营埋下巨大的风险隐患。为了控制风险，担保公司不得不设计出严苛的风险补偿机制。建始县聚信担保公司要求被担保企业在贷款取得之后存放较高比例的风险抵押金。作为风险抵押金的这部分贷款不仅不能被企业利用，其贷款利息仍就由企业全部承担，担保公司并不支付任何存放利息。这些风险补偿机制不仅没有从根本上控制风险，也增加了受保企业的贷款成本，不利于担保机构金融支持职能的有效发挥。

8. 抵押担保制度改革的配套措施不健全

信息不对称的情况下，抵押品在信贷合约中具有重要作用。对放贷金融机构而言，担保品可以保证在出现贷款不能被偿还时，通过变卖抵押品回收或部分回收贷款，减少风险损失；对借款者而言，提供抵押品可以激励其履约、还款，减轻道德风险问题。因此，金融机构要求借款者提供担保品，以实现贷款风险的转移、分担和补偿。能否提供有效的担保品也是借款者获得信贷资金的关键因素之一。但是，农户和农村中小企业往往由于难以提供银行所要求的抵押品，所以，

---

① 聚信担保公司注册成立时，登记的注册资本为5000万元。但据调研发现，其注册资本存在资金不到位以及资金抽逃的现象，故注册资本不足5000万元。

② 依据《融资性担保公司暂行管理办法》，单笔贷款的最大额度不能超过注册资本金的10%。

③ 商业银行要求与其合作的融资性担保公司的资本金规模大于1亿元。

难以从银行获取所需要的信贷资金。

为了缓解农户和农村中小企业贷款难的问题，建始县有关部门推动了担保抵押制度改革，改革抵押制度、完善登记、处置市场，试图扩大农村地区可供担保资产的范围，增加金融机构的涉农信贷投放，然而，效果却不是十分理想。

（1）林权抵押贷款

建始县森林资源丰富。截止到2011年，全县森林覆盖率达60.6%，森林蓄积量为743万立方米，林业用地面积为188517.9公顷，林业总产值达3.2亿元。

建始县从2008年开始进行林权制度改革，目前已完成了林权制度改革的确权发证工作，共为10.6万户农户发放了林权证。为了满足林权交易的需要，建始县建立了林业要素市场，负责办理林权登记、资产评估、产权交易以及信息发布等工作。

在办理林权抵押贷款方面，2011年，建始县与农村信用合作社联合出台了《建始县林地林木资产抵押贷款管理办法》。该办法规定：林农的林地林木资产可以进行抵押贷款。除了农村信用社之外，建始县内各个金融机构包括农行、中行、邮储银行也都推出了林权质押贷款业务。

但是，各个金融机构办理林权质押贷款业务的积极性并不高，目前都还没有发放过林权质押贷款。究其原因在于，一旦出现贷款风险，当地用作抵押的林地很难变现。因为建始县位于长江中上游地区，当地大部分森林不是商品林，而是生态防护林，具有生态保护功能。国家对这些森林有严格的砍伐规定。也就是说，如果林权质押贷款出现违约，金融机构不能通过变卖抵押林木以减少风险损失。这样的现实情况也就不能够保证林权质押贷款的安全性。因此，在建始县林权质押贷款业务开展的效果并不是很理想。

（2）动产质押贷款

在农村中小企业的资产中，存货、应收账款、设备、知识产权等动产占了很大的比例。为了缓解中小企业的融资需求，扩大农村地区的可供担保资产范围，增加金融机构的信贷供给意愿，我国也在积极探索围绕动产的抵押担保制度改革。例如，《物权法》确立了动产质权和权利质权，并且规定可以在“抵押人住所地”的工商行政管理部门进行动产登记。

为了协助县内企业申请动产质押贷款，缓解企业融资难问题，建始县工商局出台了《动产抵押登记办法》，为企业办理动产抵押登记工作。据工商局统计，近三年来，全县共办理动产抵押贷款7059万元，企业股权质押贷款1.2亿元，在解决县内企业融资难问题上，起到了一些作用。

但是，建始县的商标质押贷款一直没能开展起来。原因在于，建始县内缺乏知名的大型企业，没有著名商标，商标价值低，也就难以发挥出为贷款提供质押的功能。

（3）评估登记的程序过于复杂、而且费用过高

按照人民银行和银监会的有关规定，金融机构在办理抵押贷款时，对抵押房产或者土地采用“单登记单评估”的方式，即：金融机构在对房产抵押时，房产下的土地随之抵押；在对土地抵押时，土地上的附着物也随之抵押。但是，在实际操作中，建始县内的各家金融机构往往采取“双登记双评估”的方式，即：无论是抵押房产或者土地，都要对房产和与之相连的土地进行登记和评估。这直接增加了借款人的负担。

而且，金融机构规定，在办理抵押贷款时，必须由第三方来进行房产和土地的评估工作。评估费本来就很高，再加上金融机构采取的“双登记双评估”的方式，无形中使得借款者的实际贷款利率上升了近50%。

总之，虽然建始县有关部门进行了担保抵押制度改革，但是，一方面受当地客观条件的限制；另一方面由于县内企业本身实力不强，品牌价值不高。因此，目前建始县抵押担保制度还没有能够发挥出充分的作用，还有进一步改革的必要。

9. 农村信用体系的建设和开发力度不够

农村信用体系的缺失是农村金融机构服务三农的一大障碍，各农村金融机构在服务三农时都需要对农户进行信息收集和信用评估，确定信用等级。但是，不同金融机构处于自身的利益考虑，并不和其他金融机构共享农户信用信息，造成浪费。另外，金融机构各自收集的信息也难以与人民银行的征信体系对接，影响了金融机构的信贷决策。

10. 对金融机构支农服务的扶持、激励不够

金融机构为农业提供金融服务时往往面临着较大的风险和较高的经营管理成本。从这个层面来看，涉农金融供给带有一定的公益性：金融供给者放弃可以为其带来更大、更稳定收益的其他经济主体，将有限的金融资源投入到风险大、成本高、利润小的涉农经济主体。显然，如果缺乏激励与扶持，金融机构的逐利性便注定了这种仅仅依靠社会责任感来支撑的公益性不会长久存在，不利于涉农金融供给市场的稳定与发展。

目前来看，还没有设立针对支农金融服务的激励扶持政策，支农服务的高风险以及高成本仍然由金融供给主体来承担，严重影响了涉农金融供给主体的积极性。以涉农保险为例，受限于农业的弱质性与分散性，涉农保险承保率较低、赔付率较高，承保公司往往入不敷出。而且，涉农保险涉及面广、参保数众多，在风险测定、费率厘定、宣传推广、承保登记、勘损理赔等方面的工作琐碎复杂、技术含量要求高，承保公司面临着较高的经营管理成本。但是目前，并没有针对承保公司的风险补贴政策和经营管理费补贴政策，涉农保险的赔付款和展业成本全部由承保公司来承担，严重打击了承保公司的积极性，不利于涉农保险供给的稳定。

四、深化县域金融改革和金融扶贫机制创新的建议

为了调动金融机构的积极性、保障稳定的涉农金融供给，应加快确立针对金融供给主体支农服务的激励扶持政策，建立风险补偿基金以及经营管理成本补偿基金，将对涉农金融供给主体的风险补偿以及经营管理成本补偿纳入补贴范畴。

关于设立“贫困地区农村金融改革与金融扶贫机制创新试点”、推进县域金融发展与金融扶贫工作的政策建议是为了更好地推动贫困地区农村金融的发展，进一步发挥金融在连片特困地区脱贫致富的作用，建议将湖北省建始县设立为“农村金融改革与金融扶贫机制创新试点”。通过先行先试，探索能够促进连片特困地区农村金融改革、提高金融扶贫效果的有效机制和政策，力图通过试点，寻求可以在全国推广的贫困地区金融改革试点经验和金融扶贫经验。

以下，将主要针对在建始县实地调查中发现的金融发展与金融扶贫问题，试图从“组织创新”、“服务方式创新”和“产品创新”这三种创新试点出发，给出一些政策建议。这些建议也可成为进一步进行推进贫困地区金融改革和金融扶贫机制创新试点的内容、方向。

（一）县域金融机构与组织创新，发展农村小型金融组织

大型商业银行资金实力雄厚、产品和服务标准化、支付结算网络完善，但是基层网点、人员不足，在为分散性、小规模农村客户提供服务时处于劣势。而地处农村社区的小型金融机构，具有良好的人缘、地缘关系网络，能够利用社会网络和软信息筛选和管理客户，降低交易成本，有效防控风险，具有所谓“小银行优势”。发展小型金融组织，充分利用小银行地域性优势；同时发展新型合作金融组织。在现有一家小额贷款公司和一家村镇银行分支机构的基础之上，引导和

规范小额贷款公司、村镇银行的发展，结合小银行的地缘优势和大中型金融机构的业缘优势，刺激县域金融的供给。

推进农村资金互助组织的发展，结合发挥小但面向社区的优势，同时，允许并鼓励专业合作社进行内部资金互助，将社区资金留在社区使用。

（二）促进大型金融机构下沉经营重心，适当增加贫困地区的贷款审批权限，改革对信贷人员的激励约束制度

农行、邮政储蓄银行等，可以继续针对贫困地区产业发展要求，适当放宽贷款审批权限，加大金融服务决策分权化程度。加大对当地的金融支持力度。

推动金融机构改革对信贷人员的责任制度，适当放宽针对贫困地区的风险容忍度。激励信贷人员更多地为偏远地区农村提供金融服务。

（三）基于农业龙头企业、农民专业合作社的发展，开展农业价值链金融创新

推进需求主体进行组织和机制创新，推进农民专业合作社、涉农中小企业、龙头企业的发展，推进特色农产品流通市场的发展，结合县域产业发展优势，推动形成全产业链。在此基础上，推进农业价值链金融创新。

1. 结合县域产业，发展供应链金融，促进上下游利润的平均分配，实现金融普惠与扶贫

在县域产业发展和组织创新的基础之上，通过“核心企业＋合作社＋农户”（核心企业直接融资）、“银行＋核心企业（一般为龙头企业）＋合作社＋订单农业＋农户”（银行向核心企业融资，核心企业为农户融资）、“银行＋核心企业或者合作社担保＋订单农业＋农户”（核心企业担保，银行为农户融资）等模式来发展供应链金融。促成下游企业为了确保原料供应的数量和质量而拿出一部分利润与生产环节进行分享，使得加工、销售环节的收益也能惠及到农户。同时，也缓解了农户在生产经营（扩大）中的资金约束问题。

2. 在规范农民专业合作社的基础上，增进合作社及其社员的信贷融资能力

目前建始县发展良好的合作社起到了很好的扶贫带动作用，但是发展良好的合作社比例较低，这并不是由于人们对合作社知识不了解，而是由于产业发展遭

遇了资金瓶颈，使得合作社无法正常运行。

应当利用合作社社员相互之间的了解、对其他社员的资产的变现能力较强等特性，发挥合作社在向金融机构推介社员进行贷款的作用，增进合作社及其社员的信贷融资能力。

（四）加大抵押制度创新，扩展抵押品的范围，增强涉农企业和贫困农户的融资能力

金融机构面向农村家庭、农村小微企业提供服务，面临的一个问题是交易成本高。在信贷服务中，难以获取关于农村客户的信息，信息成本高，贷后监督成本高。所以，缓解金融机构面临的高交易成本问题、与农民、小企业之间的信息不对称问题，是促进农村金融机构提供农村金融服务的一个重要手段。而降低交易成本、信息不对称问题的具体策略有很多。要求农民、农业小微企业提供抵押品，是缓解信息不对称所引发的道德风险、逆向选择问题，促使借款人履约的重要手段。如果抵押品价值充足，那么金融机构在借款人不能履约时，可以通过变卖抵押品抵偿贷款。但是，农民、农业小微企业恰恰缺乏金融机构所要求的抵押品。农民、小企业所拥有的资产，如农机、农产品、土地承包经营权等，并不符合金融机构的要求。缓解农村客户抵押品缺乏的途径有两个：一是金融机构通过产品创新，开发不需要抵押品的产品。这个创新需要一些能够起到抵押品作用的资源，如组织、社会网络资源，这些资源可以替代抵押品，但又能发挥抵押品的功能作用，因此可称抵押品替代机制。二是通过抵押制度改革，创造一些条件和环境，让原来不能充当抵押品的资产，转化成可以抵押的资产。这样，就扩展了抵押品的范围。

具体可涉及以下几种方式：1）结合供应链金融，推动龙头企业和合作经济组织进行担保。金融机构不愿意使用涉农产品进行抵押的原因除了其价值低之外，另一原因则是变现难，但是如果有龙头企业或者合作经济组织作为担保，它们对涉农资产的处置能力要强于金融机构。2）结合订单农业，进行动产质押。金融机构可以借助其对农户和龙头企业订单进行结算的优势，开展动产质押。3）结合产业发展，推动“三权”抵押。目前确权工作已经结束，但由于产业发展还未完善，“三权”价值还未凸显，因此虽然银行有这种抵押制度，但并没有发生此类业务。但随着产业的发展，“三权”抵押的作用将会凸显。

（五）提升担保机构的融资性担保能力、改善担保机制

由于金融机构对信用贷款的控制和扶贫贴息贷款的要求，担保贷款的需求增加。但是由于资本金的限制，县域担保机构的融资担保能力不强。建始县聚信担保公司注册资本金仅为5000万元，按1∶5的扩大比例最多能担保2.5亿元，远远满足不了需求。

改善担保机制主要从以下几个方面入手：1）利用扶贫资金和地方配套资金，增加担保公司注册资本金；2）创新反担保机制，进行反担保品的扩展和创新；3）降低风险抵押金比例，减轻借款人的财务负担；4）充分利用协会等机制，提升对被担保企业的风险识别与管控能力。

（六）扩大农业政策性保险覆盖范围，推进农村小额信贷保险，降低涉农信贷风险

农业的自然风险、市场风险均较大，导致农业收入不稳定，这也是导致金融机构不愿意为农业提供服务的一个原因。同时，农户也面临着众多风险，包括生产、健康、医疗等，这些风险也会影响农户的金融需求，会影响金融机构对农户提供金融服务的积极性。而农户、农业中小企业往往缺乏风险防御、化解手段。所以，农业与农村保险的发展，将会提供更多的农村风险化解手段，提高风险应对能力，从而降低金融机构信贷服务风险。此时，保险化解风险的功能甚至保单，都起到了抵押品替代的功能。

因此，要结合产业信贷发展，推进农村小额信贷保险。主要可采取以下措施：1）扩大政策性保险范围。结合县域产业发展状况，将政策性保险由烟叶保险扩展到其他产业，如猕猴桃保险、魔芋保险等。2）推进小额信贷保险。根据实际情况推广使用“借款人意外险”，并将扶贫贴息资金的一部分用于信贷保险补贴，同时创新小额信贷保险产品。

（七）构建完善的县域农村信用体系，营造良好的金融生态环境

农村信用评级、农户信用档案体系、征信体系的建设和完善，有利于降低银行对农户、小企业提供贷款服务时的信息成本，提高信贷决策效率，进而增加对农户、小企业提供信贷服务的积极性。但是，由于农户发生贷款行为较少，农村信用体系建设、信用评级制度的完善、信息管理系统的构建，也会遇到一些障碍。各个金融机构在农户贷款中均是依据自己构建的农户信用档案，征信成本

高，并且存在重复浪费现象。

所以，应当由政府牵头，构建农村金融信息平台，对农村金融机构提供信息、评价、推荐，降低银行的交易成本，减少信息不对称程度；同时，发挥协会类机构对贫困农户的担保功能。

（八）利用现代信息通讯技术，完善农村小额支付体系，扩大农村基础性金融服务的覆盖面

中西部特别是偏远的农村地区，由于地处偏远，金融机构往往不愿设置网点，提供服务，从而面临网点少、服务缺乏的问题。而信息通讯技术的发展和应用，无分支银行业务（如转账电话、手机银行等产品）的开发，是缓解地理障碍的一种选择。

借助银行卡、移动手机等现代金融和通信工具，利用农村小卖铺对现金的聚集作用，结合银监会对小额支付的相关规定，推广农业银行金融服务“村村通”工程。通过转账电话、移动 pos 机、农村金融终端服务点等，缓解贫困地区基础性金融服务缺失问题。

（九）政府部门加大金融机构支农服务的扶持、激励政策

1. 政府部门加大金融扶贫资金的投入，并将其一分为三

目前金融扶贫资金主要用于扶贫贴息贷款，但是由于金融机构的慎贷，扶贫贴息资金要么无法贴出去，要么贴给了较为富裕的农户，贫困瞄准出现了问题。

因此，应该扩大扶贫贴息资金的使用范围，在加大扶贫贴息资金投入的同时，将扶贫贴息资金分为三部分使用：1）一部分资金继续进行贴息；2）一部分用于对农村征信体系建设、金融服务“村村通”等基础性金融公共服务的补贴；3）一部分资金用于扩充担保基金、建立农村金融服务激励基金和风险补偿基金等。

2. 政府金融管理部门应设计专门针对穷人的金融管理制度

边远地区的贫困农户具有其特殊性，如果将其与现代城市居民同等对待，势必会遭到排挤。

因此，应该设计专门针对穷人的风险管理制度和贷款管理制度。给予县域金融机构自主的风险管理权，允许其进行试点创新。同时，应当增加承接扶贫贴息贷款的县域金融机构，建立扶贫贴息贷款监管制度，不定期对扶贫贴息对象进行抽查。

专题报告九：武陵山区的生态补偿机制调研报告

曹建明

一、前　言

贫困问题是当今世界各国一直很想解决但又是非常不易解决的一个世界性难题。消除贫困一直是中国人民长期为之奋斗的目标之一。新中国成立以来特别是改革开放以来，中国在探索中国特色社会主义道路上通过制度创新和扶贫开发政策，已经基本解决了温饱问题和大幅度降低了贫困人口数量。农村的改革实行家庭承包经营制度，解放和发展了农村的生产力，大面积缓解了农村贫困问题。中国农村扶贫开发刚要（2011－2020年）指出：中国的扶贫事业取得巨大成就。扶贫开发是长期历史任务。我国扶贫开发已经从以解决温饱为主要任务的阶段转入巩固温饱成果、加快脱贫致富、改善生态环境、提高发展能力、缩小发展差距的新阶段。并明确六盘山区、秦巴山区、武陵山区、乌蒙山区、滇桂黔石漠化区、滇西边境山区、大兴安岭南麓山区、燕山－太行山区、吕梁山区、大别山区、罗霄山区等区域的连片特困地区和已明确实施特殊政策的西藏、四省藏区、新疆南疆三地州等作为扶贫攻坚主战场。我国集中连片贫困地区多有生态脆弱区，扶贫开发需要与生态环境保护相结合，在我国贫困地区实行生态补偿机制与政策是实现贫困地区脱贫奔小康的重要途径。在此大背景下，以我国集中连片困难地区——武陵山区为例，开展贫困地区生态补偿机制与政策问题的研究，具有重要的理论与现实意义。开展这样的研究，将深入认识贫困地区的贫困与生态之间关系，剖析这类型地区的发展模式，理清生态环境、资源及贫困的作用机制，采取生态补偿措施的理论依据，以及对采取不同类别的生态补偿机制给出评估，提出建立适合当地发展的生态补偿措施和政策建议。最终为国家制定和实施贫困地区生态补偿机制与政策提供有价值的科学依据。

二、武陵山区贫困与反贫困策略

武陵山片区包括湖北、湖南、重庆、贵州四省市交界地区的71个县（市、区）。国土总面积为17.18万平方公里，2010年末的总人口3645万人，其中城镇人口853万人，乡村人口2792万人。境内有土家族、苗族、侗族、白族、回族和仡佬族等9个世居少数民族。本文以湖北恩施州建始县、重庆市黔江区实地调研情况为基础，对武陵山区的扶贫开发和生态补偿机制与政策进行初步分析和阐述。

1. 武陵山区贫困的历史成因

武陵山区以喀斯特地貌为主，历史上在该区域渐增的人口，散布在喀斯特地貌上不宜人居的生态脆弱区，从事小农农耕生产方式以获得生存与发展，是武陵山区农户致贫的根本原因。逐渐增加的人口，因原有耕地不足以生产满足最低生存需要的粮食，而被迫迁移到生存条件更次更为偏远的新生态脆弱区居住与拓展耕地。栾胜基关于"武陵山区生态扶贫研究报告"对武陵山区喀斯特地貌上的地理位置、生态环境和资源禀赋等生态致贫因素曾做过深入的分析。其研究报告认为：整体上看，武陵山区贫困发生率高，贫困程度深，脱贫难度大，且脱贫后极易返贫，这在很大程度上是由其特殊的地理位置、脆弱的生态环境及资源禀赋所引发的。

这次对恩施建始县和重庆黔江区的调研发现，两个地方的生态环境保护得很好，贫困与生态环境之间恶性循环的作用机制已逆转，最大的贡献是农民外出务工，摆脱了传统意义上的人地关系对土地和森林的依赖而缓解了对区域环境的持续压力。

2. 反贫困的扶贫开发现状与问题

国家把武陵山区作为扶贫开发的重点区域之一，在政策与资金上得到了中央和各级政府的支持，在武陵山片区的政府和社会各界，对扶贫开发和脱贫致富有强烈的意愿与一致的共识，也付出了巨大的努力，武陵山区反贫困的扶贫开发也取得了巨大的成就。

在国家新扶贫开发纲要中所提到的主要任务，如基本农田和农田水利、特色优势产业、饮水安全、生产生活用电、交通、农村危房改造等基础设施建设，如教育、医疗卫生、公共文化、社会保障等社会事业方面，以及林业和生态、畜禽规模养殖、环境污染治理、农村清洁能源利用建设等生态环境方面的相关内容，以及在国家新扶贫开发纲要中所提到的专项扶贫中的异地扶贫搬迁、整村推进、以工代赈、产业扶贫、就业促进的雨露计划等内容，在所调研的恩施建始县和重庆黔江区中全有实施。与区县各相关职能部门的干部、乡镇干部以及村委会干部的座谈交流中已了解到，他们对这些任务内容，既熟悉又具有较深入的理解认识，所阐述的多是亲身参与实施扶贫开发的各项具体相关任务和内容，我们从中也感受到和看到了所调研的恩施建始县和重庆黔江区扶贫开发所取得的成绩。

在与调研县市的各级干部座谈交流中发现，他们最为强烈的反映是，近年来的扶贫开发中的水、电、路等基础设施建设得到了很大的改善，但还有乡村的水、电、路等基础设施有待建设，需要进一步改善，这是当地老百姓迫切需要改善和最为关注的。

近年来武陵山区的扶贫开发中扶贫移民搬迁、生态移民搬迁、整村推进等结合新农村建设一起，取得了显著的成效，我们课题调研组到建始县茅田乡火龙村、黔江区石会镇中元村开展了实地调研和参观移民搬迁的民居，火龙村和中元村的案例是贫困地区村民通过移民搬迁由贫困直接迈向小康生活的两个典型案例，尽管目前更多的是示范和标杆意义，但所显示的作用是巨大的，火龙村的村民从最初需要通过反复做工作才愿意移民搬迁下山，到现在还没有搬迁的村民时时追问村干部何时能快点搬迁，这本身就是一个巨大的进步。我们在中元村实地调研中，刚好赶上打算搬迁下山的村民在村委会召开有关搬迁事宜的会议，所有的开会村民一致认为搬迁好、要尽快搬迁。县区扶贫办的同志介绍目前的移民搬迁和整村推进等工作正在先后有序地进行，效果明显，但扶贫开发的移民搬迁和整村推进的资金支持，力度还应该加大。

近年来武陵山区的扶贫开发一直在努力探索贫困地区特色产业的发展道路，通过产业发展，转移农户和稳定易地搬迁农户，实现农户的脱贫致富，取得了一定的成效。恩施建始县在稳定发展传统农业支柱产业烤烟、生猪产业基础上，正在探索发展葡萄、猕猴桃、茶叶、高山有机蔬菜、生态旅游业等特色产业。重庆黔江区同样在稳定发展传统农业支柱产业烤烟、生猪产业基础上，正在发展蚕桑、食用菌、土蛋鸡养殖、猕猴桃、无公害蔬菜等特色产业。另外重庆黔江区对生态旅游提出了较为明确的发展思路，对接重庆直辖市巨大人口的消费潜力，发展休闲纳凉和生态养老的生态旅游产业，目前的接待能力建设达到1000个床位。扶贫办的同志在介绍产业扶贫道路的探索思路时，强调对贫困区的产业发展还需要重点扶持。

近年来武陵山区的扶贫开发的一大亮点就是生态环境得到了有效的保护，这也是我们一进入武陵山区调研地所获得的最直观的感受。生态环境得到有效保护，最大的贡献就是农民工外出务工，摆脱了传统意义上的人地关系中对土地和森林的依赖而对生态环境造成的压力，除此之外，还要归功于国家的天然林保护工程、退耕还林工程、生态公益林以及生态移民和扶贫搬迁移民等生态工程与搬迁移民工程的实施，这些工程的实施对保护生态环境发挥重要作用的同时，对提高农户收入有一定的间接激励作用。武陵山区是长江生态安全和水源涵养的重要生态屏障，目前的退耕还林工程出于国家粮食安全的考虑，仅限于三峡库区、南水北调区域、毕节地区等三个区域，武陵山区多有干部群众建议应该继续实施退耕还林工程、应该提高生态公益林的补偿标准。

近年来武陵山区的扶贫开发注重了污染治理和环境整治等方面的环境保护工作。生猪养殖一直是当地的传统农业支柱产业，农户家庭养殖向规模养殖发展的趋势在加快，当地结合生猪等畜禽养殖和污染治理，建造沼气池，如“十五”和“十一五”时期，恩施州建设沼气池推广普及有52万户，把农村能源利用和环境治理结合起来，大量的农村污染物得到科学利用，资源得到有效保护，取得了一定的成效。在2012年恩施州选取35村的4200户，进行了沼气产量监测和补偿试点。实行产气每立方米补偿0.5元，建设沼气池的合理规模按照$200m^3$－$500m^3$/个，出于管理方便的考虑，全部安装气量检测表的有500户，按照实际出气量补偿。如果试点效果好，将全州推广，从目前的监测情况看，农户的积极性比较高。黔江区认识到传统式的畜牧业发展对生态产生很大的破坏，生猪属于耗粮、耗水型的产业，畜牧业发展不能再破坏生态环境了。在产业布局上，要逐步调整，在现行水平基础上，对节粮节水型畜牧业增加投入，现有生猪产业应稳定水平。实行畜牧产业的转移：生猪业保持稳定，以圈养方式发展草食畜禽，进行转型。发展畜牧业同时，通过建设沼气池等加大污染物的治理力度。除了上述畜禽养殖的环保污染治理之外，武陵山区结合新农村建设内容已实施农村环境整治如垃圾处理、生活污水治理、化肥和农药面源污染治理等各项工作，有一定的成效，但远不能达到人们的意愿要求，环境整治滞后。从调研的区县干部群众反映了解到，环境治理的力度还要加大。

三、武陵山区扶贫开发的新特征

1. 武陵山区的扶贫开发与国家经济与社会的大发展紧密联系在一起

武陵山区历史上的贫困落后是源于大山阻隔又无必要的交通，加上增加的人口困守在贫瘠的少量耕地上，难以组织起必要的生产要素展开相应的生产活动，大量的人口和低下的土地产出，又缺乏必要的产品和要素市场组织的产品、要素和信息的市场交换，必然导致连解决温饱问题的物资也缺乏。改革开放之后的国家经济与社会大发展，长三角和珠三角等东部发达地区的经济发展，吸纳了我国巨大的农村剩余劳动力，包括武陵山区的农村剩余劳动力。近十多年来我国在交通基础设施的巨大投入，形成了现代化的立体交通网络体系，极大方便了老百姓的出行，进一步推动人们外出寻找工作的机会。目前已经演化成武陵山区有的村庄90%的农村劳动力外出务工，当地经济与产业的发展，还需要想方设法让外出农民工回流、在家创业。可以说，全国一盘棋式的大市场大流通格局的形成，业已形成武陵山区扶贫开发的新特征。

2. 武陵山区的扶贫开发与区域生态环境保护紧密联系在一起

武陵山区属于生态环境脆弱区域，而武陵山区的生态环境保护得很好这是武陵山区扶贫开发的一大亮点，在脆弱的生态环境区域森林资源保护得很好，成就很大，实属不容易，其成果需要继续巩固和保持。以往一般的国家或地区的发展道路，均存在一个倒U型的先发展后治理的发展规律。武陵山区作为贫困区，有一个生态环境优良的后发优势，这优势一方面是由于历史上的交通落后闭塞与阻隔，在阻碍经济发展的同时客观上起到了森林资源保护的作用，另一方面改革开放的大发展，劳动力的外出减少了区域人地关系对土地和森林的依赖而保护了森林资源。但是当前的全国经济紧密相连的大市场和大流通格局，把武陵山区推向了一个新的十字发展路口，一是很有可能打破倒U型的先发展后治理的发展规律，找到一条发展与环保相结合，发展与环境治理相结合的道路；也有可能在当前的全国经济紧密相连的大市场和大流通格局大背景下，武陵山区以其极其便利地与全国经济联系和生态环境优越为条件，走一条进行大开发大发展的道路，重新演绎倒U型的先发展后治理的发展规律的道路。我们在调研过程中也发现有这样的迹象，在恩施建始县煤矿开采的坑木利用、木材加工企业是对森林资源消耗的项目，建100万吨铁矿项目是对环境有巨大影响的项目，这些项目的建设与启动，应该慎之又慎，但从中也看到地方发展经济的冲动。同样的在黔江区有一个PVC项目，该项目的计划目标产值是500亿元，税收达26亿元。从相关统计资料可以发现，黔江区第二产业的GDP为53.5亿元，但第二产业的从业人员数为2.88万人，该区地方经济发展对劳动力吸纳远远不够。而PVC这样的项目属于资源消耗型、能源消耗型、污染强度大，劳动就业不强的项目，地方发展这样的对环境影响巨大、对地方就业作用很小的项目，也显示其发展经济的冲动。

3. 武陵山区的扶贫开发是针对相对贫困人群，提升发展能力的开发

我国新扶贫纲要指出，我国扶贫开发已经从以解决温饱为主要任务的阶段转入巩固温饱成果、加快脱贫致富、改善生态环境、提高发展能力、缩小发展差距的新阶段。武陵山区那些缺衣少食的绝对贫困人口是存在的，但不是主要的，绝对贫困人口主要是因病、因灾致贫，在调研中，也有基层干部群众说绝对贫困人口中也有因学致贫的。对这部分绝对贫困人口，国家新的扶贫纲要已经明确提出纳入到农村最低生活保障制度中。我国新扶贫纲要指出，更加注重增强扶贫对象自我发展能力，更加注重基本公共服务均等化，更加注重解决制约发展的突出问题，努力推动贫困地区经济社会更好更快发展。把扶贫开发作为脱贫致富的主要途径，鼓励和帮助有劳动能力的扶贫对象通过自身努力摆脱贫困。

我们到武陵山区恩施州建始县和重庆市黔江区实地调研，在坐车到各调研点的路途中沿途看到的老百姓住房、到调研点的乡村如恩施建始县茅田乡的火龙村、耍操门村、蓝鸿槽村，业州镇的杨柳池村，以及重庆黔江石会镇中元村、金溪镇桃坪村，直观的印象是许多老百姓的住房很漂亮，生活似乎不贫困，但发现其居住环境的生存条件、生产条件、生活条件极其恶劣，居住在陡峭山坡上、山顶上，无耕地、无水源、交通极其不便，较好一点的居住在沟边、河边和路边，虽有水源但缺耕地。从调研的乡村看，扶贫开发的重点是解决武陵山区乡村的水电路等基本公共设施和服务问题。那些居住在深山峡谷中贫困人口，需要搬迁到可适宜集中并居住的地方，并对这样的安置点做好水电路必要的基础设施和环境治理的保障，在此基础上，通过后续产业的扶持发展，吸纳贫困人口在安置点安居乐业，建设其新家园。

4. 在武陵山区的扶贫开发中当地干部群众已经形成较强的环保意识

武陵山区的当地干部群众已经形成较强的生态环境保护意识，恩施州把发展

绿色经济、生态立州作为本州发展的指导思想，建始县和黔江区在发展特色产业过程中一直在结合当地区域自然与社会经济条件寻找经济发展与生态环境保护的结合点，黔江区对发展休闲纳凉生态旅游形成了较为明确的思路。所调研的区县在畜牧业产业发展中，对于畜禽养殖特别是规模化畜禽养殖所造成的污染，已结合农村清洁能源利用而大力推广普及沼气池建设对畜禽粪便进行处理，当地干部群众具有很强的环境污染治理的意识。在结合扶贫搬迁移民和整村推进建设的过程中，农户对村庄环境整治也有很迫切的要求。

四、武陵山区生态补偿机制是扶贫开发的重要构成与策略

武陵山区是集中连片特困区、少数民族集聚居住区，也是生态环境脆弱且生态功能区位非常重要的区域。武陵山区的扶贫开发需要探索经济发展、区域脱贫致富与生态环境保护的共赢机制，实施生态补偿机制是经济发展与生态环保共赢机制的关键一环，也是扶贫开发的重要构成部分。

环境和经济是一个整体，武陵山片区是长江水源涵养和生态安全的重要屏障，该区域生态环境脆弱，具有很大的环境外部性，如果这个地区的生态环境恶化，将直接关系到下游和周边广大的区域，并影响全国的生态系统，最终对全国的农业和社会与经济的发展产生巨大影响，保护好该区域的生态环境也是全国可持续发展和环保工作的一个重要组成部分。

武陵山区贫困的历史成因是脆弱的生态环境区域居住着严重超过其承载能力的人口。这些超载的人口生存需要直接构成了对生态环境持续的压力。改革开发之后东部发达地区的发展，吸纳了巨大的劳动力，武陵山区劳动力的外出务工已经形成农村的第一经济，打破了传统上的人地依赖关系所造成的环境压力，初步显现出了生态环境良好的效果。如何稳定这巨大数量的外出务工的劳动力，不再回到原有的土地上，这既是与全国经济大发展紧密相联系，也是实行生态环境保护和生态补偿的有力契机。

武陵山区集中连片特困区，脱贫致富是首要任务。发展经济是脱贫致富的必然途径，然而在生态脆弱的贫困区发展经济，与一般区域比较采用同样的开发强度和力度，生态脆弱区极易造成生态环境的恶化，因外部性效应而影响全局经济。限制性发展对保护生态环境有利，但对生态脆弱的贫困区是不公平的，实行生态补偿机制，这是解决发展公平性和扶贫开发的有效手段。实行生态补偿机制，应该成为武陵山区扶贫开发的新思路，将同一地区贫困缓解与生态改善两大

目标合二为一加以统筹考虑，无论是在资源配置效率还是在目标对象的瞄准精度方面都具有比较明显的优势。统筹兼顾减贫和生态建设的扶贫政策能更多强调减贫效果的可持续性。在气候变暖、环境恶化等新形势下，与生态建设相结合的扶贫方向更符合我国国情。以武陵山为代表的片区开发也将走出一条生态扶贫、低碳扶贫的新路。

五、武陵山区生态补偿机制的初步框架设计

武陵山区已经实施有生态补偿政策，如典型的天保工程、退耕还林工程、生态公益林补偿等项目与相应的补偿政策，但这些政策是全国性的普惠性的政策；也有如扶贫搬迁移民、生态移民等项目属于扶贫开发项目，涉及生态补偿的实质内容；再有如国家实行的功能区划分，限制发展区的补偿包含有生态补偿的内容。应该说，上述项目和补偿政策的实施对武陵山区的生态环境保护起到了很好的作用，对贫困户的减贫与区域扶贫开发发挥了积极有效的推动作用，但现有的这些项目与生态补偿政策，还不完全是针对诸如武陵山集中连片特困区特点的政策，系统性的生态补偿机制还没有形成。

我国贫困与生态脆弱区如武陵山区的生态补偿机制，从全球看，应对气候变化是世界各国的共识，贫困地区的生态补偿机制实施减贫的同时，保护好生态环境，一方面通过碳汇作用减少碳排放对世界应对气候变化作出贡献，另一方面我国所探索出的扶贫开发和生态环境保护相结合的绿色经济增长道路，将为世界发展中国家提供可资借鉴的经验。从国家层面看，生态补偿机制，需要从全国发展的大市场大流通格局、全国生态功能分区以及构建和谐社会的高度上来研究，从全国可持续发展战略大局出发，全面审视中国东部与西部，城市与农村，富裕地区与贫困地区之间的生态－经济－政治关系，我国西部地区和长江上游流域的生态环境保护对我国东部和长江下游区域的发展做出了贡献，国家从整体上应该对通过制度安排由生态环境的受益者向生态环境保护提供者提供补偿。从贫困区层面看，生态补偿机制的设计不能为了生态环境保护而牺牲老百姓的利益，脱贫致富需要和生态环境保护相结合，贫困区的脱贫致富和发展，单靠外界的补偿可以促进发展，但远远不够，更重要的是，要在外部条件的帮助下，找到一条自我发展的减贫和生态保护相结合的绿色经济增长的道路。生态补偿机制还要考虑到消除贫困与生态环境保护长远目标与可操作的减贫和保护生态环境的短期目标的结合，通过短期目标逐步实现而最终实现长期目标。

武陵山区的贫困是过多的人口，在脆弱的生态系统生产生活所致。解决的思路就是转移出全部不宜在脆弱生态系统中生产生活的人口，在适宜的居住安置地，通过扶贫开发培育出可容纳足够数量劳动力的产业，且这些产业不会对环境造成损害。要想脆弱的生态系统不会受到破坏，同样是需要转移这些在这脆弱的生态系统生产生活的人口。可以说，从长远看，武陵山区要实现减贫与生态保护的结合，最为根本的办法就是足够数量的人口转移。

人口转移分为跨区转移和区内转移两种，跨区转移就是当代的城市化和工业化进程如何吸纳农村的劳动力，这涉及国家总体经济发展，同时转移劳动力要在城市中安居乐业，取决于国家的户籍制度改革、就业体系和社会保障体系的建设进程。这里重点要讨论的是区内人口转移，包括扶贫搬迁移民在内的在武陵山片区以县市为中心的四级体系人口转移，这是重庆市黔江区提出的具有明确思路的扶贫开发战略的体系，这对武陵山区其他地方同样适用，该体系是县市一级中心、乡镇二级中心、行政村三级中心、适宜居住的自然村落四级中心为区内人口转移的中心点，把散落在武陵山片区大山深沟中的贫困人口，逐步向这四级中心转移，让整个脆弱的武陵山区生态系统逐步减少不适宜的人为生产生活干扰，辅助以国家生态修复工程，经过一定时间借助于自然生态系统自我修复力的作用，实现整个武陵山区的生态环境优良的目标。经过区内人口转移到各级中心的人口，国家给予必要的公共基础服务、转移人口家庭必要的生活基础设施、特色产业的扶持，获得自我发展能力，脱贫致富。实现环保和脱贫的双赢。

武陵山区生态补偿机制的内容（见表1）设计应该是：(1) 人口区内转移中的四级体系 + 公共基础服务 + 生活基础设施 + 特色产业所必要的费用，构成生态补偿机制的核心内容之一。(2) 生态系统修复的各个项目，其中的水土流失治理、石漠化治理、土地整治、河沟整治等以工程费用为依据，其中的天保工程、退耕还林、生态公益林在现实条件的基础上，下限以项目的机会成本为依据，上限以提供的生态服务为依据。生态系统修复项目构成生态补偿机制的核心内容之二。(3) 辅助以环境污染治理和农村清洁能源利用项目的配套。(4) 武陵山区作为生态保护限制发展区，因功能区划分的中央的转移支付，可作为区域内行政机构管理区域内社会与经济的人员工资费用和运行费用，转移支付的额度依据，和全国平均水平相比较以补偿本区域因限制发展财政收入不足的部分。(5) 社会保障体系覆盖到全部的武陵山区人口，并保持与全国平均水平相同的保障力度。上述内容阐述的是生态补偿机制的资金运用，生态补偿资金的来源核心是国家通过征收环境税为主，以明确的生态服务受益主体付费为辅，构成我国生态补偿资金的来源。

表 1　生态补偿机制涉及的主要相关内容

<table>
<tr><th>基本类别</th><th>主要分类</th><th>具体内容</th></tr>
<tr><td rowspan="13">生态环境保护</td><td rowspan="7">生态系统修复</td><td>天保工程</td></tr>
<tr><td>退耕还林</td></tr>
<tr><td>生态公益林</td></tr>
<tr><td>水土流失治理</td></tr>
<tr><td>石漠化治理</td></tr>
<tr><td>土地整治</td></tr>
<tr><td>河沟整治</td></tr>
<tr><td rowspan="5">环境污染治理</td><td>畜禽养殖污染治理</td></tr>
<tr><td>农业生产面源污染治理</td></tr>
<tr><td>乡村村庄生活环境治理</td></tr>
<tr><td>工业三废排污治理</td></tr>
<tr><td>医疗废弃物治理</td></tr>
<tr><td>农村清洁能源利用</td><td>沼气、生物质能源</td></tr>
<tr><td rowspan="3">人口转移</td><td>跨区转移</td><td>户籍制度改革＋就业体系＋社会保障体系</td></tr>
<tr><td rowspan="2">区内转移</td><td>四级体系＋公共基础服务＋生活基础设施＋特色产业</td></tr>
<tr><td>社会保障体系</td></tr>
<tr><td>功能区划</td><td>转移支付</td><td>管理体系运转费用</td></tr>
</table>

上述内容所论述的是武陵山区生态补偿机制的内容，对于生态补偿机制中各内容所涉及的补偿标准和额度，需要做进一步的分析研究。这里在对武陵山区的恩施州建始县、重庆市黔江区进行调研基础上，对生态补偿机制设计提出初步设想，下一步需要详细论证并提供更为具体的方案。

后　记

摆脱贫困是我国全面建成小康社会进程中面临的重要议题。改革开放以来，党中央国务院高度重视贫困问题，积极推进扶贫开发，取得了举世瞩目的成就。中国农村贫困人口大幅度减少，贫困地区面貌发生了巨大变化。但是应该看到，贫困形势仍然严峻，扶贫攻坚任务仍然艰巨。现阶段，剩余贫困人口主要分布在生存环境恶劣、基础设施薄弱、公共服务滞后、社会形态特殊的老、少、边、穷地区。这些地区一般经济增长较难带动、常规扶贫手段较难奏效，客观上要求以片区为单位开展综合治理，方能有大突破。

在此背景之下，《中国农村扶贫开发纲要（2011－2020年）》决定把六盘山区、秦巴山区、武陵山区、乌蒙山区、滇桂黔石漠化区、滇西边境山区、大兴安岭南麓山区、燕山－太行山区、吕梁山区、大别山区、罗霄山区等11个连片特困地区和已明确实施特殊扶持政策的西藏、四省藏区、新疆南疆三地州作为扶贫攻坚的主战场。按照“区域发展带动扶贫开发、扶贫开发推动区域发展”的思路，加大投入力度，整合各类资源，着力解决瓶颈制约和突出矛盾，加快连片特困地区发展和脱贫致富步伐。

将连片特困地区作为扶贫攻坚主战场，把区域发展与扶贫攻坚结合起来，是国家扶贫开发战略的重大创新，是全面建成小康社会的有力举措。2011年11月以来，国家陆续启动了武陵山、乌蒙山、秦巴山等片区的区域发展和扶贫攻坚的工作，要求先行先试，积累经验，为全国扶贫攻坚发挥示范引领作用。随后，片区区域发展与扶贫攻坚规划全面启动实施。各地实践表明，区域发展与扶贫攻坚面临着许多挑战，有许多待解的难题，需要理论上和实践中作出进一步探索。鉴此，本研究以武陵山片区建始县的调研为基础，对连片特困地区区域发展与扶贫攻坚若干问题进行了系统思考，希望相关成果能够为片区区域发展和扶贫攻坚规划实施提供有价值的参考。

本书是国家民委民族问题研究项目2012年度课题“武陵山片区区域发展和扶贫攻坚相关问题研究”的成果。中国国际扶贫中心黄承伟博士为该课题的总负责人，全面参与了项目设计、组织实施、报告撰写、报告审阅等工作，并对各专题报告提出了修改建议。本书是集体智慧的成果，全书共分为11个部分，各部分的著作者分别是：概论（黄承伟、陈琦），总报告（黄承伟、陈琦），专题报告一（向家宇），专题报告二（覃志敏），专题报告三（刘豪），专题报告四（陈琦），专题报告五（沈洋），专题报告六（李利玲），专题报告七（刘欣），专题报告八（马久杰），专题报告九（曹建明）。

本书结集出版得益于全体课题组成员的辛勤付出。此外，在研究过程中得到了中国国际扶贫中心和建始县扶贫办相关领导和工作人员的无私帮助。经济日报出版社徐晓燕编辑细致的编辑工作，也为本书增色不少。在此一并表示感谢！

课题组

二〇一四年十二月

图书在版编目（CIP）数据

连片特困地区区域发展与扶贫攻坚若干问题：基于武陵山片区建始县的调查与思考 / 黄承伟，陈琦著. -- 北京：经济日报出版社，2016.1

ISBN 978-7-80257-844-9

Ⅰ. ①连… Ⅱ. ①黄… ②陈… Ⅲ. ①扶贫-研究-建始县 Ⅳ. ①F127.644

中国版本图书馆 CIP 数据核字（2015）第 156163 号

连片特困地区区域发展与扶贫攻坚若干问题——基于武陵山片区建始县的调查与思考

作　者	黄承伟　陈　琦　张　琦等
责任编辑	徐晓燕
责任校对	薛银涛
出版发行	经济日报出版社
社　址	北京市西城区右安门内大街 65 号
邮政编码	100054
电　话	编辑部 63516978　发行部 63516959
网　址	www.edpbook.com.cn
E-mail	jjrb58@sina.com
经　销	全国新华书店
印　刷	北京京华虎彩印刷有限公司
开　本	710×1000 mm　16 开
印　张	14.75
字　数	250 千字
版　次	2016 年 1 月第一版
印　次	2016 年 1 月第一次印刷
书　号	ISBN 978-7-80257-844-9
定　价	38.00 元